Lk 8,108

L'ALGÉRIE FRANÇAISE

SON PASSÉ, SON AVENIR.

PARIS. — TYPOGRAPHIE DE HENRI PLON,
IMPRIMEUR DE L'EMPEREUR,
8, RUE GARANCIÈRE.

C. DE FEUILLIDE.

L'ALGÉRIE FRANÇAISE.

« Je n'ai rien lu sur l'Algérie qui fût plus
» d'accord avec ce que je crois être la vérité.
» ÉMILE DE GIRARDIN. »

PARIS

HENRI PLON, IMPRIMEUR-ÉDITEUR
8, RUE GARANCIÈRE

AMYOT, ÉDITEUR
8, RUE DE LA PAIX

BESTEL, ÉDITEUR
7, RUE DE LA BOURSE

1856

A M. ÉMILE DE GIRARDIN.

Mon cher ami,

Réponse à vos questions sur l'Algérie, ce livre vous revient de droit.

Mais je vous le dédie surtout pour vous honorer publiquement de l'affection protectrice dont vous avez entouré le jeune enfant qu'en allant à l'exil je laissai derrière moi.

C. DE FEUILLIDE.

Paris, 15 mars 1856.

Habent sua fata libelli.

C'est vrai : les livres ont leurs destinées.

En 1839, parurent mes deux volumes de l'*Irlande*. Je disais dans l'introduction : « L'Angleterre et l'Irlande sont deux têtes jetées sous la même couronne; voyez comme la couronne est légère au front de l'une, et comme elle a meurtri le front de l'autre. » Je comparais les lanières des haillons du paddy aux crins éparpillés de la queue d'un cheval jetée sur ses épaules; et j'ajoutais qu'à certains jours sa faim ressemblait à celle des chiens errants qui, dans les grandes villes, s'en vont fouiller dans les amas d'ordures.

Et l'on m'accusa d'avoir calomnié l'Angleterre, d'avoir inventé le haillon, la misère et la famine d'Irlande.

Un an s'était écoulé à peine que les journaux de Dublin, de Cork, de Limerick et de Galway racontaient que des enfants, s'étant jetés dans les eaux du Louch-Erné et du Louch-Neath, avaient poussé à bord des vaches noyées dont ils s'étaient ensuite mis à se partager et à manger les lambeaux; ils racontaient encore que des familles entières étaient trouvées mortes au carrefour des landes et des tourbières et le long des fossés des chemins, ayant les lèvres toutes vertes des herbes qu'elles avaient broutées pour assouvir la faim dont elles étaient mortes.

J'avais dit de Daniel O'Connell : « Le vent des idées bourgeoises a trop soufflé sur lui. Ce n'est pas une agitation politique qu'il faut à l'Irlande, c'est une agitation sociale. » O'Connell avait répondu : « Je planterai le drapeau de l'indépendance sur ma tombe. — Sur votre tombe, lui avais-je répliqué, l'Irlande ne trouvera que votre suaire qui lui servira de linceul. »

Et je fus accusé de méconnaître la puissance révolutionnaire des idées politiques. C'est possible ; mais je connaissais du moins la puissance révolutionnaire des idées sociales. Les premières ne sont que d'un pays, d'un temps. Incertaines et variables, elles ne passionnent guère que le cercle borné des générations, des peuples et des intérêts auxquels cette forme et cette couleur des vêtements du corps social peuvent convenir plus que d'autres. Les secondes sont de tous les temps, de tous les pays. Toujours les mêmes, elles ont passionné, passionnent et passionneront éternellement tous les peuples, toutes les races, car elles sont inhérentes au corps social tout entier, et le même jour, à la même heure, elles peuvent établir le courant électrique qui le soulève.

Aujourd'hui, Daniel O'Connell est mort. Qu'a produit sa longue agitation? Qu'en est-il résulté, et qu'en reste-t-il? Où en est l'Irlande? Que fait-elle? Qui en parle? Qui s'en souvient? Saurait-on seulement qu'elle existe, qu'elle est encore peuplée, si deux ou trois fois par an, les journaux ne nous racontaient des naufrages dans lesquels ont péri par centaines des Irlandais émigrant aux terres des mondes nouveaux.

En 1842, je publiai LE CHATEAU DE HAM. Ce livre avait pour épigraphe ces paroles de Châteaubriand : *Quand on aime la gloire, c'est un noble parti que de s'attacher au malheur.*

Dans les premières pages, où j'expliquais les causes et le but de cette publication, je disais :

« L'auteur a secoué la poussière des chemins qu'il avait parcourus sans trouver la solution du problème politique et social qui, dans sa pensée, se réduit à ces termes (c'était en 1842; l'auteur, depuis lors, a cru voir la vérité plus loin, et il y est allé) : Sous quelque forme de gouvernement que ce soit et sur un espace donné, procurer au plus grand nombre d'hommes qu'il se pourra la plus grande somme possible de perfectionnement moral, de développement intellectuel, de bien-être physique, de libertés compatibles avec le degré acquis de perfectibilité sociale et humaine...

» Isolé dans son amour de la patrie comme en un lieu élevé où n'arrivent ni les terreurs, ni les prétentions, ni les haines de la mêlée politique et sociale, il s'est mis de nouveau, comme il l'avait longtemps fait, à étudier les événements et les hommes du passé, pour leur demander la condamnation du présent et les enseignements de l'avenir. En même temps, il a tenu l'œil et l'oreille ouverts à toutes les lueurs, à tous les bruits qui pouvaient surgir dans quelque point du ciel, espérant y découvrir l'issue qui serait ouverte de nos jours à la lutte engagée entre tant de passions diverses et d'intérêts opposés.

. . . .
. . . .

» C'est donc bien le sort de toute vérité de n'arriver aux nations que du fond d'un cachot ou du haut d'un calvaire ; la persécution est donc bien l'éternelle et providentielle fournaise où l'homme s'épure et se fortifie, la pierre de touche qui en doit attester le titre et la valeur; c'est donc bien aussi l'honneur et le salut de la nature humaine que la vérité, en souffrant et en protestant sans cesse, prépare l'affranchissement au moment même où elle subit le joug; c'est donc bien encore une chose logique et simple à la fois que dans les époques où tout est nuit et incertitude, les yeux qui cherchent la vérité, le droit et la justice se tournent vers les lieux d'exil et de captivité. Si les hommes qui s'agitent disent dans leurs passions : « Ces lieux en sont le tombeau, » Dieu, qui les mène, a dit bien plus souvent : « Ils en sont le berceau. »

A propos des douleurs dont palpitaient de belles et lamentables pages intitulées L'EXILÉ, je disais aussi : « Nous sommes, hélas! dans un siècle où les déchirements de la patrie amènent des retours si amers de fortune, et où les proscrits de la veille se font si cruellement les proscripteurs du lendemain, qu'il est peu de cœurs dans lesquels ces pages n'aient dû éveiller le ressentiment de douleurs anciennes ou présentes, et jeter quelques prévisions fâcheuses d'avenir. »

J'avais aussi tracé ce portrait du captif que renfermait alors cette prison d'État, et de qui je disais déjà : « Heureux prince, à qui Dieu, avant de lui

donner le pouvoir de faire beaucoup et d'illustres ingrats, a envoyé ce qu'il n'accorde même pas toujours pour consolation suprême aux chutes profondes qui suivent les élévations les plus hautes : des courtisans assidus de son infortune. . . . .
. . . .

» Esprit net, lucide, ferme et droit comme tous les esprits qui voient de haut, loin et vite; façonné à la forme synthétique que donne l'étude des sciences exactes, il rend sa pensée avec clarté, avec précision et brièveté, en autant d'idées que de mots, dédaigneux de montrer l'inconnu d'où elle s'est dégagée et les points intermédiaires qui l'ont jalonnée. C'est un boulet de canon qui frappe avant qu'on sache d'où il est lancé, ni quelle route il a suivie. Le but a-t-il été atteint? La pensée est-elle rendue? est-elle claire? est-elle courte? est-elle vraie? Le prince n'en veut pas davantage, et il passe à une autre. Il y a là quelque chose du génie de Napoléon et du moule d'où jaillissait sa pensée. . . . .
. . . .

» Sans doute on reconnaît parfois que l'illusion, cette riante fleur de la jeunesse de l'esprit et du cœur, vient bien encore jeter son voile et ses parfums sur les importunités de la raison; sans doute la science des faits et des hommes paraît encore rebelle aux leçons de l'expérience acquise........ Mais levez les yeux, et lisez cette phrase que le prisonnier a écrite lui-même sur les murs de sa chambre : « *Pour* » *les peuples comme pour les individus, la souffrance* » *n'est pas toujours perdue.* » Et vous vous direz alors que les dernières illusions du cœur et de l'esprit ne vont pas tarder à se dessécher et à mourir dans le jeune et vaillant homme qui est là debout, le front pensif, l'œil voilé, la voix émue, le cœur plein et ouvert, et qu'assez tôt l'expérience viendra lui donner la juste valeur des hommes et des choses. »

J'avais écrit aussi ces paroles qui, pour le temps peut-être n'étaient pas une des moindres témérités des aspirations d'un écrivain : .... « Le principe sauveur de l'organisation du travail dans ses trois éléments, l'intelligence, les bras et les capitaux, est allé se perdre dans l'expansion désordonnée d'un industrialisme cupide et sans merci, et porter avec l'irritation et la misère le germe d'une révolution sociale au sein des classes populaires dont le bien-être matériel et moral n'est pas en raison légitime et directe du développement du travail et des bénéfices de la production. »

Enfin, à la dernière page de ce livre, qui, par une coïncidence mystérieuse, fut annoncé dans les papiers publics le matin même du jour où le jeune et malheureux duc d'Orléans se tua sur le Chemin de la Révolte, on lisait :

« Ici, en 1842, s'arrête l'histoire particulière de la ville et du château de Ham; mais elle n'est point finie. Si Dieu, lui faisant un avenir semblable à son passé, la rattache encore à l'histoire générale du pays, elle aura un dernier chapitre.

» Que sera-t-il? Dieu seul le sait.

» Mais, dans un temps comme le nôtre, tout est possible en France. »

Ce que soulevèrent alors de courroux, d'ironie et de dédain dans tous les partis ces échéances diverses venues à terme aujourd'hui et acceptées presque toutes à présentation, je ne m'en préoccupai guère, et je ne m'en souviens plus beaucoup. Seulement, les beaux esprits, défenseurs du fait accompli triomphant, et insulteurs-nés de toute cause vaincue qui en appelle à une éventualité plus ou moins probable, firent leur métier en donnant à l'auteur du *Château de Ham* une bonne part dans les dérisions et les outrages qu'ils distribuaient très-largement à celui dont ils sont les courtisans à cette heure.

En 1847, je publiai les deux premiers volumes de l'*Histoire des révolutions de Paris.*

Dans l'introduction je disais, entre bien d'autres choses de ce même ordre d'idées : « L'émancipation des classes ilotes, se témoignant par les œuvres de l'esprit, est dans l'histoire générale de la civilisation le phénomène devancier ou parallèle de leur marche ascendante vers leur complet affranchissement. »

Après avoir fourni les preuves de ce théorème social, j'ajoutais : « A cette heure, les classes plébéiennes ont brisé les langes séculaires qui les vouaient aux seuls travaux du corps, et déjà elles viennent prendre et apporter leur part à ce magnifique banquet de l'intelligence auquel Dieu convie l'humanité tout entière. Dans leurs foules et dans leurs ateliers surgissent des poëtes qui se lamentent sur leurs misères dont ils les vengent, des publicistes qui les éclairent et les défendent dans leurs droits, des historiens qui rétablissent la vérité sur leur légitime part d'action et d'influence dans les progrès de la civilisation... Les temps sont donc bien proches où la société et l'État vont avoir à faire compte avec elles. »

Je fus traité de rêveur par les uns, de faux prophète par les autres, de... je ne sais plus quoi encore par plusieurs, qui se disent aujourd'hui des esprits fort avancés. Trois mois après, les classes plébéiennes posaient elles-mêmes sur les barricades de février les formidables questions que soulève l'heure sonnée de leur avénement.

. . . .

L'année dernière, j'ai publié les *Nationalités*.

Je disais que les nationalités disparaissent comme les races, parce que, pour les unes comme pour les autres, il y a la loi de leur entrée dans le monde et la loi de leur sortie; que celle-ci est inévitable comme la loi de la mort et de la dissolution prononcée sur tout ce qui est matière; qu'elle s'accomplit, pour les nations comme pour les individus, le jour où celles-là comme ceux-ci ont épuisé les principes de vie qui étaient dans l'organisme de leur constitution; que tous les diplomates de la terre ne pourraient pas plus réaliser pour les nationalités mortes le miracle de la vision d'Ézéchiel, que tous les hommes réunis ne pourraient dire aux ossements des races humaines : « Sortez de vos sépulcres, levez-vous et marchez ! »

Je disais que cette loi de la disparition des nations et des peuples faisant avancer l'heure où les races ne seront un jour qu'une famille, et les peuples qu'un seul peuple, le monde marchait fatalement vers l'anéantissement des nationalités et de la guerre; que par conséquent les nationalités et la guerre faisaient mal les affaires de l'humanité; parce que les nationalités, c'est l'égoïsme et les divisions, et que la guerre, c'est la haine et les déchirements; parce qu'enfin les nationalités et la guerre sont les grands obstacles à la formation de l'unité, qui est le but suprême, le but final imposé à l'homme par sa propre nature et par l'agrandissement indéfini de son existence.

Pour avoir dit ces choses, écho et reflet de la parole et de la pensée des plus grands esprits des temps anciens et surtout du nôtre, j'ai perdu d'anciennes amitiés et des sympathies récentes; les unes se sont changées en hostilités actives, les autres ont pris subitement le caractère d'antipathies invétérées, et si j'en croyais ce qu'on dit, j'aurais perdu encore bien autre chose; mais je n'en crois rien. Et après tout qu'y puis-je? Ce n'est pas dans ma vie le premier sacrifice que j'aurais fait aux droits de la libre pensée.

Voici pourtant qu'à cette heure (six mois à peine se sont écoulés), mes idées sur les *nationalités* ont fait déjà bien du chemin; elles sont devenues un thème même pour des discours de solennités officielles, et aussi pour des articles de journaux. Une revue puissante, mais qui passe pour professer peu d'initiative et d'enthousiasme à l'endroit des aspirations modernes vers l'unité humaine et peu d'intelligence sympathique pour les grands changements politiques et sociaux que les découvertes de la vapeur et de l'électricité peuvent amener dans la vie morale et matérielle des peuples, s'est risquée naguère jusqu'à dire : « Les hommes qui désirent que la société humaine

» change de face, doivent désirer que les formes na-
» tionales disparaissent par degrés. »

Un journal considérable, le même où j'avais été le plus malmené, vient tout récemment de jeter sur la tombe de quelques nationalités des fleurs semblables à celles-ci :

« Malheur à elles si des prétentions de castes ou
» des intérêts de partis, si l'orgueil d'une nationalité
» intéressante sans doute, mais qui depuis tant de
» siècles n'a jamais pu se faire sa place au milieu des
» nations, les empêchaient d'accepter avec reconnais-
» sance les institutions qui seront établies..... Mal-
» heur à elles si de sourds mécontentements ou des
» machinations hostiles les empêchaient de jouir enfin
» du repos fécond qui leur est préparé. Ce qui perd
» les partis, c'est l'espérance. L'espérance ne perd
» pas moins les nationalités déchues que les partis
» tombés; l'espérance d'un avenir meilleur et plus
» complet empêche de jouir du présent, et compro-
» met souvent, par ses manifestations inopportunes,
» les améliorations progressives qui se fussent pro-
» duites d'elles-mêmes. On ne saurait trop le redire
» aux nationalités mécontentes du sort que les circon-
» stances et les nécessités politiques leur imposent.
» C'est en elles-mêmes, dans le développement pro-
» gressif de tous les éléments de prospérité, d'indé-

» pendance et de grandeur qu'elles portent en leur
» sein, qu'est renfermé tout leur avenir. »

Ainsi, va le train du monde! ces choses sont passées sans protestation aucune, sans déchirement intérieur, aux lieux mêmes où, pour n'avoir guère rien dit de plus, j'avais soulevé des colères et des acrimonies inattendues. Que faire? Les idées ont leurs pionniers comme les colonies, leurs essuyeurs de plâtre comme les maisons neuves. Quand elles paraissent, les préjugés et les abus qu'elles froissent les combattent; les intérêts et les droits qu'elles servent, voulant se dispenser un jour de reconnaissance, les désavouent ou les déclarent inopportunes; et quand viennent les événements qui leur donnent raison, ces préjugés, ces abus, ces droits, ces intérêts faisant cause commune en sont quittes pour dire : Le beau mérite d'avoir imprudemment pensé tout haut, au risque de tout compromettre, ce que chacun de nous, pour mieux servir, se contentait de dire tout bas! Heureux encore les précurseurs des idées qui aboutissent, si les intérêts parvenus et ralliés qui ont l'exploitation du triomphe à l'entreprise, ne les traitent point de la façon que les rois d'Israël et de Juda traitaient leurs prophètes.

Au demeurant, je n'ai en moi d'autres moyens d'expliquer cette destinée de mes livres que par leur origine même. Il n'en est aucun dont je n'aurais pu dire ce que j'ai écrit de l'un d'eux dans son introduction :

« Ce livre a été fait sans me préoccuper des intérêts et des idées que je pourrais froisser ou servir, ni des sympathies et des colères que je pourrais soulever. Ces pages ne veulent donc être et ne seront, en effet, que ce que sont sous la main de Dieu ces graines des arbres et cette poussière des fleurs que le vent de la nuit emporte sans savoir où, mais qui tombent comme il plaît au Seigneur : ici sur des roches arides où elles meurent ; là sur un coin de terre où le soleil et l'eau du ciel les fécondent pour les desseins de Dieu. »

Quand on peut s'isoler ainsi du milieu des passions et des intérêts de la foule et des partis, on est bien près de n'avoir plus ni intérêts, ni passions pour son propre compte, et on est conduit sans effort dans le milieu qu'habitent seules la logique et la bonne foi. Or, il est rare qu'avec la logique et la bonne foi on n'arrive pas tout naturellement à la connaissance de ce qui est, et, bientôt, par l'intuition, par cette faculté de l'homme qui naît des combinaisons mystérieuses de l'action et de la réaction mutuelles de l'ordre moral et de l'ordre physique, au pressentiment de ce qui peut être. C'est ainsi que s'établit le courant merveilleux de ces idées et de ces choses dont, pour peindre leur puissance mystérieuse, on dit qu'*elles sont dans l'air*.

Voilà pourquoi il a été écrit sans doute qu'à certaines heures, nul dans le monde n'était seul à penser, à dire ou à faire, ce qu'il pensait, disait ou faisait.

Il n'y a pas trois semaines qu'il m'en a été donné une preuve assez étrange.

Aux dernières lignes d'un feuilleton dont l'auteur n'a plus, je le soupçonne, aucune raison de me vouloir être agréable, et qui était loin d'ailleurs de se douter que je pourrais apparaître comme une évocation au carrefour de sa pensée, on lisait :

« On peut voir, par les faits qui précèdent, quelles
» représailles les amis de la Révolution pourraient
» exercer; combien il leur serait facile, en parcourant
» les diverses époques de la monarchie, de donner
» aux personnes, aux actes, aux événements des
» aspects nouveaux, un autre caractère; de rendre
» aux vices et aux crimes, couverts par le manteau
» royal et officieusement dissimulés, leur couleur et
» leur nom propre. . . . .
» . . . . . Si le travail dont je parle était exécuté en
» dehors de tout esprit de parti. . . . . . . , il en
» résulterait des rapprochements imprévus, un nouvel
» enchaînement de causes et d'effets; on verrait dis-
» paraître l'importance donnée jusqu'ici à des futilités,
» et de grandes catastrophes s'expliquer par des actes
» peu connus ou systématiquement dénaturés. Ce tra-

» vail serait l'introduction naturelle à l'histoire de la
» Révolution française, il serait aussi curieux qu'in-
» structif, *et il est trop nécessaire pour que, tôt ou*
» *tard, il ne soit pas entrepris.* »

O puissance magnétique des idées qui sont dans l'air! Ce travail que, le 18 février dernier, un critique disait être une nécessité de ce temps, n'était déjà plus à entreprendre : je l'avais commencé en octobre 1855, et par une de ces fatalités qui me sont familières, je venais d'en écrire les dernières lignes le 21 janvier.

Quand ce livre nouveau sera-t-il publié? je l'ignore. Je sais seulement qu'il le sera le jour où il deviendra nécessaire qu'il le soit ; de même qu'il a été écrit le jour où il a semblé nécessaire qu'il le fût. Est-ce que je n'arrive pas toujours la veille?

Est-ce qu'aujourd'hui je ne publie pas mon livre de *l'Algérie française?* et cependant jamais livre a-t-il pu sembler davantage devoir être condamné par son origine à un boisseau éternel? et voici que c'est son origine même qui, après trois années, en fait une publication de circonstance, une publication nécessaire.

Tiré de lettres écrites à un ami du fond d'un milieu d'événements, de circonstances, de captivité et de misères qui jettent un homme dans un parfait dégagement d'illusions, d'intérêts et de toute arrière-pensée d'influence, d'action et de publicité, ce travail de 1853 répond à des préoccupations de 1856. Il y répond d'autant plus que, dans cet intervalle de trois années, plus d'une réforme gouvernementale et administrative à laquelle auparavant la pensée ou le temps n'étaient pas venus de mettre la main, plus d'un événement dont on niait la possibilité, ont attesté la raison pratique de ce que des intérêts menacés s'efforçaient de faire passer pour des excentricités de rêveur ou des colères de mécontent.

Au Deux-Décembre, placé comme on sait entre mes idées et mes affections, j'avais pris parti pour mes idées. Après un an de captivité, en France et en Afrique, dans les prisons et dans les camps, on estima que, puisque la commission mixte des Basses-Pyrénées ne m'avait pas exécuté à mort, il pouvait être juste temps de m'interner à Hussein-Dey, sur les bords de la mer. C'est là que je reçus la lettre dans laquelle le publiciste célèbre dont, à l'inverse des amitiés humaines dans les mauvais jours, l'attachement pour moi avait grandi en proportion de mon infortune, m'incitait à me reprendre au courage, à la vie et au travail. « Profitez de votre séjour forcé en » Afrique pour la bien étudier et en mesurer l'avenir » possible, m'écrivait-il . . . . Qu'y feriez-» vous? qu'y verriez-vous à faire? » Et, avec cette

netteté et cette initiative qui le caractérisent, il me posa carrément des questions qui eurent pour réponse, de février à juin 1853, douze lettres dans l'intervalle desquelles il me répondit celle-ci : « J'atten-
» dais votre conclusion, mon cher ami, pour vous
» dire quelle satisfaction m'avait fait éprouver ce
» travail marqué au coin de la plus haute indépen-
» dance d'esprit. Je n'ai rien lu sur l'Algérie qui fût
» plus d'accord avec ce que je crois être la vérité. »

Cette haute indépendance d'esprit dont M. Émile de Girardin voulait bien me faire honneur, nul plus que lui en effet ne pouvait lui porter témoignage. Il voyait bien, au ton contristé de mes lettres, qu'il me fallait chaque jour tenir ma raison et mon amitié à deux mains pour ne pas me dérober à ce travail de recherche et de sonde dans lequel je ne pouvais plonger un regard sans rencontrer un abus, ni faire un pas sans me heurter à une assise du monopole. Que de fois, cherchant à éloigner de mes lèvres ce calice d'amertume, je lui ai écrit avec défaillance et dégoût : « Vous m'avez donné le chaos à débrouiller, les étables d'Augias à nettoyer ; aussi j'hésite non-seulement à tout vous dire, mais aussi à tout fouiller, à tout approfondir. Eh ! à quoi bon d'ailleurs ? osera-t-on jamais révéler ces énormités ; et l'osât-on, qui jamais voudra et pourra y mettre la main ?.... Et puis, les choses sont dans un état si avancé que, malgré mon désir de voir l'Algérie sauvée, je désespère de l'accomplissement de ce grand œuvre. Tout ici est à refaire : pouvoir, administration, justice, terre, climat, santé, mœurs, société, l'homme lui-même!.... »

« Mon ami, lui écrivais-je un autre jour, plus j'avance dans ce chaos inextricable de l'agonie algérienne, où, vous le savez, je ne suis entré que par amitié pour vous, et plus je reconnais mon insuffisance, et plus j'ai envie de m'arrêter court et de vous écrire : — Ma foi! venez vous-même. Du diable si aucun des administrateurs, des économistes, des publicistes, des hommes d'État qui piétinent dans la vieille ornière des routines politiques et sociales, est en possession de l'intelligence, de l'initiative, du vouloir, de l'audace et de la fermeté de mains nécessaires à la reconstitution d'une Algérie nouvelle sur la table rase de l'Algérie présente! »

Un an plus tard, au moment où, répondant à mon appel, mes amis de France m'aidaient dans mes arrangements en prévision d'un long exil, il me fut spontanément envoyé quittance définitive et sans conditions des années d'Algérie qui me restaient à faire.

A mon retour, M. de Girardin me rendit mes lettres. Quelques-unes avaient déjà couru certaines régions du monde administratif, et il y en avait été gardé copie. Je leur fis subir le travail de remaniement nécessaire à la possibilité de leur publication dans la *Presse*, où sous ce titre : *De la colonisation algérienne*, elles parurent en vingt-cinq articles, du 13 juillet au 24 octobre. Quelque émotion fut causée par la publicité inattendue de révélations sur lesquelles on aurait bien pu prendre son parti à huis clos, mais qui arrivaient malencontreusement à l'heure même où on mettait la main à l'œuvre, pour n'en plus faire qu'un anachronisme et appliquer à leur auteur le *Sic vos, non vobis*, si connu, de Virgile. Les doléances même furent assez bruyantes ; et après la publication de la première partie, la seconde aurait pu rester sous le coup de la loi du silence, s'il n'y avait pas eu ailleurs un désir prononcé de voir enfin l'Algérie autrement qu'à travers les miroitements de l'officialité et les extases mutuelles de la société algérienne d'admiration.

Ce sont ces articles de 1854, tirés eux-mêmes de mes lettres de 1853, qui sont réimprimés aujourd'hui sous le titre nouveau de L'ALGÉRIE FRANÇAISE, la seule chose que j'aie changée. Quant au texte, je n'ai rien modifié, rien revu, rien affaibli, rien corrigé, rien retranché. Je hais le rapiécetage littéraire autant que le rapiécetage politique et légal : *Ce qui est écrit est écrit!* Cette réponse du gouverneur romain est la fin de non-recevoir par laquelle, en ce qui me concerne, j'ai toujours résisté aux opérations de ce genre. A retoucher sous la pression d'un milieu nouveau ce qui a été pensé et écrit sous la pression d'un milieu déjà loin de nous, on court le risque de ne faire qu'un livre d'arlequin, sans harmonie, ni couleur ni unité, par conséquent sans vérité, ni valeur ni autorité.

Pourquoi d'ailleurs aurais-je altéré en rien, dans son texte et dans son esprit, un livre qui porte si fortement empreint le cachet de son origine, et dont j'ai bien le droit de dire ce que Montaigne disait du sien : « *C'est icy un livre de bonne foy.* » Les pouvoirs publics eux-mêmes ne lui ont-ils pas déjà plus d'une fois donné raison ?

Les décrets qui, depuis 1854, ont fait passer sous l'autorité civile des populations soumises jusqu'ici à l'autorité militaire, reculé la domination des bureaux arabes par delà les territoires envahis par la population européenne, réglé le mode d'administration de la population arabe dans les territoires civils, étendu la compétence des justices de paix, fait entrer des indigènes dans la composition des municipalités, réduit les droits à l'importation de certaines denrées alimentaires, abrogé le décret oublié qui tenait l'Algérie en état de siége, créé des bataillons indigènes, noyau d'une force africaine, pour arriver à la réduction presque totale de l'armée française d'occupation, étendu enfin à l'Algérie les dispositions de la loi française contre les fraudes commises dans la vente des marchandises et contre la sophistication des vins...; tous ces décrets, que sont-ils, sinon des commencements de réformes dont il n'y a, je pense, nulle présomption à soupçonner que les lettres communiquées de 1853 et le travail publié en 1854 peuvent bien avoir donné l'idée, ou tout au moins facilité et hâté la venue?

Les événements, qui, supérieurs aux hommes et indépendants de leur action, n'attendent pour se produire les convenances de personne, ont fait une part non moins large de réalisation à l'esprit de sincérité et de prescience qui caractérise ce livre.

Mes révélations sur la façon cavalière dont les bureaux arabes traitaient les choses de la justice en territoire militaire, et sur le scandale des faveurs accordées à certaines congrégations religieuses, n'ont-elles pas été confirmées en novembre dernier par les paroles contristées à la fois et sévères qu'ont fait entendre le colonel-président et le capitaine-rapporteur du conseil de guerre devant lequel ont comparu, à Oran, les brutalités idiotes et sauvages de ces frères ignares de l'*Annonciation*, auxquels ont été pourtant accordés plus de 80,000 francs de concessions ou de subvention, à charge d'instruction agricole et primaire ?

La guerre d'Orient, en réduisant de plus des deux tiers notre armée en Algérie, a justifié ce que j'avais avancé sur la soumission de la plaine et de la montagne et sur l'inutilité ruineuse d'entretenir en Afrique, pour la garder, un grand commandement militaire et une armée de quatre-vingt mille hommes.

En fournissant à notre expédition de Crimée la plus grande masse des approvisionnements en fourrages, en bestiaux, en farines, en biscuits, l'Algérie indigène a témoigné dans un moment difficile de la vérité de mes assertions sur ses aptitudes agricoles et commerciales, et sur les miracles de production qu'enfanterait la perspective de marchés assurés et ouverts.

Le siége de Sébastopol et l'Exposition universelle ont prouvé que je n'avais pas surfait le génie arabe en prédisant la part glorieuse qu'à un moment donné il prendrait dans nos victoires, dans notre industrie et dans nos arts.

L'effet immense produit à cette heure jusque dans les tribus les plus éloignées, dans le Sahara ou dans les deux Kabylies, au fond des gorges les plus profondes et sur les cimes les plus élevées de l'Atlas, par les récits émerveillés des soldats indigènes qui ont partagé nos périls, notre gloire, et vu à l'œuvre la supériorité de nos armes, ne me donne-t-il pas raison? Car j'avais dit que dans les relations obligées du camp et du bivouac, sous le même drapeau, dans la communauté de péril et de gloire, il y avait un mélange de mœurs, de langues, de coutumes qui concourait à former cette fusion, cette unité de peuples et de races sans lesquelles je ne voyais point d'Algérie française possible.

J'avais dit encore que les tribus sahariennes, les tribus kabyles surtout, me paraissaient suffisamment préparées pour incliner vers notre civilisation et accepter la loi de l'association des intérêts. — « Tous les peuples déshérités, à quelque degré que ce soit, de bien-être et de lumières, ajoutais-je, ont des instincts secrets qui les poussent vers les nations et vers les terres où se trouve une plus grande masse de lumières et de bien-être : races arabes, races kabyles, races sahariennes, subissent cette grande loi des migrations des peuples barbares vers les foyers de la civilisation. C'est le développement de ces instincts secrets, c'est leur excitation, leur création même que la France devrait donner pour but à son gouvernement en Algérie. »

Voici ce que les faits ont répondu. Trois mois à

peine s'étaient écoulés, que Tougourth se soumettait sans coup férir, et que la plus puissante tribu de la Kabylie était réduite, cernée qu'elle avait été uniquement par un cordon de douanes qui, la frappant dans son agriculture et dans son industrie, l'avait mise au ban du commerce de la France. Et ce ne sont déjà plus les tribus sahariennes seulement qui descendent dans le Tell, et chez lesquelles on peut monter en toute sécurité, avec certitude d'y trouver hospitalité et respect. De par delà les oasis du Sahara, du fond extrême de cet océan de sables qui s'appelle le Grand-Désert, et dont les quatre cents lieues séparent l'Algérie de Tombouctou et du Pays des Nègres, il est, en janvier dernier, venu à Alger une députation des tribus nomades qui l'habitent sous le gourbi ou sous la tente. Or, que sont venues faire chez nous, en 1856, après une marche de trois mois, ces Touaregs dont M. le général Daumas fut si niaisement accusé, il y a dix ans, d'avoir, par fantasia arabe, inventé le nom, les mœurs, le costume et le pays, et qui jamais, en aucun temps connu de l'histoire, n'avaient franchi les limites du désert, qu'ils parcourent en pirates, pour se montrer sur le versant de la Méditerranée, que d'autres pirates rançonnaient?

Ces chefs des tribus du désert, dont les tentes en gardent l'entrée du côté de nos possessions, sont venus

dire à la France : « Vous avez des chachias, des
» draps, des soieries, des cotonnades, des pipes;
» portez-nous ces produits de votre industrie et d'au-
» tres encore, et nous vous donnerons en échange de
» l'ivoire, des peaux de toutes sortes d'animaux, des
» parfums, de la cire, de la gomme et de la poudre
» d'or. Nous y trouverons, les uns et les autres, des
» bénéfices considérables, et ces bénéfices resserreront
» de jour en jour les liens de notre amitié. »

C'est comme si ces barbares du Sud africain avaient dit : — Algérie ! le percement de l'isthme de Suez va faire de tes ports sur la Méditerranée le marché des échanges du monde : car nous te donnons la clef du Soudan, et pour en avoir les richesses, il faudra que l'Inde, l'Asie, l'Europe, toutes les îles et tous les continents t'apportent les leurs.

Voyant ainsi que les réalisations et les réformes se greffaient si vite sur mes projets et sur mes rêves, loin de rien changer ni retrancher à mon livre, je l'ai augmenté de quatre nouveaux chapitres. Qui sait? Les travaux publics dont je proclame la nécessité seront peut-être mis à exécution; les abus du monopole financier de la Banque algérienne, que je dénonce, seront peut-être supprimés, tout au moins refrénés. Qui sait encore? Les utopies ne sont bien souvent que des idées pratiques qui ont avancé d'une heure : ne se pourrait-il donc pas que certains des rêves inédits de mes lettres de 1853, sur la réorganisation des pouvoirs publics de l'Algérie, et auxquels je fais voir le jour dans ce livre de 1856, ne parussent point, malgré leur radicalisme, trop indignes d'attention?...

Et veut-on savoir maintenant, en 1856, pourquoi déjà en 1853 j'allais ainsi, sans transitions, du monopole absolu à la liberté absolue, de l'autorité militaire prépondérante à l'autorité militaire subordonnée? Ce n'était, comme on pourrait le penser, ni par réaction et représailles de ma position d'exilé, ni par idée préconçue et propagande d'esprit de parti. Non. La raison, la vraie, celle que j'atteste avec toute l'énergie de la conscience que j'ai de mon parfait dégagement, à mes heures, des passions des autres comme des miennes propres, la voici; et je l'écris en grosses lettres, parce qu'elle est le dernier mot, l'argument suprême qui clôt toute discussion et qui fait qu'une administration, un pouvoir, une organisation politique et sociale, sont à jamais jugés et condamnés, si influents que soient leurs soutiens, si désespérée que soit leur résistance, si utiles et si glorieux qu'en d'autres temps aient pu être leurs services.

DE 1840 à 1851 INCLUSIVEMENT, L'ALGÉRIE EST ALLÉE CHERCHER AU DEHORS, POUR LES BESOINS DE SA CONSOMmation, environ pour 170 millions de francs de céréales en grains ou en farines.

Oui, l'Algérie, cette terre du blé, cette terre féconde, qui aurait dû être depuis la pacification ce qu'elle serait demain, aujourd'hui, si on voulait, le marché aux grains et aux farines de l'Europe occidentale ; l'Algérie, cette antique mamelle nourricière du monde romain, qu'on nommait l'*ennemie de la faim, dont l'orgueil consistait à rassasier qui était affamé;* l'Algérie a été, durant douze années de son régime actuel, réduite à dépenser quatorze millions par an pour nourrir sa population !

C'est aux lueurs de cette sorte de *Mané-Thécel-Pharès* flamboyant aux murailles des administrations et du palais des gouverneurs militaires, que j'ai écrit ce livre.

Et aujourd'hui, en présence du monopole qui pèse sur l'Afrique, je dis : Liberté pour l'Algérie ! comme en présence des iniquités qui écrasaient l'Irlande j'ai dit, en 1839 : Justice pour l'Irlande !

Serai-je plus entendu de la France que je ne l'ai été de l'Angleterre ?

Dieu le veuille !

C. de Feuillide.

L'ALGÉRIE
FRANÇAISE.

L'ALGÉRIE FRANÇAISE

SON PASSÉ, SON AVENIR.

PREMIÈRE PARTIE.

I.

Objet et esprit de ce livre. — De l'écart et du contre-poids des populations. — Les Romains, les Normands, les Francs, les Anglais. — Loi fatale des colonisations. — Qu'est devenu le million de Français passés en Afrique?

Après les émotions du retour dans la patrie retrouvée, on éprouve un charme secret à revenir par la mémoire dans le pays où, par l'exil, on avait été condamné à vivre.

Si ce pays est devenu une terre française; si son climat vous a épargné; si vous y avez été comme adopté dans des familles qui auraient voulu vous consoler — mais rien n'en peut consoler — des tristesses dont sont accompagnées les chères images de la famille, de la patrie et des amitiés absentes; si vous y avez laissé des compagnons d'infortune, des amis, les uns debout encore, les autres couchés dans la tombe, vous sentez que ce pays vous est cher, que vous vous étiez pris à l'aimer comme Silvio Pellico aimait la petite fleur poussée dans l'interstice des pierres sur la fenêtre de sa prison.

Si, dans vos rêves de civilisation, vous déplorez que cette terre, qu'il suffit presque de gratter à la surface pour qu'elle produise toutes les cultures de l'alimentation des peuples et bien des matières premières de l'industrie, soit encore, dans sa plus grande superficie, abandonnée aux broussailles et aux marais où vivent les chacals, les hyènes et les panthères ; si elle vous semble, dans les desseins de Dieu, avoir été conquise, au seuil des siècles démocratiques, pour aider à résoudre le problème du bien-être physique et moral du plus grand nombre par le travail, vous voudriez la faire connaître, la faire aimer, l'aider, l'encourager à se relever de tout ce qui, si longtemps, l'a entravée dans sa marche, stérilisée dans sa fécondité ; de ce qui a éloigné d'elle les déshérités de la mère patrie, les chercheurs audacieux de fortune, pour lesquels il n'y a pas toujours de place en Europe, au milieu des encombrements des vieilles sociétés.

De plus, s'il y a là une race conquise, que sa religion, ses mœurs, son fractionnement en tribus, ses institutions presque féodales, les exterminations et les refoulements de guerres et de conquêtes successives, ont en quelque sorte rivée à une époque de temps d'arrêt et de recul dans son histoire et dans son indépendance; si, n'ayant à en médire aucun intérêt de convoitise ou de suprématie, vous avez reconnu que cette race n'est pas, autant qu'on veut le croire, antipathique aux lois, aux mœurs, aux religions, aux progrès, en toutes choses, des peuples chrétiens; qu'il y a en elle des traditions d'une civilisation ancienne, des aptitudes à une civilisation plus avancée, des aspirations contenues vers tous les affranchissements de l'homme et de la société que Dieu a mis au cœur de toute race humaine, vous vous demandez avec sincérité si, par la coexistence, par l'enchevêtrement et la fusion du peuple conquis avec les populations conquérantes, il n'y a point là, pour un avenir inconnu, les éléments d'un peuple nouveau, d'une société nouvelle, et, disons le mot, d'une sorte de mariage entre l'Orient et l'Occident.

Qu'alors la voix amie du publiciste, initiateur de tous les progrès qui constituent le progrès humain et social dans la France et dans le monde, vous interroge sur ce que vous avez appris et vu touchant les causes qui, par le retard apporté au peuplement, au travail et à la production dans notre conquête, en ont si longtemps fait une possession lourde et ruineuse pour la métropole; sur les moyens d'en assurer à toujours la pacification, d'en faire dans le monde nouveau ce qu'elle était dans le monde antique, un grenier d'abondance, et enfin d'attirer sur ses rivages, qui ne sont qu'à deux ou trois journées des côtes de l'Europe, les flots toujours pressés, toujours renouvelés d'émigrants, qui, à travers l'Océan, les longues navigations et les naufrages, s'en vont dans les solitudes des continents américains chercher les terres, le travail, le pain, la fortune que la vieille Europe ne peut plus leur donner... oh! alors vous vous sentez le désir et la volonté de répondre à cette voix amie et initiatrice, et d'honorer les deux années douloureuses passées loin de la patrie en les faisant servir à la cause du pays qui vous a été hospitalier, et dont les intérêts se doivent relier de plus en plus aux intérêts de la France.

Tels sont les sentiments et les pensées auxquels j'obéis en écrivant ce livre sur le passé et sur l'avenir de l'Algérie française.

Je n'ai pas la prétention d'avoir tout vu, tout appris; mes horizons étaient bornés par ma position même. J'ai moins encore la prétention de tout dire; cela va de soi aujourd'hui. Mais je crois avoir assez vu, assez appris, et, sûr de la sincérité de mes intentions, je crois pouvoir dire assez pour jeter, sur les obstacles que les hommes et les systèmes ont ajoutés en Afrique aux difficultés inséparables d'un premier établissement, une lumière qui pourrait aider à en dégager l'avenir.

En nombre considérable, même d'excellents esprits ont vu et voient encore la grande difficulté de l'Algérie dans le chiffre élevé des populations conquises et dans les moyens, pour leur faire contre-poids, d'augmenter le chiffre de la population conquérante.

Admettre cette opinion, ce serait reconnaître d'un côté que, pour conquérir un peuple, il faut une force numérique supérieure à celle que ce peuple peut opposer; d'un autre côté que, pour conserver et utiliser une conquête, il faut plus de monde que pour l'accomplir.

Tout peuple n'a qu'une certaine portion de forces résistantes à opposer à une invasion ; quand ces forces sont détruites ou désarmées, le reste de la nation se courbe, se tait et accepte. Elle ne tarde guère à s'arranger du mieux qu'elle peut pour chercher auprès des vainqueurs la satisfaction de ses intérêts comme collectivité et comme individus.

Toute la besogne du peuple conquérant consiste alors en l'une ou l'autre de ces deux politiques, commandées également par la force des choses : ou s'assimiler à la nation conquise, s'il est moins avancé en civilisation, ou se l'assimiler s'il est plus avancé qu'elle.

Qu'a été le monde romain, sinon la réunion à la ville éternelle des provinces conquises par le peuple-roi, à partir du centre du *Latium* jusqu'aux circonférences qui s'étendaient vers les extrêmes limites de l'Europe, de l'Afrique et de l'Asie? Et avec quelles forces Rome a-t-elle accompli et maintenu cette conquête immense où des hommes, par centaines de millions, portaient son joug?

Rome, au plus fort de sa puissance militaire, n'a guère eu sur pied plus de 375,000 soldats. Rome ne s'est donc jamais inquiétée de l'écart du nombre entre les peuples conquis et le peuple conquérant. Elle ne tenait pas à ce que tous ces peuples eussent de romain autre chose que le nom, et présentassent un aspect uniforme. Elle leur laissait leurs mœurs, leur langue, leurs dieux indigènes, leurs terres, leurs lois et coutumes locales, sachant très-bien que tout cela s'en irait à la longue s'absorber de soi-même dans l'unité de sa force centralisatrice, par les avantages mêmes que les individus pourraient en espérer.

Qui n'a pas voulu ou pu repousser l'oppression ne tarde pas, en effet, à calculer l'intérêt qu'il y aurait à entrer dans le partage des bénéfices de l'oppression.

Rome ne se fit sentir au monde, et ne le contint, après l'avoir conquis, que par les grandes voies sur les hauteurs, les aqueducs, les amphithéâtres, les camps fortifiés, les arcs de triomphe, les agents de son administration fiscale, civile, militaire, les proconsuls, les généraux, les magistrats, les collecteurs qui annonçaient une autorité unique, une loi générale, auxquelles tout le monde devait obéir, citoyens ou subjugués, peuple conquérant ou nations conquises.

Cela a duré ainsi quelque douze siècles, et il n'est pas besoin de dire avec quel éclat, quelle puissance. Sans le césarisme, qui développa la corruption, enfanta les guerres civiles, et appela le premier les barbares au cœur de l'empire, cela durerait peut-être encore avec le christianisme redevenu païen et agenouillé aux pieds des Césars.

Faut-il, à ce grand exemple, ajouter celui de la conquête de l'Angleterre par la poignée de Normands de Guillaume, sans contre-poids numérique avec la race saxonne? Celui des Gaules conquises par les Francs de l'armée de Clovis, au nombre de trois mille, sans contre-poids encore avec la race gallo-romaine, qui se comptait par millions? Cela aussi a duré douze ou quatorze siècles ; les peuples qui en sont sortis, en Angleterre comme en France, se sont confondus par la puissance des assimilations mutuelles, et cela dure encore.

Si des temps passés nous en appelons aux temps modernes, ne voyons-nous pas la nation anglaise commander, du fond de sa petite île, aux quatre coins du monde, à une centaine de millions d'hommes? Et quand on regarde au fond de son système conquérant et colonisateur, quand on voit que, loin de s'épuiser en moyens d'établir un contre-poids aux populations conquises, elle se livre à la recherche continue des moyens de tirer profit de leur nombre, de leurs cultures, de leurs besoins, de leur industrie, en leur faisant un désir, une nécessité de ses propres produits et de ses progrès en toutes choses, il faut bien reconnaître qu'en matière de conquête et de colonisation, les Anglais, corrigés par leur insuccès en Amérique, ont adopté la marche tracée par les Romains.

Condamné par l'histoire en quelque sorte universelle des conquêtes, le système du contre-poids des populations, comme premier apport colonisateur, me semble ne pas l'être moins par la loi fatale de toute colonisation.

A moins d'avoir exterminé, refoulé et dépouillé sans qu'il reste rien des races conquises dans le pays conquis, ou rien des terres et des propriétés aux races qui auraient été épargnées, la colonisation par immigrations en masse est matériellement et moralement impossible. Plus même la destruction par le fer et le feu aura accompli de besogne, et plus l'impossibilité sera grande.

Si tout n'a pas été extirpé, il faut faire compte avec ce qui reste, sous peine de reculer sans cesse l'œuvre de l'apaisement et de l'occupation définitive. Ce travail ne pourrait s'opérer sous la pression incessante d'une masse d'immigrants dont l'humeur envahissante, accrue par les nécessités quotidiennes de l'existence, se prête peu aux temporisations des arrangements réguliers.

Si table rase, au contraire, a été faite, en admettant des voies de communication et des moyens de transport capables d'opérer le transbordement immédiat d'une portion suffisante d'un continent sur un autre continent, pour peupler celui-ci avec le trop-plein de celui-là, les ruines amoncelées, les solitudes nues, se dressent et s'étendent comme le châtiment même de la conquête. Il n'y a plus ni abri ni vivres ;

les intempéries, les épidémies, la famine, voilà ce qui, pour bien longtemps, attend et étreint les immigrations, d'autant plus menacées qu'elles seront plus nombreuses.

Il y a d'ailleurs dans toute colonisation une grande partie des obstacles qui tiennent au sol, au climat, aux cultures ; ils exigent, pour être surmontés, certaines aptitudes d'esprit, certaines mœurs, une grande dépense d'efforts, de résignation, d'énergie et de persévérance, toutes choses dont les hommes en masse sont peu doués. Une armée en marche a besoin de sapeurs pour lui ouvrir des chemins, d'éclaireurs pour débusquer l'ennemi et recevoir les premiers coups de feu ; toute colonie a besoin d'avoir ses pionniers qui sondent la terre, étudient sa nature, essayent ses productions, absorbent ses effluves, luttent avec son climat. Ce n'est souvent qu'après deux ou trois générations de hardis expérimentateurs ruinés, morts à la tâche, que la génération qui a survécu, se traînant à peine, peut, avant de se coucher, crier à ceux qui attendent derrière elle : « Maintenant, avancez! »

D'ailleurs, dans les colonisations comme dans toute création humaine et sociale, le temps impose sa loi : le nombre des hommes n'y suffit pas, il y faut le nombre des années. Ce ne sont pas les deux cent mille Irlandais dont Cromwell encombra violemment, en quelques mois, les possessions anglaises, qui ont colonisé l'Amérique du Nord. Et si, à l'heure où j'écris, la colonisation algérienne a fait quelques progrès appréciables, je suis certain que, dans l'administration elle-même, il n'y a qu'une voix pour affirmer que l'Algérie ne les doit pas plus aux deux grandes émigrations de 1846 et 1848, faites avec le concours et aux frais de l'État, qu'à la tourbe d'envahisseurs qui, dès l'origine, y étaient allés chercher la fortune.

Non, la grande difficulté de l'Algérie ne réside ni dans l'écart du chiffre de la population conquise avec le chiffre de la population conquérante, ni dans les moyens d'en établir l'équilibre. Cet équilibre a existé en partie; près d'un million de Français a passé en Algérie. Une portion a été dévorée par l'action du climat, que développaient affreusement l'incurie, la débauche, l'ivrognerie, la misère, l'inintelligence des conditions de mœurs et de tempérament nécessaires pour tenir pied sous les ardeurs du soleil le jour, et sous la froide humidité de l'atmosphère la nuit. L'autre portion a vite déserté, abhorrant et calomniant l'Afrique; ceux-ci, parce que, paresseux et mendiants, ils n'avaient pas trouvé une fortune toute faite ou à faire en quelques tours de mains; ceux-là, parce que, venus sans un centime de capital, ils s'étaient jetés dans des spéculations qui n'avaient aucun point d'appui solide sur une terre où manquaient les dupes mêmes de toute spéculation.

Quelques autres, venus avec un pécule, sont rentrés en France misérables et nus, parce que, transportant en Afrique la monomanie du plâtre et du moellon qui régnait à Paris, ils s'étaient mis à bâtir des bourgs, des quartiers de ville, des hôtels, des *villæ* (et Dieu sait dans quel goût et pour quelle durée!), comme si, avide de nouveauté, la France allait tout entière passer la Méditerranée; d'autres encore, et en grand nombre, parce qu'ils avaient traité le sol africain comme le sol de la Normandie ou de la Bretagne. Au lieu d'être d'un million, les immigrations seraient arrivées à un chiffre deux ou trois fois plus élevé; le contre-poids à la population indigène en aurait été tout simplement diminué dans des proportions encore plus fortes, et, en France, les récits désolés par lesquels l'Algérie a été si longtemps mise en discrédit n'en auraient été que plus nombreux et plus étendus.

II.

Influence de notre caractère national. — Comment nous perdons nos colonies. — Nos procédés en matière de conquête. — Un trait nouveau de notre caractère national. — Effets de l'égalité en démocratie. — L'individualisme. — Son influence sur la constitution d'un nouveau pouvoir social. — Idée du droit et du devoir de l'État d'intervenir en tout et partout.

Les désastres de la première période de la colonisation algérienne ne sont malheureusement pas le produit unique d'un temps, d'une classe, d'un concours de circonstances, du caractère particulier à une génération. Si peu qu'on ait porté ses investigations sur le rôle que la France a joué dans les colonisations de l'ancien et du nouveau monde, il faudra reconnaître que ces désastres sont comme le résultat naturel de notre esprit, de nos habitudes, de nos préjugés, de notre légèreté vaniteuse, de nos ardeurs inconsidérées, de nos découragements faciles. Enfin, avant de faire la part de toutes les autres responsabilités, on sera forcé de s'avouer qu'en Algérie, comme dans tous les pays où nous avons mis un pied conquérant et colonisateur, les plus grandes difficultés sont venues de notre caractère national.

Aussi haut, en effet, que nous remontions dans notre histoire, nous voyons nos conquêtes et nos colonies nous échapper, en Asie, en Afrique, en Amérique. En Asie, avec les croisades, nous fondons des principautés, des royaumes; et après avoir épuisé les forces vives de la France, Jérusalem, Tyr, Saint-Jean d'Acre s'en vont à d'autres dominations. En Europe, les Normands et la race d'Anjou s'établissent dans les Deux-Siciles; et, passant sur les cadavres des Français, ces pays retournent à leur nationalité. Dans les Indes orientales, Afrique et Asie, après d'énormes sacrifices, de brillants efforts de notre marine, nous en sommes réduits à l'île de la Réunion, à Chandernagor, à Pondichéry; les Anglais nous y ont pris et gardent le meilleur, Madras comme comptoir, Maurice comme station maritime.

Dans les Indes occidentales, faut-il rappeler Sainte-

Luci , Tabago, la Dominique, les Barbades, et les fleurons de notre ancienne couronne coloniale, Haïti, le Canada, la Louisiane? — Ce sont les destinées de la guerre! — Oui, sans doute, mais ces destinées avaient été préparées et puissamment servies par nos inintelligences de domination et de conservation. Ces colonies dépérissaient entre nos mains, la conquête ou l'abandon par les traités ne faisait que nous reprendre ce que nous n'avions pas su nous mettre en mesure de garder. On nous dirait l'image vivante de l'Antée de la fable : nous n'avons de forces motrices et résistantes que lorsque nous touchons de nos pieds la terre où nous sommes nés.

Ce n'est pas l'esprit d'aventure qui nous fait défaut, non plus que l'ardeur de conquêtes; mais nous ne savons ni les régler ni les circonscrire. Surtout la force d'assimilation nous manque. Quand nous avons conquis un pays, éblouis du succès toujours rapide de nos armes, nous nous étonnons de n'en posséder que le sol. Les mœurs, les habitudes, les lois, la langue, tout, jusqu'à la religion et aux costumes des peuples conquis, nous sont matière à stupéfaction et à raillerie. Nous sommes toujours prêts à demander à nos armes qu'elles nous fassent raison de tant de dissemblances, qu'elles nous soumettent les intelligences et les âmes comme elles nous ont donné la possession des maisons, des plaines, des fleuves, des montagnes.

Le climat lui-même, le soleil s'il est torride, le ciel

s'il est brumeux, l'atmosphère si elle est chargée d'effluves paludéennes, la terre si elle est couverte de broussailles ou de cultures inconnues à nos contrées, ou venant par d'autres procédés que ceux de notre agriculture, sont autant de sujets pour nos plaintes, nos dédains, nos critiques et aussi pour nos découragements. Alors tout nous est une gêne, un ennui. Rien ne cède assez vite à l'impatience de nos désirs et même de nos routines.

La portion du pays où nous nous sommes installés au débotté n'est jamais la plus favorable pour nous y établir à demeure. — « Les horizons au delà de l'horizon que nos regards embrassent sont toujours plus purs! allons-y! Certainement aussi les terres qui s'étendent par delà ces montagnes de rocs ou de neiges doivent être plus fertiles que les terres où nous avons dressé nos tentes. D'ailleurs, il doit y avoir là des populations qu'il nous faut dompter, si nous voulons conserver notre conquête, y vivre et y travailler en paix. » Et l'on part, et l'on va conquérir de nouvelles terres, subjuguer de nouvelles peuplades; et ces terres conquises, ces peuplades subjuguées, on se reprend aux mêmes étonnements, aux mêmes railleries, aux mêmes plaintes, aux mêmes découragements. On s'irrite de plus en plus contre le climat, contre le soleil, contre les broussailles, contre les marécages, contre toutes les populations, conquises, mais non devenues françaises.

Enfin la lassitude, sinon toujours la raison, se

fait : il faut bien s'arrêter. D'ailleurs, la terre et les races manquent à la conquête — c'est la mer ou le désert — et aussi les moyens d'aller sans cesse en avant. On retourne, on s'échelonne, on se fortifie sur les hauteurs, dans les défilés, dans les hameaux et dans les villes. C'est alors qu'en repassant par les mêmes chemins on s'aperçoit qu'on a trop dévasté, trop brûlé; qu'il n'y a plus debout ni maisons, ni vergers, ni cultures arborescentes; que là où il y avait des moissons, il n'y a plus que des herbes parasites propres à peine à nourrir un bétail qui a été dispersé, égorgé; que là où il y avait des forêts, le sol a disparu sous l'invasion des ronces et des eaux stagnantes; que l'on a surtout trop exterminé, trop refoulé; qu'il n'y a plus assez d'hommes pour peupler et cultiver les solitudes qui se sont étendues derrière le passage des armées; que le vide fait parmi les indigènes conquis est hors de toute proportion avec le petit nombre d'émigrés venus du pays conquérant, et dont les convoitises, si ardentes qu'elles se montrent, ne sauraient utilement ni tout prendre ni tout exploiter.

De plus, comme notre génie national est essentiellement continental et casanier, nous nous attachons aux lieux où nous avons un peu de travail, de bien-être, et nous n'aimons guère à les quitter pour aller tenter une fortune plus haute à travers les chances d'expéditions d'outre-mer. Il arrive dès lors que le personnel des premières émigrations est rarement composé de ce qu'il y a de plus intelligent, de plus laborieux, de plus moral, de plus honnête dans la mère patrie. Ce n'est guère qu'un ramassis de spéculateurs aux abois, de faillis du commecre, d'exécutés de la finance, d'expropriés de la terre; or, il y a toujours là plus d'esprit d'aventure que d'entreprise, plus d'audace que de courage, plus de velléités que de persévérance, plus d'ardeurs ambitieuses que d'amour du travail. Ce sont ensuite les intérêts de la métropole qui se dressent contre toute concurrence coloniale, et qui ne voient dans la conquête qu'une sorte de ferme à exploiter, un débouché pour le trop-plein des magasins et des fabriques. Puis les ministres et les bureaux, qui du fond de leurs hôtels et de leurs fauteuils de cuir veulent tout régler, tout ordonnancer, et s'imaginent administrer un pays neuf, où tout est à créer, comme le pays renfermé dans leurs portefeuilles et dans leurs cartons, où tout est fait depuis longtemps et marche souvent par cela seul que ça existe. Surviennent alors les complications, les antagonismes, les conflits de pouvoir, les mutations fréquentes et subites, les tâtonnements, les incertitudes, les obéissances tardives, les résistances d'inertie, les essais de monopole, les formations de compagnies, les entassements et les transports en masse d'émigrants : traite des blancs, traite des noirs, n'importe!

De ce déplorable pêle-mêle d'impuissances à l'œuvre, il surgit dans l'esprit de tous cette accablante conviction, que, ne rendant pas même l'intérêt du capital de sang et d'or qu'elle a coûté, la conquête est un boulet que la métropole s'est mis aux pieds.

La nation se désintéresse bientôt d'une terre qui lui prend toujours sans jamais lui rendre. Pressé par l'opinion, le gouvernement à son tour se pose hautement cette question finale : — « Faut-il partir, faut-il rester ? Faut-il garder ou abandonner une conquête où rien de sérieux et de durable ne va, ne se fait, et d'où, par malheur, souvent peu de choses et d'hommes reviennent ? »

Partir, abandonner, c'est la honte, c'est la risée du monde ; rester, garder, c'est la ruine multipliée chaque jour par l'entretien coûteux d'une ruine. C'est une croisière en permanence sur les côtes ; c'est une armée courant le pays en colonnes mobiles : un port de guerre et un camp ! mais ce n'est pas une colonie. Vienne une insurrection des peuplades conquises, vienne une guerre avec l'étranger, et on est chassé par la première ou conquis par la seconde ; le tout ensuite est légitimé par un traité de paix qui consacre l'affranchissement ou la conquête.

C'est là, ce me semble, si j'ai bien lu dans l'histoire des tentatives de colonisation française dans le monde, les causes de l'avortement de tant et de si grands efforts accomplis pour nous répandre au dehors et porter dans des îles ou des continents lointains le génie, le drapeau, le commerce, le travail et les expatriés volontaires de la France.

Avant d'arriver aux faits multiples et d'origine diverse qui, plus particulièrement inhérents à l'établissement algérien, en ont compromis longtemps la formation, il faut signaler un trait nouveau, fort prononcé, de notre caractère national. Ajouté à ceux indiqués déjà, il doit tendre fatalement, s'il dure, à faire de nous, dans le présent et dans l'avenir, un peuple moins colonisateur que par le passé.

J'y veux donc insister.

L'individualisme, principe et effet de l'avénement de la démocratie, s'est produit à mesure que l'égalité entre les classes et entre les hommes s'est faite parmi nous. Par malheur, le principe d'association n'est pas né le même jour, et il ne s'est pas développé parallèlement aux idées et aux faits d'égalité. Aussi nous sommes-nous montrés fort embarrassés de l'individualisme. Comme nous ne savions qu'en faire, nous en avons eu peur, et, pour nous y soustraire, nous nous sommes hâtés de l'abdiquer. Amants plus passionnés de l'égalité que constituants éclairés et résolus de la liberté, nous n'avons eu de cesse qu'à travers nos révolutions, depuis et compris 89, nous n'ayons fondé, pour nous sauver de l'individualisme, pour nous relier les uns aux autres par une chaîne égale, un pouvoir social bien plus fort, armé de bien plus de droits qu'à aucune autre époque de notre histoire, aux temps même d'aristocratie et de monarchie absolue.

Plus, en haine de l'inégalité entre les classes et entre les hommes, nous avons remplacé l'idée des droits inhérents à certaines individualités par l'idée d'un droit omnipotent, unique, dévolu à la société et exercé par cette grande abstraction qui dans les temps modernes s'appelle l'État; et plus nous nous sommes faits à la pensée, à la croyance que la société, que l'État avait non-seulement le droit, mais aussi le pouvoir et le devoir de tout faire, de tout prévoir, de tout réglementer, de tout conduire, les hommes et les choses, les actes et les volontés, les affaires qui intéressent la société tout entière, aussi bien qu'un grand nombre de celles qui ne regardent que certaines parties du corps social, et même certaines individualités. De cette idée, déjà assez compressive, assez absorbante, on est vite arrivé à cette autre qui en complète la formidable puissance, que là où l'État croyait n'avoir ni à faire, ni à prévoir, ni à réglementer, ni à conduire, il avait encore le droit et le devoir de prêter son intervention, son concours, son appui. En retour de l'omnipotence qu'on lui a faite, on lui a imposé l'ubiquité de sa présence, de son crédit, de sa garantie, de son patronage.

Cette idée du droit qu'ont les citoyens pour leurs affaires d'en appeler à l'appui, au concours de l'État, et du devoir imposé à celui-ci de ne les point refuser, est tellement passée dans nos mœurs et dans notre manière d'entendre le pouvoir social, qu'à l'étranger, dans les pays de liberté et de démocratie, dans l'Union américaine surtout, les Français, voyageurs ou résidents, sont par leur étonnement et leurs plaintes un objet quotidien d'émerveillement et de sourires moqueurs. Ils ne peuvent se faire à la conviction, qui leur arrive cependant par tous les faits, qu'un pays où le droit au concours de l'État n'existe pas puisse exister lui-même et fonctionner; qu'il y ait là de la liberté, de la vie, du mouvement, sans troubles, sans agitations, en complète régularité et sécurité; qu'il s'y creuse des canaux, s'y bâtisse des routes, s'y élève des monuments d'utilité publique, et s'y fonde des institutions qui embrassent les diverses phases de l'activité et de la vie des peuples. Ne sentant pas autour d'eux et sur eux l'action en quelque sorte visible et tangible des pouvoirs sociaux, en toute circonstance, à chaque heure de la vie ou de leurs affaires, ils sont remplis d'hésitations et d'anxiétés; ils n'osent rien projeter, rien entreprendre, ils sont toujours prêts à s'en retourner. Peu s'en faut qu'ils n'arrivent à déclarer que ces pouvoirs n'existent pas, ou qu'ils ont perdu leur principale, leur sérieuse raison d'être.

Qu'on ne dise point que cette façon de solliciter et de faire servir l'État à une sorte de mainmise universelle est le propre de tel système, de tel parti. Nous avons vu passer bien des systèmes, bien des partis; et ces systèmes, ces partis, si divisés en tout le reste, se sont montrés unanimes à faire de l'absorption de toutes les forces d'une nation le point culminant de la perfectibilité du pouvoir social dans le gouvernement des hommes.

Il y a là un grand péril pour l'égalité, qui nous est si chère. Ne pouvant ni absorber ni servir tous les intérêts, le pouvoir social est réduit, par cette impuissance même, à se borner à faire un choix. Dès lors, à son insu, contre sa volonté ou sa pente, le pouvoir social crée en faveur des élus une sorte de privilége qui, tôt ou tard, doit finir par faire compte avec lui. Ainsi, nous nous acheminons vers le retour à une sorte d'inégalité nouvelle, par les efforts même que nous accomplissons pour nous retenir dans l'égalité des hommes et des classes.

Longtemps l'État s'est laissé faire maître et dispensateur de toutes choses, jusqu'aux extrêmes limites du raisonnable et du possible. Quel est, en effet, le pouvoir qui ne demande pas mieux que d'être fortifié, et qui ne s'estime heureux, loin d'avoir à empiéter, d'être réduit à subir des pressions qui lui forcent la main? Toutefois, à moins d'arriver à faire des pouvoirs sociaux quelque chose comme les jurandes centralisées aux mains des Césars dans le monde romain, ou des citoyens quelque chose comme les fellahs d'Égypte parfaitement égaux devant l'État pour pacha et dispensateur des fortunes privées par le monopole de la fortune publique, j'imagine qu'un jour ou l'autre le pouvoir social trouvera qu'on l'a trop fortifié; qu'on lui a donné trop de droits impliquant trop de devoirs; que sa responsabilité est trop grande, et qu'alors, ne sachant et ne pouvant, comme Dieu, avoir la main et l'œil partout, dans les détails infinis comme dans le vaste ensemble, il fera de lui-même effort pour refouler les intérêts et les hommes dans leur liberté d'action, à leurs seuls risques et périls.

Ainsi encore, par l'excès même des garanties que nous aurons instituées pour y échapper, nous serons infailliblement, un jour ou l'autre, rejetés dans l'individualisme qui nous a tant fait peur. N'eût-il pas été plus sage et plus simple d'imiter en cela les Américains, nos maîtres en démocratie, et d'apprendre à nous servir de l'individualisme en lui donnant pour contre-poids l'esprit d'association, qui enseigne à entreprendre, à accomplir et à se protéger à deux, quand tout seul on ne peut ni se protéger, ni accomplir, ni entreprendre?

III.

Idée des Algériens sur le concours de l'État. — Leurs plaintes et leurs exigences. — Nationaux et étrangers. — Périls pour la colonisation. — De l'abandon du système de protectorat. — Réponse à ces deux questions : Pourquoi un si petit nombre de Français ont-ils persisté à résider en Algérie? Que leur promettre, que leur donner pour les y attirer?

Il n'est en France ni populations ni individus qui plus qu'en Algérie s'épouvantent de l'individualisme, et qui sachent moins en tirer parti. Sauf quelques rares et énergiques exceptions, l'indispensabilité du concours de l'État en toutes choses y a formé et y forme encore le fonds commun des idées et des exigences des colonistes.

Si l'on n'a pas défriché ces broussailles, desséché ces marais, reboisé ces montagnes, creusé des lits à ces torrents, comblé ces ravins, assaini ces amas de détritus fétides, pratiqué à ces lacs d'eau stagnante, d'où s'élancent les miasmes paludéens qui s'en vont à dix lieues porter la fièvre et la mort, des saignées qui, en épurant l'atmosphère, seraient allées au loin distribuer la fécondité d'irrigations régulières; si la plaine croupit ici sous une végétation parasite; si le sous-sol argileux forme là un réservoir imperméable où les eaux pluviales, manquant d'absorption et d'écoulement, pourrissent les racines des moissons avant leur maturité; si les routes s'effondrent; si les communications manquent aux habitations; si les conduits de ces fontaines sont engorgés; si dans un lieu la pierre fait défaut; si dans un autre la chaux est rare; si ailleurs les poutres et les solives sont absentes, c'est que l'État n'a pas débroussaillé, n'a pas desséché, n'a pas assaini, n'a rien organisé, rien fait de ce qu'il avait à organiser et à faire. Les capitaux sont rares, l'État aurait dû se mettre en mesure d'en procurer, sinon d'en fournir; les bras sont insuffisants, l'État devrait en importer; les instruments du travail sont chers, pourquoi l'État n'en fabrique-t-il pas à bon marché? Ainsi de tout.

Et, il faut en convenir, ceux qui parlaient ainsi

avaient raison : le principe du protectorat une fois posé, ils étaient dans leur droit.

L'État a fait beaucoup en Algérie ; je ne dirai pas qu'il a toujours fait de grandes, d'intelligentes choses, mais il a fait, toute proportion gardée, plus qu'en aucune des provinces de France. Eh bien, je suis assuré que, si les cartons de l'administration africaine, soit à Alger, soit au ministère, pouvaient s'ouvrir et parler, on y verrait et ils diraient que depuis la conquête, avant et après la pacification, les demandes et les plaintes des colons aboutissaient toutes à faire de l'État un carrier, un chaufournier, un maçon, un voiturier, un boulanger, un boucher, un tâcheron, un bûcheron, un puisatier, un terrassier, un banquier, un marchand, un fabricant, un laboureur. D'après eux, s'il avait su son métier de pouvoir social, l'État aurait dû n'appeler des colons en Algérie qu'après l'avoir couverte de villages, d'habitations commodes, de routes en tous sens; qu'après l'avoir assainie, boisée de forêts et de vergers, nettoyée de broussailles, nivelée dans ses hauteurs et dans ses bas-fonds, purgée de toutes ses effluves morbides, même un peu fournie des objets de première nécessité, et, au besoin, sinon ensemencée, au moins labourée et préparée pour la production immédiate.

Eh bien, dans la logique du système de colonisation par l'État, ceux qui affichaient ces exigences avaient encore raison.

Ces exigences, ces plaintes, les petits colons, venus avec un mince bagage et un léger pécule, établis à grand'peine sur huit ou dix hectares de terre, ne sont pas les seuls à les formuler. Les colons riches, possesseurs d'hectares par milliers, s'expriment là-dessus avec une amertume bien autrement bruyante, et se montrent bien plus tenaces dans le parti pris de ne rien faire si l'État ne leur vient pas en aide.

Et, j'en conviens toujours, les riches colons étaient encore dans leur droit.

Ce ne sont pas non plus les seuls colons français, attirés par les promesses qu'on a fait miroiter à leurs yeux, qui se croient le droit d'en appeler pour leurs affaires et leurs exploitations au concours de l'État; les colons venus de l'étranger, les Mahonnais, les Espagnols, les Allemands, les Maltais, gens très-peu habitués, je pense, à trouver la moindre assistance dans les pouvoirs de leurs pays, se montrent bien plus âpres encore à cette curée du patronage de l'administration et du budget.

Il semble que l'État soit responsable des passions de lucre ou des besoins d'existence qui les ont poussés hors de leur patrie, et qu'il leur doive la réalisation de leurs rêves. Peu soucieux, sinon dédaigneux, d'adopter nos mœurs, notre langue, nos écoles, le titre même et le caractère de Français par la naturalisation, ils semblent croire que la France n'a conquis, n'a gardé Alger, au prix de tant d'or et de sang, que pour créer en Afrique des centres de populations étrangères, où les divers pays de l'Europe auraient leurs représentants, parqués en des districts et en des cantons où se perpétueraient les mœurs, les langues, les nationalités, qui ne prendraient rien de la France que la terre et le droit, moyennant, non leur redevance, mais son aide et sa protection, de l'exploiter à leur profit.

Ceux-ci encore avaient raison; oui, tous, Français, étrangers, riches ou pauvres, ont raison contre l'État, et l'État n'a pas le droit de se plaindre, car c'est lui qui a établi le système : tout au plus peut-il trouver que les colons sont de trop rudes logiciens.

Toutefois, quand les idées sur le droit des citoyens et sur le devoir de l'État en sont venues à ce point de déviation, que ceux-là mêmes qui ne sont pas citoyens de cet État, qui ne donnent pas une garantie contre tout esprit de retour dans leur patrie, en font le point d'appui de leurs exigences, il doit bien être permis d'en signaler le danger, de dire que l'heure est proche où il faudra s'arrêter sur cette pente.

Sans doute le pli est pris en Algérie. Or, je n'ignore pas que rien n'est plus difficile à déraciner que des habitudes qui font aux hommes comme une seconde nature; que la difficulté est d'autant plus grande qu'il y a un plus grand nombre d'intérêts engagés dans leur maintien, et qu'enfin un peuple en formation est comme un enfant qui, le jour où on lui ôte ses lisières, hésite, tombe, et pour quelques instants semble vouloir renoncer à marcher.

Mais je sais aussi que, si l'Algérie française garde le pli, elle court le risque de rester toujours courbée et d'être caduque avant d'avoir passé par la virilité; que si l'État garde son système de protection en tout et pour tout, il sera obligé de le prolonger et de le développer indéfiniment dans la proportion même de l'accroissement des populations et des éléments du travail; car le système du protectorat est une chaîne sans fin qui se roule éternellement sur elle-même, et où l'anneau ajouté la veille n'est jamais le dernier.

Je sais enfin que les hommes qui ont marché le plus vite, dont les membres ont acquis le plus de développement, d'élasticité et de force, sont ceux qui, enfants, ont été abandonnés à eux seuls, en tout ce qui n'était point danger d'infirmité et de mort, et qui, par leurs chutes mêmes, ont appris à ne plus tomber, à marcher droit, et à se tenir fermes et debout. L'exemple des Américains est là pour prouver qu'en cela les peuples sont comme les hommes.

D'ailleurs, en laissant de côté dans mes paroles tout ce que certains intérêts voudraient y trouver d'esprit de système, ne faut-il pas qu'enfin les colons et l'État se fassent, sinon de l'abandon absolu du patronage, tout au moins de sa rentrée dans des limites légitimes, une raison de nécessité? Les sacrifices, — et ils sont grands! — que la France a faits pour l'Algérie, alors que la paix était partout en

Europe, les colons, à moins de présomptueuse folie, peuvent-ils espérer que la France aurait non-seulement la volonté (la volonté pouvant ne pas lui manquer), mais les moyens de se les imposer au milieu des éventualités d'une grande guerre dans le monde?

Ces éventualités ne viennent-elles pas de s'ouvrir? Les complications qui en semblent devoir naturellement sortir ne peuvent-elles pas aller au delà du nombre et du terme qu'on aurait le désir et le vouloir de leur assigner? Et sans manquer en rien à ce que je dois à la colonie et à l'État, sans passer pour hostile à l'une et pour vouloir faire la leçon à l'autre, ne puis-je pas formuler le vœu que, en vue de demain peut-être, colons et pouvoirs publics avisent dès aujourd'hui à ménager la transition du protectorat au travail abandonné à son libre arbitre et à ses propres forces?

Je dois aller plus loin. A cette raison de nécessité tirée des circonstances présentes et de celles que peut recéler l'avenir, je veux ajouter les enseignements du compte que je vais demander au passé du système de protection adopté par les premières administrations de la conquête.

Or, si les faits mêmes de protection, aussi sincèrement exposés qu'ils ont été loyalement étudiés, aboutissent tous à cette démonstration accablante, que, si nombreux, si variés qu'ils aient été, les moyens d'initiative et de concours pour répondre aux besoins divers de la colonisation n'ont jamais été cependant ni assez variés ni assez nombreux..... est-ce que le système du protectorat ne sera pas jugé ?

Je dis davantage. Si, voulant répondre à cette question, la première qui se présente quand on s'occupe de l'Afrique : « Pourquoi, depuis plus de vingt » ans que nous possédons l'Algérie, un si petit nom- » bre de Français ont-ils persisté à y résider ? » on est forcément amené à dire que la cause en est précisément dans les faits par lesquels l'État manifestait son protectorat, son initiative; par lesquels il mettait toute chose, tout homme en tutelle, en interdit, comme s'il avait pris à tâche d'agir et de penser pour tous et pour chacun?... est-ce que, si l'on veut songer à peupler l'Algérie, on ne pensera pas qu'il faut réduire de beaucoup un pareil système d'intervention à outrance?

A cette autre question, produit logique de la première : « Que promettre aux Français pour les déter- » miner à quitter la France et à s'établir en Algérie ? » Que leur donner? Quelle perspective de bien-être, » de fortune faire luire à leurs yeux ? » si l'on est non moins forcément amené à répondre : Les promesses faites par l'État ou au nom de l'État n'ont jamais été tenues dans leur minimum même, et en vérité elles ne pouvaient pas l'être toutes; ce qui avait été donné en terres, maisons, instruments de travail, l'avait été dans des conditions telles, que le plus grand nombre des colons y a trouvé la maladie, la mort et une prime offerte à la paresse ; les perspectives de bien-être et de fortune ayant tenu des contes des *Mille et une Nuits* plus que de sombres et rudes réalités de la vie de labeurs imposée aux travailleurs de la terre, les premiers cultivateurs sont presque tous allés de déceptions en déceptions, trébucher au découragement, à la misère qui le suit, et aux passions et aux vices où le malheur croit en trouver l'oubli... je le demande, ne sera-ce pas aussi la condamnation du peuplement par promesses de bien-être et par mirage de fortune ?

Quant à moi, je le dis très-nettement, et je vais en fournir les preuves : Le système de la colonisation par l'État a fait son temps en Algérie. L'heure m'y semble donc venue où citoyens et pouvoirs sociaux doivent abdiquer pour leur intérêt commun, les uns le droit de tout demander à la protection, au concours, à la garantie, à l'initiative de l'État, les autres le devoir de tout prévoir, de tout faire, de tout aider, de tout conduire.

IV.

La colonisation traînée à la remorque de la conquête. — Conséquences de la suprématie du pouvoir militaire. — *Les capitaineries.* — Enseignements qui en doivent sortir. — Action des grandes armées sur les mœurs. — Habitudes développées par la vie militaire. — Les cabarets. — *Les absinthistes.* — Sophistication des boissons. — Ce qu'eût fait un gouvernement civil. — Premières industries d'une colonie.

La part générale qui revient aux immigrants dans les désastres de la colonisation algérienne, je l'ai faite très-sincèrement, très-largement. J'ai donc acquis le droit de faire la part, si large qu'elle soit, qui a incombé aux pouvoirs publics, dans un pays où l'État avait la prétention de tout faire, de tout conduire.

Sous ce rapport, le premier malheur de notre établissement a été que, durant bon nombre d'années, le gouvernement de la France n'a su ni à quoi notre conquête pouvait servir, ni s'il voulait s'y étendre pour en faire une colonie, ni même s'il devait s'y maintenir et la garder à l'état de comptoir commercial et d'étape maritime.

Le second malheur né de ces incertitudes a été de donner à la conquête un caractère d'hésitation, de tâtonnement, d'intermittences, de temps d'arrêt, de mouvement de recul, qui en ont indéfiniment prolongé la période. Il est résulté de là que la colonisation, œuvre des temps de paix, a dû suivre fatalement toutes les phases des temps de guerre. Comme on avait la prétention de faire simultanément la besogne de la guerre et le travail de la paix, que nécessairement le soldat marchait devant le colon, on subordonna l'action de celui-ci à l'action de celui-là, et l'autorité militaire demeura non-seulement prépondérante, mais armée d'une omnipotence absolue pour la colonisation et pour la conquête.

Loin de moi l'intention de frapper sur aucune des gloires, sur aucun des grands noms militaires que l'Afrique a révélés à l'Europe et au monde. J'admets, pour le moment, comme nécessités inévitables tous les faits de guerre qui ont été imposés à l'Algérie; n'étant pas écrivain militaire, je n'ai pas à les discuter; écrivain de la colonisation, je ne veux les juger que dans leurs résultats au point de vue de la colonisation même.

Envisagée ainsi, la réunion absolue dans les mêmes mains de l'autorité qui conquiert et de l'autorité qui colonise a été bien longtemps funeste à l'Algérie. A cette heure encore, les conséquences s'en font sentir, je ne dirai pas seulement par le sauvage système des razzias à fond sur tout ce qui vivait ou croissait au soleil, par les haines et les répulsions que tant de deuils avaient laissées dans la race indigène, par la nudification complète du sol, livré aux extirpations, aux incendies, et où forêts, vergers, moissons, faisaient place à l'envahissement des luxuriantes broussailles, tout cela, je ne l'inscris que pour mémoire; mais je signale, et j'y insiste, les désastres dus aux créations à la russe de villages militaires, de colonies militaires, de *capitaineries*, comme on les appelait, et dans lesquelles laboureurs, planteurs, femmes, enfants, population uniquement civile, étaient, pour leur vie et leurs travaux, menés aux sonneries du clairon ou du tambour, comme des soldats dans un camp, comme au moyen âge ils l'auraient été par le fouet du majordome ou la cloche du beffroi.... Si même ce n'eût été que cela!

Le travail de la terre, plus encore que tout autre travail peut-être, pour attacher et porter des fruits de civilisation, a besoin de liberté. Or, le travail des capitaineries n'était libre ni à l'égard de l'homme ni à l'égard des productions de la terre. Il y fallait défricher, labourer, ensemencer, récolter, où, quand et comme le voulait le capitaine qui avait pris le village à exploitation.

Voici qui était non moins exorbitant encore. L'autorité militaire s'étendait aux actes mêmes de la vie sociale que les peuples entrés dans les voies de la civilisation laissent à la compétence des autorités civiles. Le capitaine mariait, et aussi, dit-on, démariait; il recevait les actes de naissance, de décès; rédigeait au besoin les testaments; à lui seul, composant un tribunal, il prononçait sur les litiges, et condamnait naturellement, sans rémission, tout ce qu'il croyait devoir lui faire obstacle.

C'était l'intronisation d'une sorte de régime à la turque, comme autant de petits pachaliks où souvent on ressuscitait, au grand déplaisir des administrés, certains droits et pratiques qui avaient fini par disparaître même du code féodal. Aussi les capitaineries n'ont-elles rien produit de sérieux et de bon que deux enseignements : le premier, que le pouvoir militaire pouvait préparer les voies à la colonisation, mais non la conduire, parce qu'il y faut, non l'épée et le canon, mais la serpe et la charrue ; le second, que le *soldat laboureur* ne saurait exister autrement qu'à l'état de sujet de lithographie ou de chanson, et encore dans des contrées si lointaines que nul ne l'y puisse voir à l'œuvre.

Quant aux villages élevés par les niveleurs terribles du génie militaire, qui veulent tout aligner comme en face de l'ennemi et comme la fortune du combat les place, où et dans quelles conditions de topographie et d'aménagements avaient-ils été construits? Hélas! mon Dieu! on ne s'était inquiété ni de la nature des terrains ni de la qualité des eaux, pas même souvent de leur existence, ni des insalubrités de l'atmosphère formées par les lieux environnants. Parfois même, contre les faits qui auraient dû ouvrir les yeux et les entrailles, on s'était mis à bâtir des villages rectilignes dont les maisons étaient liées les unes aux autres, sans espace, sans air, ni cours ni jardins, comme les baraques d'un camp, dans des positions où, durant la guerre, on avait établi des postes, des blockhaus d'où, tous les deux jours, il fallait aller retirer sur des prolonges les soldats minés par la fièvre.

Voilà ce qu'ont été les premiers villages de la colonie, dont il me souvient que les journaux du pouvoir d'alors faisaient néanmoins sonner haut la construction et l'octroi aux immigrants. C'est là que les gouverneurs militaires poussaient les populations d'agriculteurs venues de l'Alsace ou du Béarn. Deux fois, en moins de cinq ans, ces villages, que je ne veux pas nommer, remplis par les émigrations, ont été vidés par la mort. A cette heure encore, l'un d'eux, devenu une ville, est le seul où, vaincue par l'énergie et les travaux successifs de ses trois ou quatre couches de colons, la terre de marais, de broussailles et de palmiers nains, n'a pas conservé sa triste réputation de nécropole coloniale.

Il ne faut pas croire que, seules, des populations françaises aient ainsi engraissé le territoire des villages primitifs; il y a eu là aussi bon nombre d'Espagnols, de Mahonais, que n'ont pu sauver leur nature similaire à celle de l'Arabe et leurs habitudes de tempérance.

Ces villages sont encore debout et vides. On a parlé de les rouvrir aux immigrations nouvelles, dont je ne sais quel projet de compagnie en formation invite les conseils généraux de département à prendre l'initiative et à faire les frais. Mais je crois qu'il me sera permis de dire qu'une expérience récente, faite pour le cantonnement de deux ou trois cents transportés envoyés à l'empierrement des routes, a prouvé que ces affreux ossuaires étaient demeurés en possession entière de leur puissance de décimation. Ah! plutôt que de continuer la colonisation à ce prix, la France crierait : *Périssent les colonies,* non pas *plutôt qu'un principe,* mais plutôt que la charité humaine!

Que, livrés à leur libre arbitre, prévenus des dangers qu'ils y courent, des colons sûrs d'eux-mêmes, ayant foi dans leur organisation, dans la trempe de leur âme, s'y veuillent aller aventurer, c'est leur affaire! mais les y pousser au nom de l'État, en faire comme un don de joyeux avénement, une sorte de première mise de fonds qui ne serait pas à dédaigner, oh! qu'on laisse dire les projets et crier les compagnies! mais ce serait là un piége indigne.

Après tant d'expériences mortelles, l'État, aujourd'hui, refusera certainement d'en prendre la responsabilité.

L'omnipotente suprématie du gouvernement militaire a exercé aussi une certaine influence sur les mœurs des premières années de la conquête. Cela tenait, et à l'essence même de ce gouvernement, et aussi à la permanence sur le pied de guerre d'une armée nombreuse.

Il faut le dire, les habitudes de la vie des camps et de la caserne ne sauraient pas plus être des éléments de colonisation dans les pays nouveaux, qu'elles ne le sont de civilisation perfectionnée dans les sociétés anciennes. Partout, et plus encore dans les climats à expérimenter, le travail a besoin de bonnes mœurs, de tempérance, de continuité : la présence de grandes armées, avec leur cortége obligé de cantiniers, de filles, de muletiers, de convoyeurs qui encombrent les villes, les hameaux, les routes et qui s'éparpillent dans les campagnes, ne répand guère que des exemples de fainéantise, d'ivrognerie, de libertinage.

C'est que dans les pays qui ne forment qu'une immense ville tenue en garnison, qu'un vaste camp englobant dans son enceinte une population civile égale à peine au nombre de la population militaire, celle-là, si forte que soit la discipline de celle-ci, en deviendra comme la très-humble servante, plus ou moins volontaire. Ses femmes, ses filles, son argent, son crédit, tout ce qu'elle possède, elle semble ne l'avoir que pour le tenir à la disposition des guêtres de cuir, des grosses bottes, des panaches et des broderies.

Outre que je n'en ai point la pensée, le moment serait mal choisi pour dire tout ce qu'il y aurait à en raconter; mais certaines passions, certaines habitudes développées par la vie militaire, sont tellement tombées dans la notoriété publique, qu'il ne saurait y avoir d'inconvénient à les faire ressortir.

Au nombre de ces passions est celle des liqueurs fortes; au nombre de ces habitudes est celle de la satisfaire; d'autres existent indépendantes de celles-ci sans doute, mais elles en reçoivent une singulière puissance de surexcitation. On peut donc dire, sans calomnier les armées, que là où elles sont il y a un foyer et des éléments toujours actifs de libertinage et d'ivrognerie. En Algérie, les ardeurs mêmes du climat avaient développé ces passions au delà de ce qu'on pourrait imaginer, non moins que les moyens nécessaires à leur assouvissement.

Le caractère de la population civile, trop bien disposé, du reste, par le personnel primitif qui la composait, en avait été singulièrement affecté. Dans les villages, dans les villes, dans les campagnes, le long des chemins et des sentiers, il s'était élevé, et il y a encore, un nombre de cabarets, d'auberges, de cantines, de cafés, hors de toute proportion non-seulement avec l'ensemble de la population militaire et civile de la colonie, mais, et bien plus encore, avec la population respective de chacune des localités où cette population réside. Il est tel village, sur telle route que je pourrais citer, où les quinze ou vingt maisons qui le composent portent toutes au rez-de-chaussée l'enseigne d'un débit de boissons, et dont les étages supérieurs n'ont presque jamais été occupés, et sont encore aujourd'hui complétement vides.

Cause ou effet, peu importe! l'usage immodéré des boissons en sortit, ou en fut monstrueusement perpétué. La liqueur d'absinthe était la plus généralement offerte, son usage est encore le plus universellement répandu. A elle seule, l'Algérie en a consommé

plus que toutes les autres parties du monde réunies.
Et personne, aujourd'hui, pas plus en Afrique qu'en
France, n'est à savoir quels ravages cette boisson a
exercés dans l'organisme tout entier des malheureux
que l'on désignait par le sobriquet d'*absinthistes*.
Tous s'en allaient et s'en vont encore trébucher à la
mort ou à la folie idiote, pire encore! Que de régiments l'absinthe a décimés! que de hauts courages
elle a abattus! que de jeunes et vigoureuses constitutions elle a ruinées! que de nobles intelligences elle
a éteintes! Et dans l'œuvre coloniale, que de défrichements elle a interrompus! que de moissons elle a
fait abandonner sur pied! que de ressources elle a
épuisées! que de ménages elle a appauvris! que de
femmes elle a rendues veuves, et d'enfants orphelins!

Mais ce n'a pas été seulement de l'excès des liqueurs alcoolisées qu'étaient nées tant de maladies,
aggravées de complications si diverses qu'elles ont
longtemps fait l'incertitude et le désespoir de la
science. Je ne sais où nos producteurs et nos commerçants vinicoles expédiaient leurs vins, les vins
vrais, les vins des vignes de la France : ce n'est pas
en Algérie, du moins. Malgré le haut prix auquel les
vins y étaient tenus, je ne sache pas que, dans les
hôtels même les plus en renom, on pût s'avouer
qu'on avait bu du vin dont le nom ornait l'étiquette
enluminée d'arabesques et de dorures. C'était quelque
chose de plus déplorable encore pour les vins de qualité inférieure, dits d'ordinaire, la boisson des petites

fortunes, la boisson des pauvres. Les vins naturels étaient à l'état de mythe; on n'osait, on ne savait leur appliquer le nom d'un pays quelconque : c'était bleu ou c'était blanc, voilà tout ce qu'on en pouvait dire. Il en résultait une sorte d'empoisonnement général qui brûlait les entrailles, sous la double influence de la chaleur et de la soif, dont les effets sont multipliés par une action et une réaction mutuelles. Si d'un côté la chaleur altère, d'un autre côté, comme dit l'ouvrier parisien, rien n'altère comme de boire.

Si, à la place d'un gouvernement militaire, qui, par le milieu même sur lequel il agit plus particulièrement, peut n'avoir ni l'idée ni la volonté de se heurter à de tels excès pour les affaiblir ou les briser, l'Algérie avait eu au début un gouvernement civil, dans l'essence duquel il entre une plus grande étendue de surveillance et de police sociale, j'ai toujours pensé que ce gouvernement se serait ému des périls que l'usage des boissons alcooliques et la sophistication des vins faisaient courir à la colonie. Certainement alors, armé comme le sont en France les pouvoirs sociaux pour intervenir dans toutes les choses qui, de près ou de loin, tiennent à l'utilité publique, il aurait, au nom du salut colonial, limité le nombre des débitants de boissons, ainsi que, dans un intérêt moins majeur et pour servir un odieux monopole, on avait limité le nombre des boulangers et des bouchers.

Il aurait avisé aussi à ce que, par une commission toujours active de salubrité publique, une surveillance continue et sans merci eût été exercée sur la qualité des liquides mis en circulation. A ceux qui auraient crié contre la diminution des recettes de douanes, d'octrois, de droits réunis, il aurait répondu par l'augmentation des forces vitales des colons. A ceux qui auraient hypocritement invoqué la liberté de l'industrie et du commerce, il aurait répondu que la sophistication des denrées n'était pas le commerce; que la *gargotterie*, la *cantinerie* n'étaient pas les premières industries à répandre dans une colonie naissante; qu'il y fallait d'abord les industries qui moralisent, enrichissent, créent le travail,.et non celles d'où il ne peut guère sortir que paresse, misère et dépravation.

V.

Tableau de la société algérienne aux premiers temps de la conquête. — Effets du gouvernement militaire sur la colonisation et sur le budget de la France. — Une légion suffisait aux Romains pour garder l'Afrique. — Fatalité attachée au gouvernement militaire. — Obstacles à son acclimatement.

Absorbés qu'ils étaient par le tumulte des armes, par les préoccupations stratégiques et administratives de la guerre; toujours entraînés à des déplacements qui portaient leur quartier général à toutes les circonférences où les appelaient les nécessités de la conquête, les gouverneurs militaires, en eussent-ils eu toujours l'intelligence et le vouloir, ne se montraient guère soucieux et prévoyants des intérêts matériels et moraux sur lesquels repose la formation de toute société civile. Ils leur appliquèrent dans son extension la plus complète le système du *laissez faire, laissez passer*, qu'ils ne se croyaient pas toujours le droit de refréner dans les camps, même pour les choses qui tiennent aux devoirs du service. S'il y avait là un danger pour la discipline des armées, il y en eut un bien plus grand pour l'organisation du pays.

Ne sentant plus sur elle l'œil et la main d'un pouvoir dirigeant, l'administration, dans toutes ses branches, à tous les degrés de sa hiérarchie, se défend, s'individualise, s'habitue à ne voir dans les fonctions publiques qu'un moyen de servir plus sûrement et plus vite ses passions, ses intérêts, ses besoins, ses convoitises. Les administrés, qui ne voient la règle nulle part, et qui, venus là, pour la plupart, parce qu'ils en avaient été considérablement gênés dans la mère patrie, ne tardent pas à donner libre carrière à tous leurs appétits ; ils s'appuient aux administrations, qui n'ont plus le droit de résistance, et le pays tout entier roule dans le cercle d'une sorte d'assurance mutuelle par complicité.

Que devrait-il donc arriver le jour où, ne se bornant pas au *laissez faire, laissez passer* de l'œil qui ne voit pas, de l'oreille qui n'entend pas, le gouvernement militaire, entraîné par les ivresses d'un pouvoir que nul auprès de lui n'est ni assez osé ni assez fort pour contrôler ou même pour avertir, serait le premier à donner l'exemple du relâchement de tous les liens moraux qui rattachent l'homme public aux devoirs de sa charge? Jusqu'où n'iront pas les imitations de tous les fonctionnaires, anneaux d'une même chaîne où frissonne et court l'impression de la main qui les fait mouvoir? Les administrés, voyant les barrières enlevées par l'autorité même qui avait mission de les dresser, jusqu'où n'iront-ils pas aussi dans leurs déportements?

Or, qui ne se souvient de ces exactions, de ces pilleries, qui, commencées aux trésors de la Casbah, s'en allèrent se continuer dans toutes les branches de l'administration militaire durant les premières années de notre conquête? La France en a été toute murmurante; la presse, la tribune en ont flagellé les impudeurs; la justice en fit comparaître sur ses bancs les auteurs pris parmi les plus hauts; et le souvenir de toutes ces vilenies est tellement resté attaché à leurs flancs, que les services rendus plus tard, l'éclat des victoires et les suprêmes dignités de l'armée n'ont pas toujours suffi à les laver.

Aussi la société algérienne offrit-elle alors, dans ses mœurs et dans ses allures, un ensemble et des détails dont le tableau serait bien capable de faire reculer l'historien et le moraliste.

L'usure, la spoliation, la vénalité étaient partout, s'étendaient à tout.

Que de récits j'ai entendus tout haut, en place publique, touchant des dossiers *fatalement* tombés aux mains des parties adverses, des billets vendus, des actes frauduleux, des titres altérés, de faux envois en possession, des arbitrages vidés au moyen d'un chiffre de corruption qu'on cite jusqu'au dernier centime, des successions enlevées avant scellé, des propriétaires dépouillés et passant ensuite pour des coquins qui ne payaient pas leurs dettes! Que d'achats et de ventes illicites! que de marchés passés dont les contractants se volaient à qui mieux mieux! Que d'avances d'argent sur des milliers de bœufs ou de chameaux qu'on se proposait de conquérir dans une razzia prochaine, et à laquelle il fallait bien se lancer pour payer ses dettes et renouveler son crédit! Quelle extravagance onéreuse dans les frais de justice! Que de concussions, de vols audacieux dont l'État a été la victime, dont le personnel et le matériel de l'armée, hommes et chevaux, ont eu à souffrir!

Les révélations contenues dans les mémoires du roi Joseph-Napoléon sur ce qui se passait dans les armées des premiers temps du premier empire ne sauraient donner qu'une faible idée de ce qui s'est passé dans toute l'Afrique bien longtemps encore après les premiers désordres de la conquête. Un jour l'historien n'en finira pas s'il veut recueillir tous les faits de ce genre qui vivent dans la mémoire des contemporains de l'occupation, et dont les héros, venus en Algérie avec des bottes éculées, ont fait la *fantasia* dans de belles maisons mauresques et sur de magnifiques chevaux arabes!

Oh! la vieille Afrique, l'Afrique romaine, l'Afrique des proconsuls, des préteurs, des exacteurs, l'Afrique des pensionnés de Jugurtha, des grandes concussions civiles et militaires, a dû tressaillir dans les ruines dont les Goths et les Vandales vengeurs lui ont fait un tombeau. Elle a pu croire un moment que l'heure de la renaissance allait aussi sonner pour elle!

Si de l'influence exercée sur les mœurs par le gouvernement militaire nous passons à l'action qu'il eut sur la fortune publique de la métropole et sur l'extension du principal élément de la colonisation, nous serons amené à dire que le maintien de ce gouvernement, quand il n'a plus eu sa raison d'être dans les besoins offensifs et défensifs de la guerre, a lourdement grevé les finances de la France, et qu'il a gêné la saisine et le travail des terres par les immigrants de l'Europe.

Il a gêné cette saisine et ce travail par la division de l'Algérie en territoires civils et en territoires militaires, s'enchevêtrant les uns dans les autres dans des conditions souvent arbitraires, de pure convention, et conservées bien en deçà des lignes d'opération et de frontières, après que ces lignes et ces frontières avaient été portées plus loin. La cause en a été sans aucun doute dans le désir de conserver le plus possible des influences et des positions dans les administrations militaires auxquelles les territoires de guerre étaient confiés, et qui gravitaient autour du gouvernement général pour en rehausser l'éclat et l'action.

Il a été onéreux au budget de la France, par la nécessité qu'il a imposée, pour conserver un grand commandement, après la chute d'Abd-el-Kader et la pacification générale du pays, de maintenir l'armée au grand complet du pied de guerre. De là des divisions et des subdivisions où il y avait plus de soldats que d'habitants, et qui souvent, tant elles étaient pressées les unes contre les autres, n'étaient pas séparées par six heures de marche à travers des solitudes : ainsi dans le seul département d'Alger, la division de Blidah, et les trois subdivisions d'Alger, de Médéah, de Milianah.

Cette permanence d'une armée, cette organisation toute militaire, ont eu aussi leur contre-coup sur les destinées de la colonisation. Bien certainement le peuplement de l'Algérie en a été retardé.

Il s'était accrédité en France cette opinion qu'une terre qui, pour être gardée, avait besoin d'un nombre si considérable de soldats, de la permanence d'une sorte de mise en état de siége, après même qu'on avait proclamé la soumission des indigènes et la consolidation définitive de la conquête, était une terre qui n'était ni aussi conquise ni aussi pacifiée qu'on le disait, et qu'à tout prendre il ne devait pas trop faire bon s'y aventurer. On allait jusqu'à dire que si, après vingt années de razzias, de refoulements et d'extirpations, on n'avait ni conquis ni pacifié l'Algérie, le plus sage était d'y renoncer. Ainsi la confiance allait au rebours des efforts et des systèmes d'où on l'attendait.

Or, quatre-vingt mille hommes, soixante mille hommes même, après la chute de l'Émir, et aussi un peu avant, ont-ils été nécessaires à la pacification, à la conservation de notre conquête? Je dis non. Cette réponse ne va pas tarder à être justifiée dans la suite de ce travail par l'étude des mœurs et du caractère arabes, individus ou nation.

Aujourd'hui je dis seulement : Sous Auguste, l'Afrique romaine, ayant pour frontières au midi le grand Désert et au nord le grand Atlas, a été occupée et maintenue par une légion seulement, soit 13,500 hommes; sous la domination turque, les deys ont pu tyranniser l'Algérie tout à leur aise avec huit mille janissaires environ; et la France, quand elle ne possède qu'une partie de l'Afrique romaine, ne pourrait pas faire ce que Rome a fait! Les résultats que la tyrannie a obtenus par la violence, nous ne pourrions pas les attendre des enseignements pacifiques de la civilisation? Mais alors que sommes-nous allés chercher en Algérie? Qu'y attendons-nous?

Au demeurant, l'expérience s'en fait à cette heure. Bien qu'elle ne s'accomplisse point à la suite des conditions matérielles et morales qui auraient pu nous attacher et nous assimiler plus tôt les Arabes, il en ressortira la preuve que depuis longtemps la France pouvait, sans danger pour la tranquillité et la conservation de sa conquête, dégarnir l'Algérie de troupes, et réduire leur effectif même à moins de vingt-cinq mille hommes.

Je dois borner ici mes recherches à travers les actes du gouvernement militaire et leur influence sur notre établissement en Afrique. Ceux que j'ai signalés ont pour la plupart cessé de se produire; c'est pour cela que je me suis cru le droit de les signaler. Quant aux faits qui se continuent de nos jours, les uns pourront arriver à leur place naturelle dans la suite de ces chapitres; les autres, je devrai les taire : le gouvernement militaire est encore le gouvernement de l'Algérie.

Quoi qu'il en soit, je reconnais que les mains auxquelles ce gouvernement est confié aujourd'hui ont fait de leur mieux pour lui enlever son caractère absolu, pour le plier aux nécessités et au progrès de la colonisation.

Mais si la plupart des faits qu'il ne m'est point permis d'indiquer sont fatalement condamnés à se perpétuer, ne sera-ce pas la preuve la plus haute qu'ils sont inhérents au système même du gouvernement militaire, à l'essence de sa constitution et de sa suprématie, contre lesquels, par conséquent, ni l'intelligence, ni le caractère, ni le bon vouloir d'un homme ne pourraient prévaloir?

Le plus grand obstacle à l'acclimatement du gouvernement militaire parmi nous viendra toujours des mœurs, des habitudes, du caractère que nous a faits le long exercice des franchises de la vie et de la société civiles.

Nous aimons le bruit des armes, le son du tambour, les chants des fanfares; nous courons aux riches uniformes, aux habits brodés, aux grands plumets, à la belle tenue des régiments : notre fierté nationale en est rehaussée en même temps que nous y trouvons une garantie de notre force et de notre indépendance comme peuple. La protection même de l'épée ne nous déplaît point trop; car avant tout le Français a le besoin et veut la certitude d'être protégé. Mais il entend que cette protection se tienne à distance, ne vienne qu'à ses heures, quand il l'appelle, quand il se sent disposé à lui faire le sacrifice passager de sa liberté d'action et de locomotion; sa permanence l'inquiète vite, et jette la perturbation dans les affaires. A la ville, aux champs, une sentinelle toujours placée à sa porte ou à la tête de ses sillons le gênerait; il travaillerait mal ou ne travaillerait pas du tout, il fermerait sa maison et ses ateliers, et ferait rentrer ses bestiaux à l'étable. C'est que dans le gouvernement militaire il y a une rondeur de commandement, une soudaineté d'obéissance, une absence d'initiative et une abnégation de libre arbitre auxquelles répugne essentiellement la vie civile, quelque peu formaliste, très-friande du droit d'examen, et dont tous les progrès sont dus principalement à la libre volonté et à l'esprit d'initiative.

On se plaint très-souvent que, dans l'administration civile, dans ses complications, dans ses rouages, dans la conscience exagérée qu'elle se fait de son importance, il y a trop d'obstacles, trop d'entraves, trop d'immixtions inutiles par voie de réglementations et d'autorisations. Que nous semblera-t-il donc si, après avoir subi et franchi tant d'entraves, on est condamné encore à passer, comme par un dernier degré de juridiction administrative, à travers les immixtions, les réglementations, les autorisations et les irresponsabilités en droit et en fait de l'administration de la guerre?

C'est là pourtant la loi imposée à la colonisation algérienne.

Après avoir dit quelle influence le gouvernement militaire a exercée sur la race conquérante aux premiers temps de notre établissement en Algérie, je vais dire ce qu'à la même époque l'influence de ce gouvernement a été pour la race conquise, pour les Arabes.

VI.

Faute des premiers chefs de la conquête. — L'élément arabe méconnu et opprimé. — Pourquoi? — Les brocanteurs et leurs spoliations. — Aspect du Sahel algérien. — Abus de la conquête. — Causes de la guerre à outrance. — Dénigrements et démentis. — Les deux côtés de la nature arabe. — Tout contre l'un, rien pour l'autre. — Système d'extermination et de refoulement. — Son impuissance colonisatrice. — On voudrait l'étendre à la Kabylie. — Moyen pacifique de la conquérir. — La loi de l'intérêt.

Bien avant mon séjour en Afrique, quand on recevait les bulletins de nos victoires et parfois aussi de nos revers, j'avais entendu poser et je posais moi-même cette question : « Ne pourrait-on s'établir en Algérie sans exterminer et sans opprimer les Arabes? »

Aujourd'hui, en toute sûreté de conscience, je réponds : Oui!

Quand nous entreprîmes la conquête de l'Algérie, nous n'avions aucun système arrêté d'occupation : très-différents en cela des Anglais, qui ne préparent et n'accomplissent une conquête que le jour où ils savent bien ce à quoi elle peut leur servir et qu'ils sont résolus à lui faire porter tous les fruits espérés. Nos hommes d'État, nos généraux, nos marins n'en connaissaient à fond ni la mer, ni les côtes, ni les populations, ni les mœurs, ni le pays, ni la société, ni le gouvernement. Pour nos hommes d'État, pour nos généraux, comme pour le vulgaire, l'Algérie était, sur les côtes, un nid de pirates qu'il fallait nettoyer, et dans les terres, une tourbe de sauvages qu'on pourrait exterminer ou refouler comme les tribus de l'Amérique.

A l'heure de la bataille, on rencontra sur la côte africaine le nid de pirates; on le foudroya. A l'heure de l'occupation, il se trouva que la tourbe sauvage était des populations tenant au sol par l'agriculture et par une antique nationalité. Elles se montrèrent peu disposées à se laisser exterminer; elles étaient nombreuses et vaillantes, et avaient dans leurs montagnes des positions formidables. Elles furent aussi fort peu soucieuses d'être refoulées; derrière leurs montagnes il n'y a plus que des sables, le désert.

C'étaient les races arabes.

Le ressentiment de la conquête turque, alourdie par la perpétuelle oppression du sabre, y vivait énergique dans toutes les âmes; et on y était prêt à faire alliance avec toute puissance, indigène ou étrangère, sans distinction de religion ou de mœurs, qui en délivrerait le pays. Aussi, au moment de l'invasion de notre armée, la race arabe ne se leva-t-elle pas en masse. Malgré les appels réitérés faits aux tribus de la plaine et de la montagne, on ne vit guère dans les combats de Sidi-Ferruch et de Staoüeli que les burnous des environs ou les goums enrôlés depuis longtemps dans les troupes turques à titre d'auxiliaires.

C'est toujours le châtiment de la tyrannie de s'apercevoir, aux jours de l'invasion, que des bras meurtris de chaînes n'ont ni la force ni la volonté de se lever pour la défendre.

Il y eut plus : quand la chute du gouvernement turc fut consommée, les chefs des principales tribus de la plaine se hâtèrent de faire parvenir ou d'apporter leur soumission. Bien que par leur position géographique ils fussent pour longtemps à l'abri de nos armes, les beys de Tittery et d'Oran en firent autant : celui-ci même prêta serment à la France entre les mains du vainqueur. Cette défection des Arabes ne fut pas comprise. Peut-être les chefs de l'expédition eurent-ils, après quinze ans de paix, des intérêts de gloire et de combats à ne pas la comprendre et à ne pas l'utiliser pour asseoir pacifiquement notre domination.

Il est de principe élémentaire, en matière de conquête, de se servir des indigènes pour avoir action sur les indigènes, et s'il existe des rivalités de races ou de castes, de les opposer les unes aux autres pour réduire à l'impuissance toutes les résistances de l'ensemble. Or en Algérie il y avait, il y a encore trois et même quatre races fort distinctes et fort hostiles entre elles : les Maures, les Juifs, les Arabes, les Kabyles. Pour savoir la race à laquelle il fallait s'appuyer tout d'abord, et avec elle contenir les autres, il n'y avait qu'à connaître leurs forces respectives, comme nombre d'abord, et ensuite comme instruments de l'occupation, suivant ce qu'on en voulait faire.

Si l'on n'eût voulu fonder à Alger, sur le littoral, que des entrepôts, des factoreries, des comptoirs pour notre commerce, des points de relâche pour notre marine, nul doute qu'il eût fallu s'adresser aux Maures, même aux Juifs, habitant les villes, tenant le commerce; mais à devoir, comme on le fit peu de jours après la prise d'Alger, s'avancer dans l'intérieur du pays, il aurait bien fallu se préoccuper de l'élément arabe, puisque les Arabes tenaient la presque totalité du sol. Sous peine de tous les maux qui s'en sont ensuivis, il eût été à la fois habile et moral de montrer qu'on voulait faire compte avec lui, en réglant la nature des relations des vaincus avec les vainqueurs, en garantissant des conditions de bien-être et de liberté individuelle, sinon de nationalité indépendante. Certainement, fatalistes comme ils le sont, les Arabes auraient accepté; façonnés au joug, ils auraient trouvé un maître meilleur dans le maître nouveau.

Au lieu de cela, que fit-on? Ce que le gouvernement turc lui-même n'avait pas essayé, le gouvernement militaire de la conquête l'entreprit. Des Maures furent nommés aghas, caïds, cheiks, pour administrer les Arabes. Or, c'était, et ce devait être là pour les tribus le comble de l'humiliation et de la tyrannie : la France y atteignait du premier coup. L'Arabe, agriculteur et pasteur, professe le plus grand mépris pour le Maure citadin, marchand : un *marcante!* Qui n'a pas entendu l'accent de dédain que les Arabes, à l'occasion, mettent à prononcer ce mot de la langue *sabir,* ne se fera jamais une idée de ce qu'il y a d'orgueil de race dans cette nation.

Les chefs des tribus firent entendre des réclamations, on n'en tint aucun compte. Ne voulant pas se résoudre à passer sous l'exploitation des Maures, avec le sabre français pour protecteur, ils se résolurent alors, mais seulement alors, à *faire parler la poudre.* Nous lançâmes dans le pays les colonnes victorieuses du littoral où déjà, par des actes inutiles de dévastation, de sauvagerie, nous avions démenti les belles phrases publiées sur le but civilisateur de l'expédition. On aurait pu croire que nous étions, non le châtiment, mais la continuation de la barbarie.

L'ardeur belliqueuse des généraux et des soldats, non plus que les idées de domination absolue, ne furent pas les seules causes de cette première chasse aux Arabes, qui a été suivie de tant d'autres.

Les premiers arrivages de France avaient apporté cette foule d'opérateurs et de brocanteurs avides qui se précipitent sur les pas des armées victorieuses pour ramasser et se partager les dépouilles des pays conquis. Déjà, dans Alger, la terreur avait fait bien des émigrations; bien de belles propriétés étaient passées pour un peu d'argent, fort au-dessous de leur valeur, aux mains de spéculateurs qui en avaient été enrichis. Les soldats racontaient des merveilles des plateaux et des vallons qu'ils avaient franchis, et où ils n'avaient encore ni tout brûlé, ni tout dévasté. Du haut des ruines du fort de l'Empereur, des tours de la Casbah, des terrasses étagées de la ville, des collines qui dominent la mer, l'œil courait sur le magnifique et verdoyant amphithéâtre du Sahel algérien, couvert de belles maisons mauresques qui, avec leurs murailles blanches, leurs fenêtres grillées, leurs dômes, leurs saillies, leurs angles rentrants, leurs jardins de roses et de hauts jasmins, ressemblent à des groupes de villages. Puis, loin, bien loin, dans la plaine immense qui du Sahel s'étend à l'est et à l'ouest le long de l'Atlas sur une superficie de soixante lieues en longueur et de dix en largeur, apparaissaient de riches et fertiles *haouchs* avec leurs bois d'oliviers, d'orangers, de citronniers, de myrtes, leurs moissons jaunissantes d'orge et de froment, les gourbis des Khammas, leurs tentes en poil de chameau, leurs innombrables troupeaux de bœufs et de moutons, et leurs chevaux bondissant dans les prairies de l'Arrach, du Hamise et de l'Oued-Kerma.

C'était à renouveler la tentation du Christ sur la montagne ; c'était à donner son âme au démon pour devenir maître et possesseur sur cette nouvelle terre promise.

— Que de bonnes spéculations, de bons marchés il y aurait à faire, si peu qu'on sût exploiter la frayeur répandue par les premiers succès de nos armes ! Certes, les Arabes ne demanderaient pas mieux, en échange de quelques pièces d'or, que de s'en aller bien loin de ces *Roumi*, de *ces chiens de chrétiens* qui venaient souiller de leur présence la terre des vrais croyants, des enfants de Mahomet! S'ils refusaient, bonne aubaine! on les chasserait. S'ils résistaient par les armes, meilleure aubaine encore! le papier des cartouches du soldat ferait une œuvre plus solide et surtout plus rapide que le papier timbré des notaires : il n'y aurait plus rien à débattre ni avec les possesseurs, ni avec leurs héritiers. La terre au premier occupant, sans bourse délier, et possession vaut titre : voilà le droit de la conquête!

C'est de ces convoitises, qui, des brocanteurs arrivés de France, passaient par les employés de l'administration, pour monter de là, par la complicité de hautes têtes, jusque dans les conseils supérieurs de l'armée, que les généraux subirent la pression. A l'heure qu'il est encore, comme quelques-uns des indigènes qui avaient fui sont revenus; comme ceux qu'on avait foudroyés ne sont pas tous morts, ou qu'ils ont laissé des enfants échappés par miracle, les tribunaux de l'Algérie ont souvent à revenir, pour en faire justice, sur quelques-unes de ces brutales et commodes mises en possession, auxquelles souvent les moyens les plus honteux et les plus retors de la chicane avaient donné une sorte de consécration légale.

Si, des premiers faits de la politique militaire, qui dès les premiers jours ont violemment molesté la nationalité arabe, on veut entrer dans la multiplicité infinie des actes de dévastations, d'exactions, de meurtres, de viols qui en ont spolié, ruiné, outragé, décimé les individualités ; si l'on se dit que l'Arabe est une race intelligente, fine, réservée, habile par conséquent à profiter de toutes les fausses démarches de ses ennemis, fautes ou crimes; si l'on est convaincu, comme je le suis, que la politique à suivre avec cette race doit se résumer en trois mots : *Justice, douceur, force ;* si, comme tous les faits le démontrent, avant et depuis la pacification qui a suivi la ruine d'Abd-el-Kader, les tribus, qui n'ont plus de débouchés pour les productions de leurs cultures, se fatiguent vite de la guerre et courent d'elles-mêmes au-devant de la soumission; si, en se rendant compte des succès de l'Émir en dehors de toute superstition soit religieuse, soit politique, dans la résurrection de la nationalité arabe, conquérante et dominatrice, on est réduit à s'avouer que l'Émir n'a si longtemps passionné les Arabes que parce qu'il les gouvernait avec douceur et justice; s'il est vrai, et cela est vrai, que les gouverneurs et les généraux français, en petit nombre, qui ont été justes et doux avec les Arabes, comme les Voirol, les d'Uzer, les Duvivier, à Alger, à Bône, à Oran, ont été respectés, aimés et fidèlement servis dans leurs louables efforts de pacification ; s'il est vrai aussi, et cela est encore vrai, que, durant la première période de la conquête, les grands soulèvements des tribus, les soulèvements en masse, ont eu pour cause, de notre part, des enlèvements, des incarcérations, des exécutions à mort accomplis sans justice, sans raison, sur des marabouts, des caïds, des aghas, alors même que ces chefs étaient porteurs de nos sauf-conduits, ainsi que cela est arrivé sous le gouvernement du duc de Rovigo, à Alger, et du général Boyer à Oran; si, la rougeur au front, on est forcé de convenir que, dans cette première période de la conquête, la France n'a guère présenté à la race arabe, comme spécimen de notre civilisation, qu'un ramassis impur de spéculateurs s'abattant sur les propriétés, maisons et terres, poussant aux batailles, pour obtenir à vil prix, par la terreur, des ventes, des transactions, des marchés, il faudra bien reconnaître que les Arabes, non plus seulement comme peuple qui ne veut pas être exterminé, mais comme membre de la grande famille humaine ayant droit à la vie et à la propriété, ont été contraints par nous, pour se défendre, de guerroyer à outrance; que c'est par nos propres excès, et non par les leurs, que nous sommes entrés dans le système de l'extermination et du refoulement.

Cela est clairement apparu par les actes dont, malgré leurs légitimes griefs, toutes les fois que nous leur en avons offert les moyens, ils ont fait un démenti pour les hommes qui prétendaient qu'on ne pouvait les gouverner qu'avec le sabre et le bâton.

On exterminait les Arabes, disait-on, à cause de

leur perfidie et du peu de foi qu'il fallait ajouter à leurs promesses les plus solennelles ; eh bien ! en 1833, à Oran, sous le général Des Michels, nos soldats eurent pour auxiliaires volontaires contre une attaque dirigée par Abd-el-Kader les otages mêmes qui nous avaient été donnés par les *Zméla*, pour garantie de la soumission de cette tribu que l'Émir avait forcée l'épée aux reins de marcher avec lui.

On exterminait les Arabes en disant qu'ils ne travailleraient jamais avec nous ni pour nous, et qu'ainsi leur présence en Algérie serait un éternel obstacle à toute entreprise de routes, de canaux, de défrichements, de cultures ; et voilà que, sous le gouvernement du général Voirol, malgré les destructions, les razzias qui avaient désolé les tribus, il se présenta un si grand nombre d'indigènes pour travailler sur les territoires de la Ferme-Modèle, de la Maison-Carrée, de l'Arrach, de l'Oued-Kerma, où le génie militaire exécutait des travaux de terrassement et de desséchement, que, les crédits ouverts ne suffisant plus à les payer, on fut obligé, pour les renvoyer, de restreindre les travaux.

On exterminait les Arabes sous prétexte qu'ils enterraient, gâtaient ou brûlaient leurs denrées pour n'avoir pas à nourrir nos troupes ; et voilà qu'un camp ayant été établi sur les bords du Hamise pour protéger la coupe des foins dans les belles prairies que cette rivière arrose, les *Khrachnas,* l'une des plus puissantes tribus de la plaine, loin de contrarier cette opération, allaient chaque jour approvisionner en abondance le marché du camp.

On exterminait les Arabes parce que, disait-on, ils ne voudraient pas louer leurs bras aux travaux agricoles des conquérants, et que dès lors il fallait bien faire de la place aux travailleurs qui viendraient d'Europe; or l'administration concède à un Polonais, le prince de Mir, cinq fermes du domaine de la *Rassauta*, d'une étendue de plus de trois mille hectares. Il n'avait même pas été tenu dans cette concession le moindre compte des droits de la tribu des *Aribs*, auxquels partie de ces terrains avait été donnée antérieurement à titre d'échange, quand, en récompense de services rendus, on les transplanta dans cette partie de la plaine. Il arriva néanmoins que les *Aribs*, au nombre de deux cents, s'établirent et travaillèrent sur le domaine, à titre de colons partiaires du cinquième. L'exploitation fut presque tout arabe, et la tribu entière vivait en parfaite intelligence avec les quelques familles européennes qui s'y étaient établies.

Bien plus, le prince de Mir avait élevé une croix en fer sur le faîte du bâtiment principal, et les *Aribs* respectèrent ce signe, qui s'y trouve encore, d'une croyance contre laquelle on prêtait aux indigènes une haine fanatique. Or, ceci était d'autant plus significatif, que les *Aribs* sont originaires du Sahara; que, venus anciennement sur les terres de la province d'Oran, ils y avaient été inquiétés, dit-on, pour leurs brigandages, par les autres tribus ; et que, lorsqu'elle les établit dans la plaine de la *Mitidja*, l'administration française fut obligée de leur délivrer en masse des lettres d'oubli et de pardon.

On exterminait les Arabes parce que, assurait-on encore, les tribus guerrières, qui forment chez eux comme une noblesse d'épée, ne seraient jamais nos alliées, nos auxiliaires ; et après le traité malheureux de la Tafna, au plus fort de la puissance d'Abd-el-Kader, les tribus de l'Est, sur lesquelles ce traité avait maintenu notre domination, résistèrent aux provocations, aux menaces, aux promesses, aux violences même de l'Émir. Elles entrèrent avec leurs chefs dans les rangs de notre armée, et formèrent ces corps réguliers et irréguliers de *Spahis* qui ont si vaillamment combattu pour la conservation et l'extension de notre conquête.

Ce sont eux qui, agents actifs et dévoués de l'autorité de leurs caïds, de leurs kalifas, investis par la France des soins de la police arabe, maintiennent parmi les *outhan* l'ordre et la sécurité. Dans les vallées qui s'étendent entre les deux chaînes parallèles du grand et du petit Atlas, les tribus dont nous avions dévasté les terres, et qui s'y étaient réfugiées, fermèrent elles-mêmes les passages aux irruptions de l'Ouest et de la Kabylie.

Enfin on exterminait les Arabes sous prétexte que nous n'aurions avec eux et par eux ni commerce, ni culture, ni rien de ce qui met en communication pacifique un peuple avec un autre peuple ; et toujours par une contradiction flagrante qui condamnait le système de l'extermination et du refoulement, au moment même où ce système était pratiqué sans merci, les généraux les plus batailleurs faisaient entrer dans leurs calculs de pacification future et de soumission immédiate la nécessité où allaient se trouver les Arabes de se présenter sur nos marchés pour les échanges et l'écoulement de leurs produits et de leurs denrées.

Comme je n'ai point l'intention d'écrire une histoire comparée des nécessités du système d'extermination adopté avec les démentis que les Arabes leur donnaient, je dois me borner aux faits que je viens d'indiquer. Mais je les tiens pour autant de jalons entre lesquels les historiens futurs de notre conquête auront à en grouper une multitude de semblables. Il en ressort cet enseignement qu'après avoir manqué de volonté pour faire compte avec l'élément arabe, on a manqué d'intelligence pour en tirer parti, ou qu'on n'a su ni voulu étudier et reconnaître les deux côtés bien tranchés du caractère qu'il présente. Dans l'un, il y a l'orgueil de nation, qui enfante l'humeur belliqueuse quand il est humilié ; dans l'autre, il y a l'amour excessif du lucre qui l'assouplit et l'éteint.

On s'acharna sur le premier, dont on fit arriver la conséquence jusqu'à une sorte de paroxysme qui le reculait dans la barbarie. On refoula, jusqu'à l'anéantir, le second, qui aurait hâté l'entrée dans les voies de la civilisation. Les peuples civilisés, en effet, ne sont point ceux qui se battent : ce sont ceux qui font l'échange et le commerce. L'or, et non pas le fer, est le signe représentatif de la valeur intellectuelle des nations et des individus. Avec le fer on extermina les Arabes; avec de l'or on les eût conquis.

C'est du reste ce côté méconnu de la nature arabe qui, puissamment aidé par les impossibilités que l'autre côté opposait au système de l'extermination, a fini à la longue par agir sur la conscience même des exterminateurs. Autant au moins que nos victoires, il a contribué à tuer ce système. Je suis certain qu'en prenant ainsi la question, l'histoire dira un jour que ce sont les Arabes qui nous ont pacifiés comme malgré nous.

Cela est si vrai que, même bien avant la ruine complète d'Abd-el-Kader, ce ne sont pas les tribus qui cherchaient à secouer le joug de notre conquête; ce fut le gouvernement militaire qui, pour démontrer la nécessité de la permanence d'une grande armée en Algérie, toutes les fois que le pays ou les chambres en demandaient la réduction, se mit en quête de prétextes pour rompre la paix. Alors, comme aux premiers jours de l'occupation, il subissait la pression de cupidités ruinées ou insatiables qui s'en prenaient aux Arabes des insuccès de leurs spéculations.

L'esprit de ces gens-là ne fut pas vaincu, même après qu'il n'y eut plus un seul yatagan hors du fourreau. A l'heure où j'écris, il en reste un vieux levain qui s'agite et rêve encore une extension nouvelle de conquête par extermination et refoulement.

Quand nous occupâmes le Sahel, il fallut raser le sol et exterminer les races; sans quoi, disaient ces hommes, on ne pourrait ni s'établir ni cultiver. On rasa, on extermina. Depuis plus de vingt années, les travailleurs et les cultures de France n'ont encore, ni en nombre, ni en étendue, remplacé les bras et les cultures arabes.

Quand nous nous étendîmes dans la province d'Oran, sans laquelle, disaient-ils, notre conquête serait toujours menacée par les tribus du Sud, ils demandèrent qu'on rasât et qu'on exterminât, pour qu'ils pussent cultiver. On rasa, on extermina encore. Dans la province d'Oran, les bras et la culture de France n'ont pas plus, en nombre et en étendue, remplacé les bras et la culture arabes que dans le Sahel et dans la Mitidja.

Quand nous nous lançâmes dans les deux expéditions, si coûteuses d'or et de sang, de la province de Constantine, sous le prétexte aussi d'abriter notre conquête contre les tribus de l'Est, ce furent les mêmes exigences d'extirpation et d'extermination. Même satisfaction leur fut donnée; mêmes résultats pour le peuplement et les cultures que dans les provinces d'Alger et d'Oran.

Pendant les deux années de mon séjour en Afrique, j'ai entendu invoquer les mêmes prétextes, pousser les mêmes clameurs contre la grande Kabylie. Qu'un jour ou l'autre les criailleries du vieux parti algérien soient écoutées, et j'affirme d'avance que cette adjonction violente à notre conquête aura le même sort que celui qui afflige les trois provinces. On tuera des hommes, on violera des femmes, on brûlera des villages, on refoulera des tribus, on rasera le sol d'oliviers, de mûriers, de vignes, d'orangers; la Kabylie sera nudifiée pour vingt ans; les possesseurs français remplaceront les possesseurs kabyles, mais non les travailleurs, mais non les plantations et les cultures; et dans vingt années nouvelles, la montagne sera dépeuplée, inculte, comme la plaine l'est encore après vingt années. Je dis qu'il en sera ainsi, parce que j'ai entendu entasser contre les Kabyles, contre leur fanatisme, contre leur indomptabilité, les sophismes qui avaient fini par faire croire que les Arabes des trois provinces n'étaient pas des hommes; parce que ce qui se disait du blé, de l'orge, du tabac, des fourrages, des orangers des Arabes, se redit de l'huile et des raisins des Kabyles.

Or, les Kabyles, de leur côté, et par tous les moyens en leur pouvoir, ont donné et donnent encore les mêmes démentis que les Arabes donnaient jadis. Les Kabyles, comme les Arabes, ne demandent pas mieux que d'être conquis pacifiquement, par toutes les voies possibles du trafic, de l'échange, des transactions, du facile et libre accès sur nos marchés, et surtout des perfectionnements de l'industrie. Donc, au lieu de monter chez eux, forçons-les à descendre chez nous, par l'ouverture de débouchés pour leurs denrées, plus sûrs, plus prompts que ceux qui, confinant presque au désert, leur sont ouverts par Tunis et par le Maroc. Quand les Kabyles auront pris ainsi le chemin de notre plaine, nous prendrons avec eux et par eux les chemins de leurs montagnes.

Mais pour cela, n'en déplaise aux convoitises qui déjà s'y découpent de magnifiques concessions, à titre gratuit ou à titre onéreux, il faudra qu'ils soient bien assurés que nous ne voulons ni les tuer, ni les exproprier, ni leur prendre avec nos baïonnettes ce qu'ils ont bien le droit de ne nous donner que contre notre argent. J'ajoute que les Kabyles sont essentiellement industriels, en tant du moins que l'industrie se rattache à l'agriculture. Il est dès lors certain que leurs montagnes s'ouvriront à tous les progrès mécaniques qui leur feront obtenir des rendements plus avantageux; et comme les mécaniques ne vont pas sans les mécaniciens, ils se trouveront, à leur insu, envahis, conquis, par toute une population d'élite d'ouvriers européens.

Cette conquête sera plus longue peut-être, et encore j'en doute; mais aussi elle sera moins coûteuse.

Eh! mon Dieu! son travail commence déjà. Au moment de la taille des vignes, de la coupe des foins, de l'engrangement des céréales, des préparations des terres pour le tabac et pour le coton, les routes sont couvertes de *Tabliers de cuir* qui, pour le temps à s'écouler entre les semailles et la moisson dans leurs montagnes, viennent louer leurs bras à notre agriculture à un prix bien au-dessous des bras européens, espagnols ou mahonnais, français surtout. Il n'est pas de colon de bonne foi qui ne se loue de leurs mœurs, de leur activité, de leur loyauté dans leurs engagements, et qui ne les retienne d'avance pour la campagne suivante.

Déjà aussi, par delà Dramizzan, assez avant dans les terres, où cesse notre domination et où commence la Kabylie, n'y a-t-il pas un jeune et aventureux Français, M. Moline, qui, bravant les préjugés et les prophéties des Algériens, est allé fonder un grand et beau pressoir à vapeur pour les olives, le principal et le plus riche produit de la Kabylie? Il a démontré aux indigènes des environs que son moulin donnait à l'heure un rendement de 20 0/0, au lieu de 8 0/0 obtenus par le travail long et pénible de la grossière meule tournée par un cheval. La nouvelle s'est propagée; la vérité des résultats, aidée de la bonne foi dans les marchés et de l'affabilité dans les manières, une fois reconnue, on est accouru de tous les points de la montagne soit pour vendre les olives au prix de l'ancien rendement, soit, moyennant les frais de pressoir, pour en rapporter le rendement nouveau. Avant peu les Kabyles trouveront, les uns, que cette usine est trop éloignée, les autres qu'elle ne suffit pas aux récoltes, et de là à en introduire de pareilles dans l'intérieur du pays il n'y a pas loin : l'intervalle qui sépare deux récoltes, une année peut-être! Qu'aurait-il fallu de temps et de sang pour arriver à ce résultat, si on l'eût demandé à coups de canon?

Pour les peuples comme pour les individus, l'intétérêt sera toujours l'argument le plus fort, le mieux écouté. Mais l'intérêt ne s'impose pas, il se révèle. Qui sait l'attendre et y aider voit toute chose venir à point.

VII.

Au système d'intimidation succède le système de compression. — Territoire civil et territoire militaire. — Institution du bureau arabe. — A quoi elle servit. — Elle maintint un danger pour la France. — Elle ne poussa point les indigènes dans la voie coloniale. — Elle négligea les intérêts de leur civilisation. — Bilan administratif du bureau arabe. — Du caractère belliqueux attribué aux Arabes. — Ce qu'il fut, ce qu'il est. — L'*Arabe et son coursier*. — L'administration civile aurait suffi avec la loi commune. — L'*Arabe et les douros*.

Le côté par où les Arabes donnent prise à la civilisation, et qui avait été si peu compris, si mal servi aux premiers temps de la guerre, ne le fut pas davantage après la chute d'Abd-el-Kader. Ils s'y étaient pourtant bien aidés.

Les tribus continuèrent à être gouvernées militairement. Seulement, après le système d'extermination et de refoulement, vint le système de compression sur place.

On ne pouvait cependant pas se dissimuler que les grandes prises d'armes qui avaient tant retardé notre conquête avaient eu leur principale cause dans le gouvernement militaire auquel l'Algérie avait été soumise. J'estime que, si la France avait tout d'abord mis des directeurs généraux de l'agriculture et du commerce à la tête des pouvoirs algériens, et subordonné l'armée à ces deux grands intérêts, les propensions des indigènes au commerce et à l'agriculture sont telles, que les boute-selles sonnés par l'Émir ne lui auraient pas amené six cents cavaliers des tribus même réputées les plus guerrières. Du jour, en effet, où, dans les intermittences de guerre et de paix qui ont traîné notre occupation en longueur, les tribus avaient pu s'assurer de notre protection loyale pour le travail de leurs terres, pour la libre vente de leurs produits, non-seulement elles demeuraient sourdes à l'appel du promoteur de la guerre sainte, mais au besoin elles tournaient leurs armes contre lui.

Des nécessités commandées par le fonctionnement de l'administration militaire dans les tribus est sortie la division de l'Algérie en deux territoires : le territoire militaire, le territoire civil. Cette division eut pour effet d'assurer la mainmise absolue des bureaux de la guerre sur les tribus, mais aussi de fermer la zone militaire à toute action des mœurs, des lois, des progrès de la société civile, et d'en éloigner pour longtemps les entreprises et même les essais de colonisation.

PREMIÈRE PARTIE.

De cette division en deux territoires est née l'institution du bureau arabe, exclusivement chargé de l'administration des zones militaires.

Il se peut qu'aux jours de la grande guerre, alors que, par les doubles liens de la force et de la politique, il fallait maintenir dans la soumission les tribus que la pression incessante d'Abd-el-Kader cherchait à soulever, le bureau arabe, composé d'officiers d'élite, maniant également bien la plume et l'épée, menant de front la guerre et la diplomatie, et aussi habiles à parler et à écrire la langue arabe que la langue française, ait rendu de grands services à l'armée.

Je ne nie pas non plus qu'il n'ait accompli avec intelligence ce pour quoi il avait été créé : c'est-à-dire qu'il n'ait empêtré les tribus sous un puissant réseau d'administration, de police et de justice militaire.

Je reconnais que, sur quelques points éloignés vers le désert, à l'est ou au sud, un laissez-passer signé par lui et flanqué de deux spahis assurait au voyageur, commerçant ou touriste, la sécurité et les honneurs de la *Diffa*, sous les gourbis ou sous la tente.

Il est certain encore que le jour où les gouverneurs voulaient expédier au chef de l'État, en France, des spécimens de chefs arabes, et donner à ceux-ci une idée fascinatrice de la grandeur de notre nation; que lorsqu'ils se plaisaient à faire, dans le champ de manœuvres de Mustapha, une grande montre de caïds et de khalifats des trois provinces, sur des chevaux caparaçonnés de soie, harnachés d'or, exécutant au son des galoubets et des tamtams de brillantes *fantasias*, avec simulacres de charges à fond de train, avec des écuyers servants, comme au moyen âge, pour tenir l'étrier et porter les armes; il est certain que ces jours-là les officiers du bureau arabe avaient pour leurs raccolements des moyens très-persuasifs, et qu'ils étaient des ordonnateurs de carrousels fort ingénieux et fort écoutés.

Mais, à mon sens, tous ces avantages du bureau arabe, si haut qu'on les prise, ne pouvaient compenser les inconvénients inhérents à son institution même, et surtout ses empiétements d'autorité, non sur les Arabes — il pouvait tout et au delà — mais sur les intérêts et les pouvoirs coloniaux, qu'il entravait presque toujours, se subordonnait souvent, et finissait même quelquefois par absorber.

Sauf les désordres qui suivent fatalement la confusion des pouvoirs, d'où naissent les antagonismes dont les intérêts sociaux souffrent toujours, je ne vois pas grand mal à ce que ceux qui savent et veulent faire se mettent à la place de ceux qui ne veulent pas, ne savent pas, et enfin, pour une raison ou pour une autre, ne font pas. On ne dira point que je ne suis pas de facile composition. Mais le malheur du bureau arabe a été qu'il ne savait, ne voulait et ne faisait que continuer le système turc, parfois même jusque dans ses exactions, dans ses formes expéditives de brutalité et de justice sommaire.

Par là, il maintenait contre sa volonté, je pense,

le menu peuple indigène dans un état absolu d'asservissement, non à l'égard des Français, des vainqueurs, mais des hautes têtes des tribus, juste au même point où les Turcs l'avaient trouvé et laissé. Le bureau arabe semblait ne pas se douter que cet état de choses avait été précisément le point d'appui le plus énergique de la guerre, qui, du côté des indigènes, avait toujours été la *révolte des grands*, dans laquelle les petits étaient entraînés par l'organisation en quelque sorte féodale des tribus. N'y avait-il pas au contraire progrès de civilisation et prévoyance politique à briser ce réseau pentarchique dont la France aurait encore à souffrir le jour où les grands auraient le moindre intérêt de rébellion à satisfaire?

Aussi ne serait-il point vrai, comme on l'a cru, qu'en accaparant, en enfermant dans les sabretaches de maroquin rouge pendues à l'arçon de leur selle l'administration et pour mieux dire le gouvernement des indigènes, les officiers du bureau arabe s'étaient fait un pouvoir absolu, indépendant de toute autorité civile, sociale, judiciaire, même politique et ministérielle; car le ministère de la guerre ne voyait l'Afrique qu'à travers la direction des affaires arabes, conduites dans ce département par un bureau spécial, qui lui-même ne les voyait qu'à travers les rapports du bureau d'Alger;

Il ne serait point vrai, comme on l'a prétendu, que cette absorption sans contrôle du gouvernement des indigènes paralysait complétement l'action régulière de la loi commune, de la police et de la justice, pour une foule de délits et même de vols qualifiés ; que de la sorte bon nombre de déprédations restaient sans châtiment, parce qu'elles restaient sans poursuites, les plaignants ne sachant pas toujours à qui s'adresser : les maires, les gardes champêtres, les gendarmes eux-mêmes répondant le plus souvent : — « Cela, croyons-nous, regarde le bureau arabe ; le fait s'est passé en tel lieu, territoire militaire ; » ou bien : « Le prévenu appartient à telle tribu placée en dehors de la mainmise de l'autorité civile ; »

Il ne serait point vrai que, s'il arrivait jusqu'au bureau arabe, le plaignant y trouvait le plus souvent des préventions, une sorte d'esprit de corps fort résistant ; qu'en Algérie, dans nos temps d'égalité et d'unité légale, c'était comme le renouvellement de ces époques d'anarchie dans le droit et dans la loi qui ont été la honte de la France, et que le bureau arabe, en conflit avec les autres juridictions, avait pour ses administrés toutes les faiblesses des anciennes cours ecclésiastiques pour leurs justiciables ;

Il ne serait point vrai, comme on l'a dit, que messieurs du bureau arabe faisaient souvent servir leur autorité à conduire, en brillante *fantasia*, de grandes chasses à l'autruche et à la gazelle, ayant des centaines de cavaliers pour piqueurs, et traînant en remorque les chefs de tribus, comme autrefois les seigneurs suzerains faisaient de leurs vassaux et vavassaux ;

Il ne serait point vrai, comme il l'est, que l'Algérie est encore toute pleine du récit des faits par lesquels le bureau arabe, pour *faire pièce* aux Européens et à l'autorité civile, exhumait, de l'on ne sait quels décombres, des titres indéchiffrables et interminables de propriétés transmises et transmissibles à des degrés fabuleux, et qu'au nom de quelques *Beni*, qui n'y pensaient pas, il opposait durant des années entières à des envois en possession, même judiciaires, à des titres de concession, à des entreprises et à des exploitations sérieuses qui mouraient à l'attente ;

Toutes ces choses, et d'autres dont je ne parle pas, ne seraient point vraies, que je me croirais encore le droit de dire que le maintien du bureau arabe au delà des premiers temps de la pacification fut une faute : une faute contre la France, contre la colonie, contre la civilisation, but annoncé de la conquête, et sans lequel la conquête perdrait son caractère moral et légitime.

Le bureau arabe tint les indigènes divisés en tribus, groupés en corps de race, parqués dans des territoires en quelque sorte murés, sans interstices par où les lois, les mœurs, la propriété française se pussent introduire pour y rompre les mailles du vieux réseau de préjugés, de coutumes, de religion, d'ignorance. Il perpétua ainsi un peuple en face d'un autre peuple, sans que rien de social, de moral, de légal, de gouvernemental, de français enfin, le poussât graduellement à se mêler, à se confondre, à faire cause

commune, sinon qu'accidentellement aux heures de
la vente et de l'achat.

Il donna force et droit à la race, à la nationalité
conquises, se dressant journellement, systématiquement contre la race et la nationalité conquérantes. Il
les tenait prêtes ainsi à se lever au premier signal
comme un seul homme, le jour où une puissance
quelconque de l'Europe aurait eu intérêt à nous lancer dessus l'ancien Abd-el-Kader ou tout autre fils
d'un nouveau Mahiddin, pour leur donner à croire
qu'elles pourraient être reconstituées dans leur indépendance d'hommes, de peuples et de pays, et pour
faire d'un soulèvement arabe une diversion qui retiendrait en Afrique une partie considérable de nos
forces de terre et de mer.

Voilà contre la France.

Après la pacification, que fit, pour l'exploitation
coloniale, le bureau arabe, maître du gouvernement
et de l'administration des tribus? En quoi les a-t-il
alors poussées, excitées, encouragées, enseignées :
soit pour les façonner à nos modes de culture, qui
donnent un rendement plus considérable; soit pour
perfectionner leurs procédés en industrie, choses pour
lesquelles les Arabes ont des aptitudes et un bon vouloir remarquables; soit pour leur inspirer le goût et le
besoin de nos objets manufacturés et fabriqués, en
leur en faisant connaître l'utilité et le comfort, choses
encore auxquelles les indigènes ne sont pas insensibles? Quel soin seulement prenait-il de faire repasser

la charrue sur ces grands espaces de terre que la guerre avait rendus aux broussailles et aux palmiers nains?

Quels genres si variés de cultures et de plantations, en production florissante même sous les Turcs, et disparues sous notre odieux système de razzias et d'extirpations, remettait-il en honneur et en vigueur? Et surtout quels moyens, pris dans l'intelligence et l'application du côté intéressé du caractère arabe, employait-il pour engager les bras inoccupés dans les travaux des exploitations françaises où manquaient les premiers instruments du travail?

Voilà contre la colonie.

Pour connaître la faute contre la civilisation, il n'y a qu'à se demander ce que le bureau arabe, non pas accomplissait, mais seulement essayait, proposait pour répandre, je ne dis pas les idées françaises, question complexe de philosophie et de politique sujette à controverse, mais quelques notions élémentaires sur notre organisation sociale, sur les progrès généraux de l'esprit humain, sur les causes du temps d'arrêt du génie arabe dans la marche de la civilisation?

Sans même aller si haut, comment les Arabes auraient-ils su quelque chose de nos mœurs, de nos coutumes, de nos lois, pour les comparer avec les leurs, pour savoir s'ils n'auraient pas tout intérêt à les adopter comme moins tyranniques, plus favorables au développement intellectuel et physique des races et des individus? Si on leur eût dit, comme les peuples conquérants l'ont dit souvent, en Angleterre, dans les Gaules : *Sous quelle loi voulez-vous vivre?* comment auraient-ils pu vouloir quitter *la loi musulmane* pour vivre sous *la loi française*, sous la loi qui les eût assimilés aux conquérants? Ils ne savaient rien de ce que cette loi donnait en droits individuels, en droit commun, en droits civils, en droit territorial. Ils ne savaient rien de nos mœurs, de nos codes, de notre justice, que par les actes de dévastation commis pendant la guerre, et par les décisions à la turque dont messieurs du bureau arabe ne se faisaient point scrupule.

Les écoles musulmanes, le bureau arabe cherchait-il à y étendre le cercle des études? Les surveillait-il seulement pour voir si, à l'aide de faux commentaires du Coran, on n'y entretenait pas dans la génération nouvelle la vieille haine du *Roumi?* Se préoccupait-il de l'avantage qu'il y aurait dans l'enseignement de notre langue en concours avec la langue indigène? Travaillait-il l'esprit des chefs des tribus, des caïds, des agas, des khalifats, des cheiks, de tous les fonctionnaires à sa dévotion, relevant de sa nomination et de son autorité, pour que les grands, à l'imitation du pacha d'Égypte, eussent le désir et le pouvoir de faire initier leurs enfants à quelqu'une des branches de nos arts, de nos sciences? S'était-il le moins du monde ému de la mortalité rapide qui décime l'enfance de la population arabe, et diminuait ainsi chaque jour le personnel soumis à sa domination?

Ni pour le progrès de la civilisation ni pour la conservation de la race, le bureau arabe ne prévoyait rien, ne faisait rien, pas même pour vaincre le préjugé contre la vaccination des enfants, dans un pays où la petite vérole tue annuellement un enfant sur trois.

S'il est vrai que toute administration se doive jauger à ses résultats, ne faudrait-il pas écrire zéro à l'avoir administratif du bureau arabe après la pacification? S'il est vrai que qui a charge de gouvernement a charge de progrès humain et social, le bureau arabe n'avait-il pas complétement jeté à terre le second fardeau pour ne faire du premier qu'une machine à compression, à émoluments, à *fantasias*, à suprématie? Aussi les Arabes étaient-ils naguère encore ce qu'on les avait vus dans la première période de l'occupation. Ce qu'ils avaient pu devenir dans leur frottement forcé avec nous pour les besoins de leurs marchés, ils l'avaient acquis sans le concours et souvent contre le vouloir du bureau arabe, malgré la pression jalouse qu'il exerçait sur eux, criant à l'empiétement contre quiconque voulait, conseillait autre chose; déclarant tout net que, si l'on essayait de toucher en quoi que ce fût au *statu quo* de sa police, de sa mainmise sur les tribus, de sa rôle de gardien et d'embaumeur de tous les préjugés et fétiches indigènes, il ne pouvait plus répondre de la paix.

La paix, le maintien de la paix! tel fut toujours en effet le grand cheval de bataille que le bureau arabe enfourchait, et que par tous les éperons dont il pouvait disposer en Afrique et en France il faisait caracoler, cabrer et ruer devant les gouverneurs les mieux intentionnés et les ministres les plus convaincus que la guerre avait assez pris à la métropole d'or et de sang. On disait alors, cela se dit encore, que la race arabe est une race essentiellement belliqueuse; qu'il n'avait pas suffi de la mater par la victoire, qu'il fallait la tenir en perpétuel état de compression, par tous les moyens possibles d'administration et de gouvernement.

Je crains fort qu'il n'en fût de ce prétexte de compression comme des prétextes auxquels s'était appuyé le système du refoulement et de l'extermination.

Le caractère belliqueux, en effet, n'est pas celui qui se révèle dans les origines de la race arabe. Agriculteur et pasteur, voilà sa nature primitive. La vie nomade, l'organisation en tribus, qui en furent les instruments, auraient fort mal servi au contraire une humeur belliqueuse et conquérante. Si la culture du sol et l'élève du bétail exigent, à l'enfance de ces deux sciences, un grand nombre de terres, des déplacements fréquents pour les chercher et des fractionnements continuels dans la collectivité humaine pour rendre cette recherche facile, la guerre et la conquête exigent au contraire la fixité sur le sol pour y établir et y développer le point d'appui d'une concentration puissante de moyens d'action, et pour en faire un levier, une agglomération incessante d'individualités rattachées les unes aux autres par les liens de la communauté d'intérêts. Une race réunie en corps de nation peut donc être belliqueuse, car elle possède la fixité et l'homogénéité; une race fractionnée en tribus, si nombreuses qu'elles soient, ne saurait l'être, car elle ne porte en elle que des éléments d'inconsistance et de séparation.

Il se peut qu'à un moment donné, sous la pression d'un danger, sous l'empire d'une grande idée, ces tribus menacées par l'extirpation, illuminées par le fanatisme, se réunissent en faisceau pour combattre le danger, pour répandre l'idée. Mais le danger passe, l'idée s'affaiblit, l'agglomération perd sa raison d'être; les rivalités qui en sont la conséquence fatale hâtent la dissolution, et après quelques années de bruit et de débordement, les tribus reviennent à leur fractionnement, la race retombe dans sa nature; de même qu'après leurs inondations, les fleuves et les torrents retournent à leur pente et rentrent dans leur lit.

La race arabe n'a pas failli à cette grande loi des hommes et des peuples.

A un moment, le plus puissant de son histoire, une idée religieuse l'envahit, l'esprit de prosélytisme la passionne; elle s'agite, s'assemble, monte comme les flots d'un océan, et la loi de Mahomet dans une main, le glaive dans l'autre, elle déborde en masses d'invasion sur les peuples de l'Asie, de l'Afrique et de l'Europe. Mais, comme tous les torrents, dont la nature est de dévaster sans rien féconder, elle traverse les peuples et les royaumes de ces trois continents sans se fixer nulle part, sans rien fonder, ni empires ni nations. Au premier et puissant échec qu'elle subit, elle s'arrête, recule, se brise, s'éparpille et retourne à ses déserts, où elle se remet à dresser ses tentes et à garder ses troupeaux.

Depuis, elle n'a jamais renouvelé ce grand effort, et elle a été conquise par qui a eu besoin de ses richesses ou de ses terres. Elle a été refoulée par les Kabyles, dominée par les Espagnols, domptée par les Maures, subjuguée par les Turcs; aujourd'hui elle est tombée sous la domination de la France. En faisant vibrer en elle les passions même les plus ardentes et les plus chères, dont le cœur des hommes et les instincts des peuples sont les foyers, Abd-el-Kader n'a pu les galvaniser qu'un moment avec les mots de religion et de patrie. On sentait qu'elle faisait violence à sa nature de peuple pasteur et agriculteur. Sa foi en Mahomet était sincère, mais son fanatisme n'était pas réel. Elle aimait la terre où elle avait son cheval, ses bœufs, ses moutons, ses femmes, ses olives, ses oranges, ses moissons de blé et d'orge dans ses silos; mais elle ne trouvait en elle ni les désirs, ni les forces de cohésion qui constituent les peuples dans leur homogénéité et dans leur indépendance. Aussi, de même qu'elle n'avait rien appris, rien gardé du moins de la science de la guerre, à travers les défaites et les sujétions violentes qu'elle avait subies autrefois; de même les quinze années de victoires que nous lui avons infligées n'ont pu lui rien donner du génie des batailles.

Elle n'a jamais pu seulement se plier à la moindre régularité des mouvements sur le terrain. Au moindre obstacle, elle reculait; à la moindre résistance, elle hésitait, et finissait par lâcher pied. De bonne foi, si la race arabe eût été une race belliqueuse, en eût-il été ainsi? Il fallut moins de temps à la nation russe pour mettre à profit les leçons de Charles XII de Suède, et vaincre ce batailleur avec les enseignements mêmes qu'il lui avait inculqués à coups de canon.

Non, en vérité, la race arabe n'est pas une race belliqueuse. Elle n'est que *fantaisiste,* aimant les armes pour leur éclat, la poudre pour le bruit qu'elle fait. Et si, comme je l'ai dit, le *Soldat laboureur* n'est qu'un sujet de chanson et de lithographie, l'*Arabe et son coursier,* en Algérie du moins, ne se retrouvent plus que dans les contes et les poésies de l'Orient et dans les peintures ou les enluminures qu'on en fait. Le *Coursier* est neuf mille neuf cents sur dix mille un cheval de bât pour les transports les plus vulgaires de la vie de laboureur, de maraîcher, de trafiquant, de porte-balle. L'*Arabe,* le maître du *coursier,* est un laboureur, un vigneron, un presseur d'olives, un tisseur de nattes, qui, si haut qu'il soit placé dans sa tribu, s'en vient deux ou trois fois par semaine sur les grands ou les petits marchés, dans les villes et les villages, le long des routes, vendre son blé, son orge, ses légumes, ses raisins, son huile, ses bœufs, ses brebis, ses poules, ses bourricots et ses *superbes coursiers* eux-mêmes. Et c'est vraiment très-heureux! Au point où en a été, et où en est encore la culture du sol possédé par les Européens, on aurait manqué souvent, sans les Arabes, des moyens de satisfaire aux plus vulgaires nécessités de la vie.

Je le répète donc avec l'autorité que peut donner le témoignage de ce qu'on a vu et entendu, quand on croit avoir bien vu et bien entendu : l'institution du bureau arabe devint, après la pacification, une institution malheureuse.

Elle annihila, ou tout au moins fit dévier souvent les intentions colonisatrices des gouverneurs eux-mêmes, qui ne pouvaient toujours rompre son action appuyée aux intérêts et aux complicités des chefs des tribus. Elle compliqua, gêna les rouages administratifs, déjà si compliqués, et qui se gênaient mutuellement dans l'expédition des affaires algériennes. Elle fit des intérêts arabes une spécialité en antagonisme perpétuel avec les intérêts de la colonisation, un obstacle aux concessions de terrain et à l'expansion du travail par les capitaux et par les bras du colon venu de France.

Il n'est rien de ce que le bureau arabe fit comme institution militaire, plans, cartes, statistiques, travaux topographiques, recherches scientifiques, tableaux de mœurs, qui n'eût pû être fait, et dans des conditions aussi méritantes, par les officiers des corps spéciaux de l'armée, l'artillerie, le génie, l'état-major. Le mal qu'il accomplit comme institution administrative, une administration civile n'aurait ni pu ni osé l'essayer; et pour faire le bien, pour imprimer le mouvement français aux Arabes, elle aurait eu sur eux autant d'autorité.

Certainement, après la pacification, les indigènes eurent à souffrir du gouvernement du bureau arabe, par qui leur vasselage, sous le joug des grands, fut perpétué, autant, sinon plus, qu'ils avaient souffert du régime turc. Il n'y a pas d'exemple cependant que dans leurs excursions, dans leurs missions, dans leurs cours plénières, des officiers de ce bureau eussent été insultés, menacés; que même une seule exécution de leurs décisions, de leurs jugements, eût donné lieu à quelque mutinerie.

Serait-ce donc que le bureau arabe fit devancer et suivre ses officiers par une force matérielle imposante? non; un, deux cavaliers spahis au plus étaient les courriers et les éclaireurs de ces grands justiciers des tribus. Ce qui les couvrait, ce qui courbait toute tête et toute volonté, c'était donc une idée morale? Oui, c'était l'idée que le bureau arabe représentait la France, et qu'il en avait derrière lui toute la puissance pour faire respecter ou venger son autorité. Ce que le bureau arabe obtint en obéissance et en résignation de la part des tribus, malgré sa turquerie, ces tribus l'auraient donc à plus forte raison accordé à une administration civile tenue par l'esprit de son institution, par les habitudes de ses mœurs à avoir plus de mansuétude dans ses rapports, plus de douceur dans ses formes; à se montrer plus équitable dans ses décisions, moins brutale, moins vexatoire dans ses procédés; qui enfin aurait été bien plus appropriée à leurs instincts de bien-être, leur amour intéressé pour la paix, dans laquelle ils trouvent toute sécurité d'agriculture, de commerce, et surtout bon profit de *douros*. Car c'est là le point essentiel pour l'Arabe, le trait caractéristique et saillant de sa race : gagner des *douros,* beaucoup de *douros,* à tout prix, sans nul souci de religion, de nationalité, les entasser dans un pot ou dans un sac de cuir, et les mettre en terre pour le jour éloigné ou prochain, n'importe, où il aura un besoin, une passion, un caprice, n'importe encore, à satisfaire : haine ou amour, naissance ou funérailles, femme ou cheval, terre ou troupeaux.

VIII.

Répartition de responsabilité. — Les hommes et les choses. — Administration civile et colons. — Extension en Algérie du système de protection absolue. — Son impuissance. — Du climat de l'Algérie. — Causes transitoires de son insalubrité. — Moyens de les faire disparaître. — D'un projet d'assainissement. — Pourquoi il a échoué. — Désolation de la plaine.

Il n'y aurait ni vérité ni justice à faire remonter au seul gouvernement militaire les causes des retards et des désastres éprouvés longtemps par la colonisation algérienne. L'administration civile, bien qu'elle puisse invoquer la subordination de son rôle, en doit prendre sa part. En cela, cependant, je n'accuse pas les hommes : le temps a pu manquer, les circonstances mal servir, les moyens être insuffisants, l'intelligence faire défaut; presque toujours les intentions ont été bonnes. Je ne m'en prends qu'aux choses, à leur pente forcée, aux conséquences inéluctables de leur essence et nature. Il n'y aurait donc pas davantage vérité et justice à tout mettre sur le compte des administrations civiles de l'Algérie. Sans doute, leur part est grande; mais j'ai déjà reconnu et je reconnais hautement que la part qui doit revenir aux colons eux-mêmes est bien plus grande encore. C'est pour eux que semble avoir été dit le *te ipsum qui fecisti;* car les hommes sont ainsi faits : ils se plaignent du fonctionnement des institutions, et ils oublient qu'eux-mêmes se les sont données, que ce qu'elles sont devenues, elles le doivent souvent à eux seuls ; que, si elles ne produisent pas tout ce qu'ils en attendent, c'est parce qu'ils les veulent tendre jusqu'à leur dernière puissance, et qu'ainsi ils leur demandent plus qu'elles n'ont reçu, par conséquent plus qu'elles ne peuvent rendre.

Dans les pays où les citoyens donnent à l'État le droit de tout faire pour lui imposer le devoir de tout accorder, et où l'État accepte le devoir pour obtenir le droit, il doit fatalement y avoir bien des prétentions illégitimes, bien des intérêts en souffrance, bien des besoins incomplétement servis, et par conséquent bien des mécomptes et bien des ruines. L'État y prend une confiance exagérée en ses ressources et dans son intelligence de leur emploi ; les citoyens s'y habituent à se reposer beaucoup sur lui, à prendre peu sur eux-mêmes, et ils tombent dans le découragement et dans le désarroi quand ces ressources et cette intelligence viennent à leur faillir.

Le gouvernement de juillet, qui, pour s'asseoir et pour se maintenir, subit la pression de tous les intérêts du milieu politique et social où il avait son appui, se laissa pousser si avant dans le système de protection par l'État, qu'il en devait mourir un jour. En Algérie, pour repousser les accusations de mauvais vouloir dont on le harcelait, il se crut tenu à exagérer le système, à étendre encore le cercle, déjà si étendu en France, des devoirs mis à la charge du pouvoir social : constructions de villages, concessions de terres, instruments d'exploitation, peuplement, installation, mise de fonds, indemnités, assainissement du climat, enseignement des cultures : il promit tout, commença tout, et sembla vouloir, à ses seuls risques et périls, se faire en quelque sorte l'entrepreneur de tout, le créateur de la colonie. En dix-huit années il fit passer dans l'Algérie un million d'Européens et de Français. Il y dépensa cent millions par an, quelquefois davantage. Et quand il tomba, la population allait diminuant de plus en plus, ainsi que le travail, ainsi que la production. Agriculture, commerce, industrie, capitaux, confiance, tout agonisait, dépérissait, désertait. L'Algérie n'en avait ni pour les générations qu'elle avait absorbées, ni pour l'argent qu'elle avait englouti.

— Quoi ! vingt années, un million d'hommes, près de deux milliards de francs, ce n'avait été ni assez de temps, ni assez de bras, ni assez d'argent !
— Non, l'État n'avait ni assez fait, ni assez peuplé, ni assez dépensé. Malgré son luxe de rouages et de personnel administratif qui aurait suffi au gouvernement de plus de dix millions d'âmes, et même à cause de cela, il avait surtout mal fait, mal peuplé, mal dépensé. Sans choix, sans unité de vues, sans cohésion d'ensemble, sans continuité d'exécution, flottant au souffle de tous les projets, de tous les systèmes, voulant par lui-même atteindre un peu à

tout, avec l'œil, la pensée ou la main; par sa fureur de réglementation, soulevant retards sur retards, obstacles sur obstacles; gênant, minutieux, vexatoire, faisant de la colonisation une sorte d'école de peloton et de charge en douze temps; très-désireux de pousser des individualités bruyantes et fanfaronnes, d'indemniser certains échecs d'une origine fort peu douteuse; peu accessible aux intérêts collectifs d'avenir et de résultats lointains; donnant ainsi beaucoup à l'individualité entreprenante qui disparaissait, et très-peu aux forces communes de la fortune algérienne qui serait restée.

C'est pour cela qu'au moment où j'ai vu l'Algérie, j'ai pu me demander ce qu'étaient allées y faire les populations que l'État y avait attirées ou poussées; ce à quoi avait servi les deux milliards que la France lui avaient jetés.

Ce que les populations y sont allées faire? Je l'ai dit : se ruiner et mourir. A quoi ont servi ou plutôt n'ont pas servi 15 ou 1,800 millions, en dehors de l'entretien, soit d'une administration ruineuse par son nombre et ses complications, soit d'une armée de quatre-vingt mille soldats sur le pied de guerre? Je vais le dire.

En montrant que là où il prend la charge de tout, un État subit, au même degré, la responsabilité des choses qui ne se font pas et des choses qu'il fait, j'apporterai la preuve de ma conclusion contre le protectorat colonial des métropoles, qui, en notre temps, n'aura pas plus réussi en Algérie qu'il ne réussit, le siècle dernier, dans les possessions anglaises en Amérique.

En Afrique, dans la portion la plus considérable et peut-être la plus fertile de la terre algérienne, le climat a été et sera le plus rude ennemi de la colonisation. Sa puissance meurtrière lui vient à la fois de ses ardeurs torrides et de son humidité pénétrante. Durant quatre mois de l'année, des pluies torrentielles et continues inondent et ravinent; durant quatre mois, le soleil brûle et crevasse, sans qu'une seule goutte d'eau vienne rafraîchir la surface du sol, sans qu'un seul nuage au ciel tempère et voile les éblouissantes ardeurs du soleil; les quatre autres mois, septembre et octobre, avril et mai, qu'on dirait placés entre l'hivernage et la canicule, comme les transitions bienfaisantes de l'automne et du printemps de l'Europe, ne sont occupés, par leurs subites évolutions atmosphériques, qu'à développer les germes morbides des deux saisons absolues qu'ils remplacent. Pour tout dire, pendant huit mois, le jour et la nuit, en Afrique, semblent avoir pour fonction unique, le jour, de pomper les miasmes paludéens que les pluies ont déposés dans le sol inondé; la nuit, de les laisser retomber en manteau humide et froid sur la terre. Ce travail de pompe aspirante et refoulante produit dans le climat africain ces transitions subites de zone torride et de zone glaciale, dont les intermittences de douze en douze heures déterminent les maladies pernicieuses qui, par leurs ravages, ressemblent à des épidémies, et, en peu d'années, ont souvent décimé, jusqu'au dernier homme et au dernier enfant, trois ou quatre populations de colons dans le même village, sur la même exploitation.

Ce climat meurtrier est le produit moins du pays en lui-même et de la place qu'il occupe sur le globe, que de sa configuration géographique et de sa topographie dans la portion la plus considérable de sa superficie. La croûte arable de la terre algérienne est de nature argileuse, calcaire, marneuse et sablonneuse dans des mélanges à divers degrés, et par cela même richement appropriée pour toute sorte de culture; mais en beaucoup de contrées elle n'a guère qu'une profondeur d'un mètre et demi, deux mètres au plus, et, sur les hauteurs aussi bien que dans les plaines, le sous-sol est généralement formé par une masse compacte de roches ou d'argile.

Il s'ensuit que, lorsque les grandes pluies de l'hivernage arrivent, les eaux sont vite absorbées par la perméabilité de la surface, mais que, repoussées par l'imperméabilité du sous-sol, elles doivent fatalement s'y étendre et y séjourner en masses stagnantes. C'est à ce défaut d'écoulement à la surface, non moins qu'à la situation d'une certaine partie des vallées au-dessous du niveau de la mer, qu'il faut attribuer, je pense, l'absence des fleuves et des rivières navigables dans la partie septentrionale de l'Afrique; il faut aussi attribuer à cette imperméabilité du sous-sol et à cette absence de cours d'eau considérables les milliers de torrents qui, descendus de l'Atlas, le long des pentes qu'ils ravinent, se précipitent à travers les plaines, où, quand leur force d'impulsion ne peut plus leur ouvrir une voie, ils ajoutent la masse de leurs eaux à celles des nappes stagnantes qu'ils rencontrent et qui les arrêtent et les absorbent.

On comprend donc que, durant les pluies de l'hivernage, il n'y ait dans la presque totalité de l'Algérie que des marais, des flaques et des torrents qui, épars de ci et de là, suivant les accidents du terrain, interceptent les communications, amassent des détritus de toute espèce de matières végétales; puis, quand les fortes chaleurs arrivent, que le soleil convertisse tous ces amas croupissants en autant de foyers de corruption dont les effluves vicient l'atmosphère, et font de certains pays algériens le pendant des marais Pontins dans la campagne de Rome. Sur le littoral même, les brises de la mer ne suffisent pas toujours à balayer ou à épurer les miasmes paludéens que le vent du désert, s'engouffrant à travers les gorges de l'Atlas, apporte de la plaine, et qui enfantent cette maladie endémique, cette maladie algérienne qui s'appelle la fièvre.

Ailleurs, la fièvre est le prodrome, l'effet d'un mal interne ou externe; en Algérie, la fièvre est une cause de maladie, une maladie *sui generis*. Ailleurs on a la fièvre parce qu'on est malade; en Algérie, on est malade parce qu'on a la fièvre.

Durant deux années, j'ai assisté à ce travail de submersion de la terre par les pluies et les débordements de l'hiver, et d'empoisonnement de l'atmosphère par les chaleurs desséchantes de l'été. J'ai pu, ainsi, me rendre compte de ce qu'il avait dû y avoir de fondé, en 1839, dans l'excuse que le gouverneur d'alors donna à son inaction, lorsque Ben-Salem fit avec sa cavalerie, dans la Mitidja, cette irruption subite, qui parcourut dans toute sa longueur cette plaine de soixante lieues, qu'elle rasa de colons, de fermes, de culture : — « Il n'avait pu faire sortir son artillerie! » Aujourd'hui encore il est tels jours en hiver où, à un moment pareil, le gouverneur actuel serait en droit de faire cette réponse pour l'artillerie et même pour les autres corps de l'armée.

J'ai pu surtout ne point attribuer à un esprit de dénigrement les récits désolés qui m'étaient faits sur l'action dévastatrice du sol et du climat dans certaines portions de l'Algérie française où des exploitations sérieuses et des travaux de cultures diverses ont été entrepris.

Dans le système absolu du protectorat fondateur que l'État avait adopté pour la colonisation algérienne, il est évident que l'assainissement du climat par voie de desséchement du sol aurait dû être placé en tête d'un programme d'utilité publique. Je ne dis pas que ce fût une œuvre d'exécution facile et peu coûteuse, mais elle était possible; et si lourde qu'elle eût été au budget de la France, il y avait moyen pour l'État de rentrer un jour dans les intérêts et même dans le capital de la dépense.

Pendant que j'étais détenu au camp de Birkadem, je fis la connaissance d'un homme qui n'appartenait ni au génie militaire ni au corps des ponts et chaussées, mais qui pour cela n'en avait pas moins dans bien des parties le savoir et l'expérience de l'ingénieur et de l'architecte. Le vent de mécomptes et de ruines qui avait soufflé sur l'Algérie l'avait rudement secoué; et sous la direction d'un officier très-distingué du génie militaire qui l'aimait et l'appréciait (M. le capitaine Ferraud), il était réduit à conduire les travaux du puits qui, à cent mètres de profondeur, alla trouver l'eau dont le camp avait besoin.

Après mon internement à Hussen-Dey, M. Laugier vint me voir.

On m'avait dit que, durant de longs mois, il s'était autrefois donné lui-même mission de mesurer et de prendre les pentes et les niveaux dans toute l'étendue de la Mitidja. Il devait donc avoir étudié les moyens d'arriver à l'assainissement du pays, qui me semblait être la clef de voûte de la colonisation. Je ne m'étais pas trompé. Son système, si je m'en souviens bien, embrassait la plaine tout entière; il l'appuyait aux trois cours d'eau : la Chiffa, l'Arrach et le Hamise, qui, des deux extrémités et du centre, s'en vont à la mer, et qu'il reliait par deux grandes artères de desséchement, l'une le long de l'Atlas, l'autre à travers la plaine. Simple et grandiose à

la fois, ce système se réduisait à ces trois termes :
— absorption au pied de l'Atlas des eaux qui se
précipitent de ses cimes; écoulement des eaux du
ciel qui tombent sur la plaine; emmagasinement des
unes et des autres pour un vaste service d'irrigation.

Ainsi, les eaux qui tombaient ne formeraient plus
des mares, les eaux qui coulaient ne seraient plus
des torrents; au lieu de dévaster, de corrompre et
de se perdre, elles devaient être mises en réserve
pour assainir et pour féconder. Enfin, c'est dans leur
emploi même, c'est-à-dire dans la redevance obligée
pour le droit d'irrigation, que se trouvaient l'intérêt
et l'amortissement des quarante à cinquante millions
qu'il fallait dépenser. L'auteur de ce projet l'avait
caractérisé d'un mot pittoresque et vrai : il l'appelait
Charte des eaux.

Comme théorie, le problème de desséchement et
d'assainissement me semblait résolu. Quant aux voies
et moyens, je n'en pouvais être juge; mais ils satis-
faisaient ma raison. Système et moyens me parurent
infaillibles quand il me fut donné connaissance de
lettres superbes émanant d'un grand nombre d'officia-
lités, à titre gratuit ou à titre onéreux, individus ou
corporations, et où se lisaient l'approbation la moins
équivoque pour le projet, les vœux les plus nettement formulés pour l'exécution, la conviction la plus
intime du succès, et l'assurance des démarches les
plus actives, du concours le plus empressé pour que

l'État eût l'intelligence et la volonté du salut et de la prospérité du pays.

Ce projet avait cela de bon que l'État n'avait à lui opposer aucune des fins de non-recevoir tirées de la situation des finances. L'auteur et ses adhérents ne demandaient à l'État ni avances, ni minimum d'intérêt, ni (et ce fut là peut-être son malheur) le concours d'aucune de ses administrations. Ils ne voulaient de l'État qu'une chose dont l'État ne faisait rien, dont l'octroi ne lui coûtait rien, et qu'en bien des circonstances, pour un but moins prononcé d'utilité publique, et même pour des entreprises absolument privées, il avait jetée en quelque sorte à la tête du premier venu avec une prodigalité fastueuse. On lui demandait la concession du terrain des canaux de desséchement, la perception d'un droit d'irrigation, et je crois aussi pendant quatre-vingt-dix ans, l'usufruit des terres qui dans la superficie d'un hectare s'étendaient à droite et à gauche le long du parcours des grandes artères.

Pourquoi ce projet n'a pas abouti ; comment, dans la longue filière à suivre du point de départ au point d'arrivée, il aura sans doute échoué contre un carton de l'une des nombreuses étapes administratives, je ne saurais trop le dire ; et très-probablement il existe comme toujours une foule d'excellentes raisons que j'ignore. Mais un jour, m'étant mis à relire par passetemps quelques pages du *Curé de village* de Balzac, je crus avoir trouvé le mot de l'énigme dans la

7

lettre à la fois si spirituelle et si tristement vraie que le jeune ingénieur Gérard, patenté par l'État, écrit au banquier Grossetête, son protecteur, sur ce que deviennent et font non les vieilles lunes, mais les hautes et vieilles têtes des ponts et chaussées. Or, mon auteur du projet était loin de se trouver dans une position même aussi favorable que l'ingénieur Gérard : il n'était ni ingénieur, ni piqueur, ni conducteur de travaux d'aucune classe dans cette puissante administration. Le malheureux n'en tenait ni brevet, ni patente, ni fonctions, ni émoluments : il n'en faisait point partie.

C'est donc à cette lettre que je renvoie ceux de mes lecteurs qui voudront savoir pourquoi la Mitidja n'est point devenue ce que la *Charte des eaux* aurait pu la faire; pourquoi, au lieu d'un grand travail qui se serait maintenu par la cohésion et la force de l'ensemble, il n'y a été fait, de ci et de là, un peu au hasard et au caprice, que des travaux qui par leur isolement et leur fonctionnement même n'ont pu amener aucun résultat sérieux, et n'ont fait souvent que déplacer les marais et l'insalubrité; pourquoi ainsi, le long de l'Arrach, là-bas, du côté de Bab-Ali, j'ai pu voir des résidus de famille dont les enfants et les chefs avaient été enlevés un à un par les fièvres paludéennes; pourquoi, là où par miracle il était resté un père, un héritier, un colon, un *obstiné* résolu, âme d'acier, volonté de fer, corps de bronze, une vraie trempe de pionnier américain, il n'y avait plus eu, peu à peu, qu'un squelette jauni, parcheminé, jetant annuellement dans la tombe qu'il creuse jusqu'à son dernier cheveu, jusqu'à son dernier lambeau de chair; pourquoi le Fondouck, qui, à l'est, en forme l'extrême limite au pied du Djurjura, entrée de la Kabylie, jusqu'au lac Halloula, qui, à l'ouest, touche à la chaîne profonde des montagnes derrière lesquelles s'étend la province d'Oran, cet ancien *grenier de l'empire,* comme l'appelaient les Romains, est encore à cette heure un réceptacle de canards sauvages, l'hiver, de poules de Carthage, l'été, et en tout temps de chacals, de hyènes et de panthères; pourquoi il y a là telles fermes, telles habitations qui ont changé cinq, six fois de colons, dont les tombes sont par là, quelque part, sous les broussailles, attendant leurs successeurs, qui ne tardent guère; pourquoi enfin, dans cette partie même la plus élevée de la plaine qui s'en va le long de la mer, de la Maison-Carrée au cap Matifou, tout ce vaste district nommé la Rassauta, et formé par les villages du Fort de l'Eau, de la Maison-Carrée, de la Maison-Blanche, est encore tout parsemé de marais qui font le désespoir et les maladies des colons, population mahonnaise en grande partie cependant, âpre au travail, honnête de mœurs, et qui lutte énergiquement contre ces causes de ruine et de mort.

IX.

Les routes et les chemins. — Les colons bloqués dans la plaine. — Organisation d'un service médical dans les campagnes. — Ses vices et son insuffisance. — Plus de prêtres que de médecins. — Beaucoup d'églises, point d'hôpitaux.

Si, malgré leur caractère très-prononcé d'indispensabilité, l'État n'avait voulu ni entreprendre ni faciliter les grands travaux d'assainissement, tout au moins devait-il à la colonie des routes et des chemins. Si les ouvrages de canalisation intéressent les peuples dans leur santé, la construction des routes les intéresse dans leur travail. Généralement les grandes voies de communication sont à la charge des pouvoirs publics.

Dans la province d'Alger, en dehors d'une ou deux routes stratégiques, avec de très-rares embranchements pour les marches de l'armée et de son matériel, les administrations n'avaient rien fait. Ces routes mêmes, malgré les colonnes élevées à leurs fondateurs, ne présentaient pas de grandes conditions de solidité et de durée. Le génie militaire ne s'était pas plus illustré en les construisant que plus tard leur entretien n'illustra le corps civil des ponts et chaussées.

Dans leur plus grande étendue elles manquaient

de fossés d'écoulement, elles n'avaient guère que des ponts de bois, souvent même elles n'en avaient pas du tout. Si on les avait ferrées, ce n'était pas avec les cailloux et les galets qui abondent dans les lits desséchés des torrents et des rivières; c'était avec des pierres extraites de quelque carrière voisine, pierres molles, friables, cassées et pulvérisées par le marteau du cantonnier. Il en résultait que, durant les pluies de l'hiver, charrois, cavaliers et piétons, s'enfonçaient jusqu'au moyeu et jusqu'au ventre dans des lacs de boue liquide, et que, durant les ardeurs de l'été, les mêmes charrois, cavaliers et piétons roulaient, disparaissaient dans des amas de poussière, comme au désert dans des tempêtes de sable.

Le reste du pays, dans les nombreux rayonnements de sa circonférence, autour de quelques grands centres de population, n'était desservi que par les anciens sentiers arabes, à travers les broussailles, les contours des marais, les ajoncs, les palmiers nains, sous des voûtes basses et étroites de figuiers de Barbarie, de lentisques, de caroubiers, d'oliviers sauvages, entrelaçant leurs troncs noueux et leurs branches vagabondes, où les cavaliers ne pouvaient passer qu'à la file, couchés sur le cou de leurs chevaux, et où les bourriquets eux-mêmes, avec leurs charges dans des paniers nattés, se heurtaient et s'accrochaient souvent aux parois de ces murailles d'épines.

Aussi les premiers colons, décimés dans le Sahel et dans la Mitidja, étaient-ils littéralement bloqués, durant les quatre mois de l'hivernage, dans leurs maisons et dans leurs terres par les torrents et les marais qui roulaient et se creusaient autour d'eux. Il n'y avait ni chariot ni voiture qui pût apporter des denrées à Alger et en rapporter les objets les plus nécessaires à la vie. Que de gênes, que de privations s'accumulaient ainsi dans les habitations dont les maîtres n'avaient guère les moyens de faire d'avance des provisions, et où la vente du matin sur le marché pouvait seule donner le pain que la famille mangerait le soir !

Ce n'est pas cependant que sur plusieurs points de la plaine on ne trouvât de petits bâtons jalonnés et numérotés, et que les colons du voisinage ne leur fissent l'honneur de les prendre pour des tracés de routes en projet. Cependant, quand on leur demandait à quelle époque remontaient ces bâtons, les uns ne le savaient pas, mais ils déclaraient que leurs prédécesseurs les y avaient vus, et même en avaient fait l'objet d'une prétention de plus-value pour la vente de leurs terres ; d'autres affirmaient que tous les ans messieurs des ponts et chaussées venaient, avec un soin tout minutieux, redresser et renouveler ces petits bâtons et leurs numéros, couchés ou emportés par la pluie ou les vents ; que, par conséquent, la route ne pouvait tarder à venir, puisque depuis trois ou quatre ans les travaux avaient été mis en adjudication par une *affiche unique*... tant on se montrait pressé !

L'État, qui n'avait rien fait pour assainir le climat, pour affranchir le sol des formations paludéennes, qui n'avait ni desséché un marais, ni creusé un lit de ruisseau, ni élevé une digue de torrent, ni planté un bouquet d'arbres contre les vents, aurait bien pu du moins faire enseigner aux colons les moyens de combattre eux-mêmes les influences climatériques dont il n'avait pas voulu les préserver.

Au milieu d'une société qui fonctionne dans l'antique organisation qu'elle tient des lois et du temps, cette prétention à l'hygiène par l'État pourrait avoir un certain côté d'exigence ridicule; mais dans un pays nouveau, en Algérie, où l'État, par tous les moyens, poussait les travailleurs, cette prétention était tout simplement une question de vie ou de mort.

D'ailleurs un État qui, à l'occasion, dans un intérêt de politique personnelle et de salut ministériel, faisait imprimer à ses frais et répandre à cent mille exemplaires les discours de ses adhérents dans les deux chambres, aurait bien pu, ce me semble, dans un intérêt de salut colonial, pour la vie humaine, faire écrire, imprimer et répandre à profusion un petit manuel pratique d'hygiène africaine, une sorte de *vade-mecum* du laboureur. Les campagnes mêmes de la France, d'où il part tous les ans des milliers d'émigrants pour les terres et les îles de l'Occident, en Alsace, dans le pays Basque, auraient dû en être inondées. On y aurait combattu ainsi les préventions amassées contre la possibilité absolue de tenir pied sous le ciel d'Afrique.

Certes, les éléments de ce travail, qui aurait embrassé toutes les questions de l'acclimatement : température, régime, vêtements, habitations, symptômes, premiers soins, n'auraient pas manqué à l'État. Il les aurait trouvés dans sa chirurgie militaire, qui, à la suite de notre armée, étudiait les plus terribles phénomènes dans les endroits les plus insalubres, et dont le personnel s'élevait chaque jour aux plus hautes dignités et aux plus grands renoms dans la hiérarchie et dans la science. Il les avait surtout là, sous la main, à poste fixe, dans le personnel très-distingué, très-méritant de l'hôpital civil d'Alger. Ce n'est ni le vouloir ni la science des Dru, des Négrin et de tant d'autres, sans oublier M. Rancurel de Douera, qui lui auraient fait défaut.

Mais l'idée d'un semblable travail ne vint pas à l'État; elle était bien trop simple et d'une exécution trop modeste. Il n'y avait là ni assez de bruit, ni surtout assez de moyens d'action et d'influence. Comme il y avait cependant *quelque chose à faire*, pour me servir d'une expression du temps, l'État se dit que si en France, pays ancien, il avait à sa charge une portion très-considérable de la santé publique, à plus forte raison il devait en être de même en Algérie, pays de formation récente, et où les maladies étaient la conséquence du travail et des agglomérations mêmes de la population qu'on y attirait. L'État, dans la situation de protectorat qu'il y avait prise, devait donc à l'Algérie une bonne organisation d'un service de santé. Ce devoir, l'État l'avait accepté ; ce service, il l'avait organisé, mais comme il avait tout organisé en Afrique.

Le gouvernement avait divisé quelques portions des provinces algériennes en circonscriptions médicales, et il en avait fait une branche de l'administration. Mais, soit pénurie de sujets, soit pente naturelle à donner à la faveur des fonctions qui, en ceci surtout, n'auraient dû appartenir qu'au mérite, une partie du service médical des campagnes avait été livrée à des ignorants protégés, et quelquefois à des praticiens dont les grades dans les facultés, non-seulement de la France, mais aussi de l'étranger, n'étaient rien moins qu'authentiques. Il n'y avait pas de *Bilboquet* de champ de foire qui, vendant du vulnéraire et extirpant des molaires à la pointe d'un sabre, n'eût le droit d'exercer au même titre et en vertu de semblables diplômes.

Aussi, de bien des points de la colonie s'était-il élevé des plaintes nombreuses ; et en pareille matière, des plaintes sont des cas de mort, multipliés par l'incapacité même du préposé à la guérison. Il vint donc un moment où le pouvoir central s'en émut vivement. J'ai eu la bonne fortune de rencontrer en Algérie l'éminent chirurgien militaire auquel il confia l'inspection générale du service sanitaire de notre colonie. Cette grande et légitime illustration de la science, si elle se souvient de moi, ne trouvera point, j'espère, qu'il y ait indiscrétion de ma part à consigner ici le souvenir précieux de la tournée où je la suivis, en compagnie du docteur Payn, chargé de la première circonscription du Sahel, le vrai médecin des fièvres paludéennes, l'homme type du service médical dans la plaine : grand savoir, cœur aimant, corps actif, toujours à l'œuvre, infatigable, dévoué, ayant rendu et devant rendre encore à la science et à la santé coloniale de grands, de réels services, dont à Alger comme à Paris il est pris bonne note, auquel il est impossible qu'un jour ou l'autre le pouvoir central ne donne pas une distinction honorifique depuis longtemps méritée et que M. le docteur Baudens a demandée, en leur rendant un éclatant témoignage.

Si, du personnel médical, souvent incapable, le plus souvent insuffisant comme nombre, on s'inquiète des moyens adoptés pour procurer les remèdes dont, après la visite des médecins, il faut bien que tout malade se puisse pourvoir, voici qui donnera une idée de l'état désolé des choses.

Du Quatrième-Blockhaus au Fondouck, dans un parcours de 50 kilomètres compris entre l'Atlas et les collines du Sahel, et où se trouvent les villages de Birkadem, Birmandretz, Kouba, Hussein-Dey, la Maison-Carrée, le Fort de l'Eau, la Maison-Blanche, avec leurs fermes et leurs habitations perdues au loin dans l'intérieur des terres, on n'avait pas songé à établir une seule pharmacie ; pas plus qu'on n'y trouvait un seul hospice, un seul asile public pour recevoir un malade, un blessé ; pas plus enfin qu'on n'avait songé à y faciliter la venue d'une seule sage-femme, ce qui livrait les accouchements à des matrones ignorantes qui assassinaient deux femmes sur trois.

Il fallait envoyer à Alger, le point central et adossé à la mer de tous les rayonnements de cette vaste circonférence. Seuls, les riches le pouvaient ; ils étaient l'imperceptible nombre ; et que de temps perdu, et dans ce temps perdu que de complications, que d'accidents ! Mais le reste, neuf sur dix bien certainement, n'avait de remèdes que ceux qui, avec une parcimonie avare, étaient mis par l'administration à la disposition du médecin chargé du service. Plus tard, ces remèdes furent laissés à la discrétion des sœurs de charité ; plus tard encore, par suite de gaspillages et de destinations arbitraires, le gouvernement alloua par commune cent francs de remèdes.

Pour ce qui est des rares hôpitaux à destination civile qui se trouvent en Algérie, où il en existe un si grand nombre pour le service militaire, ils ne pouvaient guère profiter qu'aux populations urbaines. Quant aux populations rurales, toujours dispersées dans des rayons fort étendus, elles manquaient souvent des plus vulgaires moyens de transport usités pour les blessés et pour les malades : une charrette presque toujours, c'était tout. Aussi les colons n'allaient-ils guère à l'hôpital qu'en prévision de la maladie qui pourrait venir. Quand la maladie les avait subitement envahis, ils se couchaient, attendant qu'il plût au ciel de les guérir ou de les tuer.

Un dernier mot sur cette ancienne organisation du service médical dans les campagnes algériennes.

Je suis de ceux qui admettent et qui ont conservé, dans les expansions les plus avancées de l'idée démocratique, non-seulement l'idée de religiosité, mais l'idée chrétienne; bien volontiers aussi, comme publiciste et comme historien, j'ai saisi toutes les occasions de porter témoignage à l'influence qu'à leur heure, dans certaines circonstances et au milieu de grandes conflagrations, quelques institutions du catholicisme ont exercée sur la civilisation pour la garde et le progrès de la liberté des peuples. Dans ce que je vais dire, je ne crois donc pas devoir être suspecté d'hostilité systématique.

Eh bien, dans cette première circonscription du Sahel, dont j'ai parlé, et où il n'existait qu'un médecin pour son parcours si étendu, il y avait un curé par village ou par commune; et souvent ces villages, ces communes ne sont séparés que par une distance de deux, trois kilomètres au plus : curé à Birkadem, curé à Birmandretz, curé à Kouba, curé à Hussein-Dey, curé à la Rassauta, curé au Fondouck. Il y avait des sœurs de charité au Fondouck, à Kouba, à Hussein-Dey, à Mustapha, banlieue d'Alger. Ainsi, dans ces villages qui se touchent en quelque sorte, sauf la Rassauta et le Fondouck, et où la fièvre sévissait avec des fureurs épidémiques, un seul médecin du corps pour tant de médecins de l'âme! Tant d'églises dont la moindre, avec de riches dorures et de capricieuses arabesques, a coûté de 20 à 25,000 francs, et pas un hospice, pas même un lit pour les malades! Un seul médecin payé 2,000 francs pour tant de prêtres rétribués par 1,800 francs de traitement, pour tant de sœurs qui, par tête, coûtent 500 francs à l'État! absolument comme si, dans cette colonie naissante, où la santé était la première condition du travail, on avait eu plus besoin d'âmes pieuses que de bras robustes.

Les choses sur cette pente étaient allées si loin, qu'au Fondouck, où la fièvre et la mort ont forcé deux fois au moins la population civile à se renouveler, et où, malgré de superbes casernes qui ont coûté plus de 300,000 francs, on n'avait plus laissé un seul soldat, trois sœurs de charité et un curé avaient été établis : soit, pour le personnel et les maisons, une somme de 6,000 francs inscrite au budget, et desservant une population qui n'atteignait pas le chiffre de trois cents âmes. On voulait cela, j'y souscris. Mais au moins ne fallait-il pas soigner les âmes aux dépens du corps; ce fut pourtant ainsi.

Dans la maison des sœurs, fondée surtout en vue des maladies en quelque sorte endémiques qui ravageaient ce point extrême de la plaine, on avait réservé une salle garnie de quelques lits pour les malades. Bien avant que la salubrité, le travail et

l'aisance qui en sont la suite, eussent relevé un peu
le Fondouck de ses premières déchéances, cette salle
fut convertie en chapelle; le curé, un bon prêtre, y
disait la messe, c'est vrai! les sœurs, pieuses filles,
prenaient soin de l'autel et faisaient leurs dévotions,
c'est encore vrai! mais les malades? ils allaient se
faire soigner et mourir où ils pouvaient!

Oh! ceux qui, en ce temps, ont fait du soldat et du
prêtre l'unique arc-boutant des sociétés, pouvaient se
réjouir : si cela eût duré en Algérie, il n'y aurait eu
bientôt que des soldats pour garder les broussailles,
et des prêtres pour les bénir.

X.

Imprévoyance des ordonnateurs de la conquête. — Incertitudes du domaine. — Leurs conséquences. — La propriété arabe. — Tribulations du colon européen : domaine, bureau arabe, génie militaire, pont et chaussées, résistances des indigènes. — Allottissements, maisons et villages. — Le géomètre colonial. — Mauvais système de concessions.

Effrayé des premiers désordres de la conquête,
l'État voulut y mettre un terme. Pour régulariser
l'établissement et constituer la propriété, il se réserva
la vente et la concession des terres conquises, abandonnées ou confisquées, ou ayant appartenu à l'État
algérien qu'il remplaçait. C'était son droit. Mais dans

sa hâte il omit de procéder préalablement à trois opérations importantes : la première, de s'assurer du nombre des terres vacantes; la seconde, d'en faire un état cadastral; la troisième, de les affranchir et de s'affranchir lui-même de la tutelle et de l'antagonisme des administrations diverses qui devaient concourir à l'exercice du droit de la conquête. Cette triple omission devait avoir et eut à l'origine de très-fâcheuses conséquences. Le domaine et le bureau arabe y jouèrent le principal rôle.

Les premiers ordonnateurs de l'occupation firent acte d'une imprévoyance si grande, que les soldats purent allumer leurs pipes avec les papiers, titres et registres de l'administration turque. Aussi, quand l'administration française des domaines voulut fonctionner, ne trouva-t-elle rien sur quoi elle pût asseoir ses droits et ses prétentions. Nul doute que, dans les premiers désordres de notre établissement, ainsi accompli contre les règles les plus vulgaires de toute bonne administration, bien des terrains appartenant au domaine turc n'aient été vendus par de faux propriétaires aux colons ou spéculateurs français, lesquels, il faut le dire, n'étaient pas tenus à en savoir là-dessus plus que l'administration française elle-même. Il s'en est suivi entre le domaine et les premiers émigrants des séries innombrables de procès, dont quelques-uns durent encore; et je ne crois pas outre-passer mon droit en disant que le domaine n'a pas été heureux dans le plus grand nombre de ses litiges. Il ne peut me convenir de m'égarer dans des citations d'exemples qui foisonnent ; mais tous concourent à démontrer que le domaine s'abattait un peu à l'aveugle sur tout ce qui, de près ou de loin, pouvait avoir quelque apparence domaniale ; et que ses répétitions s'attaquaient à des propriétés qui avaient déjà passé en plusieurs mains, dont la dernière au moins avait pour elle la présomption de bonne foi, et aurait dû en être couverte.

De son côté, le bureau arabe, exclusivement chargé de la protection des indigènes et de leurs terres, travaillait de son mieux à n'en rien laisser entamer, et à revendiquer ce qui lui semblait avoir été pris par invasion, ou concédé à titre gratuit ou onéreux par les gouverneurs militaires et par les administrations civiles. Pour cette besogne, le champ était plus vaste encore que celui du domaine.

La constitution de la propriété arabe participait de sa constitution sociale. La terre était, si j'ose ainsi parler, aussi nomade que la tribu ; et comme le déplacement des races et des cultures était facilité par l'étendue même des solitudes que les peuplades ne suffisaient pas à couvrir, les terres occupées n'étaient pas limitées ou n'avaient que des limites très-incertaines, très-contestables. Les refoulements et les exterminations souvent complètes qui avaient signalé notre conquête avaient singulièrement ajouté à cet état primitif des choses. Aussi y avait-il autant de difficulté à préciser le chiffre de la population arabe, qu'à fixer la quantité et la situation des terres dont elle se pouvait prétendre propriétaire.

Enfin, aux obstacles que, par leurs attributions mêmes, le domaine et le bureau arabe pouvaient se croire en droit de soulever, qu'on ajoute ceux qui naissaient des attributions du génie militaire et des ponts et chaussées, et on pourra se faire une idée approximative des conflits et des retards dont les concessions des terres avaient à subir la loi.

Arrivait le génie militaire, qui examinait si, par quelque point, la concession ne touchait pas à des territoires réservés pour des en-cas de fortifications, redoutes, campements, fossés d'obstacles, etc. Survenait le bureau arabe, qui, plus haut encore, criait :
— Prenez garde, cette concession est faite dans le territoire dépendant de telle ou telle tribu, de quelque *Beni : Moussa, Hadjoute* ou autres. Ce territoire n'est pas compris dans telle ou telle ordonnance royale, dans tel ou tel arrêté de gouvernement, dont le nombre a été grand; donc ces terres appartiennent à ces *Beni*, ou, à leur défaut, aux *Beni* de ces *Beni*. Les donner aux colons européens, c'est soulever un *casus belli* avec les indigènes.

— Mais, objectait soit le gouvernement militaire, soit l'administration civile, ces tribus ont été, jusque dans leurs derniers descendants ou ayants cause, dispersées, décimées, il n'en reste plus trace; d'ailleurs la terre concédée est en friche, et nous n'avons pas conquis l'Algérie pour l'abandonner aux broussailles.

8

—Prenez garde encore, répliquait le bureau arabe, voici le caïd, voici l'aga, le kalifa, le marabout, qui se présentent avec un titre, avec un verset du Coran. Vous ne pouvez passer outre; et quant à l'état improductif de la terre, ce serait attenter à la liberté des indigènes que de les forcer à la travailler.

Quelquefois la tribu se présentait en effet avec un titre ancien, et (comme cela est arrivé en 1849, je crois) portant en lui la preuve de sa fausseté : il était non en copie, mais en original, timbré à l'effigie de la république française.

Souvent aussi, malgré le débouté prononcé par les tribunaux du droit commun, les Arabes se sentaient tellement soutenus dans leurs prétentions que j'ai vu des terres, concédées depuis cinq ou six années, sur lesquelles, après ce laps de temps, les colons n'avaient pu ni tracer un sillon, ni mettre un pieu en terre. A chaque tentative, les Arabes accouraient en nombre, protestaient et maintenaient leurs prétentions, même à coups de fusil. Il était rare que, pour prêter main-forte aux décisions de la justice, les gouverneurs, malgré des ordres formels expédiés de Paris pour assurer la mise en possession, intervinssent autrement que par l'envoi sur les lieux de quelques gendarmes, qui se retiraient après cette démonstration. Le lendemain, les résistances et la lutte recommençaient.

Bon gré, mal gré, si le concessionnaire tenait pied, il fallait arriver à un accommodement, à une transaction moyennant finance. Le caïd, l'aga, le kalifa en prenaient leur part; le reste allait à la tribu, on ne savait où, car souvent la résistance avait été faite pour le compte d'une tribu qui n'existait plus guère que de nom.

Enfin voilà le concessionnaire gratuit devenu possesseur à titre onéreux, et il croyait bien entrer en pleine et paisible jouissance, puisqu'il l'avait payée.

— Erreur, disait le domaine. J'ai de bonnes raisons pour croire que tout ou grande partie de cette concession appartenait au domaine turc, ou, en vertu de quelque redevance, devait y faire retour.

On plaidait ou l'on s'arrangeait encore.

Enfin il n'y avait plus rien qui empêchât la truelle ou la charrue d'arriver. Point du tout : les ponts et chaussées se présentaient. — La place où l'on veut bâtir, planter, labourer, jardiner se trouve précisément sur le tracé d'un chemin, d'une route, qui doivent relier entre eux, dans l'avenir, des villes, des villages que le gouvernement se propose de construire un jour.

On allait devant le conseil de préfecture ou devant le conseil du gouvernement, et puis en conseil d'État; si bien qu'avant d'avoir pu élever un moellon, équarrir et placer une poutre, le concessionnaire avait épuisé son argent, sa patience, et avait pris en dégoût cette concession gratuite d'abord, payée ensuite, qui fuyait toujours devant lui, que souvent il finissait par ne point avoir. Quelquefois on lui offrait un échange où il allait recommencer ses sacrifices et ses mécomptes.

8.

Cela avait lieu pour les grandes concessions, les concessions qui ne se rattachaient à aucun système de colonisation administrative par agglomérations de cultivateurs et constructions de villages, avec un chiffre arrêté d'habitants et d'hectares de terre.

Ici il se passait autre chose, et c'était plus triste, parce que cela portait sur les pauvres, sur les immigrants n'ayant que leurs bras et un petit pécule pour travailler eux-mêmes la terre qui devait les nourrir. On les avait attirés, poussés en quelque sorte par la promesse d'une concession immédiate; et les jours, les mois, les années même s'écoulaient avant que les titres et les envois en possession fussent régularisés et possibles. Aussi qu'arrivait-il? C'est qu'après la conclusion de toutes ces formalités, un ou deux ans de chômage avaient dévoré les faibles ressources du petit colon; sa santé s'était perdue avec ses mœurs dans les vices de l'oisiveté, et il lui restait à peine assez de vie et d'argent pour passer le temps nécessaire à la vente de sa terre, qu'il livrait aux loups-cerviers de la spéculation en échange des quelques écus qui devaient servir à le ramener en France.

Ces lenteurs de l'administration civile provenaient en grande partie des difficultés domaniales ou indigènes pour la formation d'un état des terres concessibles. Elles tenaient aussi au système qui avait été adopté pour la colonisation par groupes d'individus et de propriétés, et, à ce second système, conséquence du premier, d'imposer un mode général d'exploitation et de cultures, auquel résistait le plus souvent la nature même des terrains concédés.

Ainsi, dans un district sans eau, un certain nombre d'hectares était affecté à des prairies, sous prétexte d'élève du bétail. Ailleurs, sur un coteau magnifiquement exposé au soleil et riche d'un sol pierreux, on défendait de planter de la vigne, sous prétexte que l'Afrique ne devait point faire concurrence aux produits de la France.

Ayant en main les titres de propriété, les bureaux refusaient souvent de les livrer, parce que le colon, désargenté par deux années d'attente, n'avait pas élevé des constructions suffisantes ou avec des matériaux assez solides, et cela dans des districts où il n'y a pas une carrière, pas un arbre à hauteur d'homme.

Et ce que je dis de quelques cantons, je devrais le dire de toute cette vaste étendue de pays comprise, du Hamise à l'Arrach, entre les collines du Sahel et le petit Atlas. On parcourt là des quarante et cinquante kilomètres de cette terre promise de l'Algérie sans avoir autre chose que des broussailles et des marais; on gravit encore des dix ou douze cimes de montagnes sans rencontrer d'autre végétation arborescente que des myrtes, des oliviers sauvages et des lentisques, moins forts et moins hauts souvent que les genêts épineux de nos landes. Aussi la plus petite construction en maçonnerie, dans cette portion du sol algérien, était-elle hors de prix, même pour la borner au rez-de-chaussée; et l'habitation au rez-de-chaussée, quand les pluies arrivent, force les colons à n'avoir souvent d'autre issue que la fenêtre par où ils se sauvent avec les poules et les canards.

Les colons résolus, que j'ai déjà appelés obstinés, et il en est un bon nombre dont on ne saurait trop admirer le courage, s'étaient donc mis, quand on ne les expulsait pas, à élever des constructions arabes, de vrais gourbis avec des bois bruts, de la terre glaise, des roseaux et des branches sèches pour toitures. La fièvre s'y logeait en maîtresse, il est vrai; mais ils tâchaient de vivre avec elle en lui abandonnant par semaine trois jours de leur santé sur sept.

Pour faire fonctionner son système de colonisation par groupes d'individus et de propriétés, l'administration avait un petit personnel de géomètres en titre d'office. Ces messieurs étaient chargés d'indiquer les points divers où des villages pouvaient être fondés, et de grouper autour des lots de terrain par huit, dix, douze, rarement quinze hectares. Ce travail adopté et paraphé à Paris, l'administration attendait qu'elle eût dans ses cartons un nombre de demandes en concessions équivalant aux deux tiers environ du chiffre total des lots formant la circonscription projetée.

Les impétrants étaient appelés. Ils devaient justifier de la possession de trois ou quatre mille francs. Cette justification n'était pas difficile : il existait même une petite spéculation là-dessus, et il est tel paquet de billets de banque qui, passant de mains en mains, moyennant une redevance un peu usuraire, a fait pour un jour un petit capitaliste d'un pauvre hère qui n'avait pas un sou vaillant. Enfin, le nombre des colons étant arrêté et paraphé à son tour, il était, en grande solennité administrative, procédé sur place à la distribution des lots : non au sort, ce qui aurait paru juste, mais au choix, ou caprice de M. le géomètre, ce qui parfois donnait lieu à des plaintes, mais tout bas, car M. le géomètre était un homme puissant, à la fois arpenteur, architecte, conducteur des travaux et maire provisoire. Il ne faisait donc pas bon toujours de s'y heurter.

— Allons, voilà des plans de maisons; il y en a pour tous les goûts et pour tous les prix. Vite, à l'œuvre : dans six mois, un an, deux ans au plus, il faut que le village soit debout, blanchi, habité et florissant. — Où y a-t-il de la pierre? — Là-bas! — Du bois? — Trouvez-en. — De la chaux? — Partout! — Mais des voitures, des chevaux, des manœuvres? — A Alger, au village voisin!

Loin, toujours fort loin. Très-bien! Mais alors voilà un pauvre malheureux qui avait lu dans les journaux officiels et aussi dans les journaux non officiels, leurs complices involontaires, que *sous la direction intelligente de l'administration, avec le concours éclairé de l'État*, l'Algérie se peuplait de colons sérieux, se couvrait de beaux villages; il avait tout vendu en France pour se former un petit capital; il l'avait écorné pour vivre jusqu'au jour où il avait pu se mettre à l'œuvre, et il était obligé de l'écorner encore pour acheter tout le matériel d'un charretier. On voit ici le nombre de voyages pour la pierre, pour la chaux, pour les fers, pour les denrées alimentaires, et tout cela à vingt, trente, quarante kilomètres souvent.

Pour amener tous ces charrois sur l'emplacement du tracé du village et de la maison, y avait-il au moins des chemins praticables? Non. Par une étrange pétition de principes, l'administration ne devait construire le chemin qui mène au village que lorsque le village serait bâti.

Il advenait de tout cela que, dans la plupart des villages de création récente, bien des demeures élevées à peine au-dessus des fenêtres du rez-de-chaussée étaient demeurées sans toiture et inachevées. Le pauvre colon avait épuisé son pécule en achats et en transports de matériaux avant d'avoir pu les relier et les élever en édifice. Souvent son cheval s'était tué, sa charrette s'était brisée, lui ou quelqu'un des siens s'était noyé en passant par un torrent grossi tout à coup, en marchant à travers des terres incultes, coupées de marais, obstruées de broussailles, ravinées de fondrières, hérissées de quartiers de roches.

XI.

Suite du précédent. — Conséquences logiques du principe de protection. — Impuissance administrative. — Désolations. — Inexpérience des premiers cultivateurs. — Émigrations de 1846 et de 1848. — Ce qu'elles sont devenues.

Ce qui s'était dit pour les chemins se disait pour les fontaines publiques : « Après la construction du village. » Et avant de bâtir sa maison le colon avait à creuser le puits où il trouverait l'eau nécessaire pour dissoudre sa chaux, gâcher son mortier, et cuire les aliments de sa famille et de ses maçons.

— Aurait-il donc fallu que l'État se fît carrier, chaufournier, plâtrier, voiturier, marchand de bois, et tout !

Ce n'est pas moi qui dis cela, c'est la logique du principe de protectorat et d'omnifaisance que l'État lui-même avait posé en Afrique.

Du moment où il avait lié le colon à telle partie du sol plutôt qu'à telle autre, où il avait ainsi forcé le colon à subir la loi du milieu territorial où il l'avait placé, et où par conséquent le colon n'avait ni le choix du siége de son exploitation, ni le libre arbitre des voies et moyens, l'État avait le devoir de lui rendre toute chose aisément praticable. Sans cela il ne faisait pas de la colonisation par patronage, il faisait de la colonisation par tyrannie. Seulement, au lieu de bâtir des pyramides comme en Égypte, il élevait des villages.

D'ailleurs, en laissant de côté toute conséquence rigoureuse du principe de la protection par l'État, y aurait-il eu grand mal à ce que le génie militaire ou civil fût occupé à l'extraction des pierres et des bois, qui auraient servi un jour à la construction des maisons coloniales dans un pays où les forêts et les carrières ne pouvaient de longtemps être exploitées par l'industrie privée? N'eût-ce pas été faire un excellent emploi, en temps de paix, du matériel considérable des équipages militaires, que de les utiliser au transport de matériaux de construction sur les emplacements des tracés de village, dans un pays où, faute de routes et de capitaux, le roulage n'avait pu encore s'établir? Au lieu de laisser l'armée s'ennuyer et coqueter dans les casernes des villes ou dans les baraques des camps, ne pouvait-on, même avant la pacification, en consacrer une partie aux travaux des grandes routes et des voies secondaires de communications ?

On avait fait de l'Algérie le *Botany-Bay* des pénitenciers militaires; les condamnés aux diverses peines du Code de la guerre y étaient par milliers; au lieu de les mettre en adjudication et de les livrer à des entrepreneurs de chaussures, de chapeaux de paille et de toutes sortes de confections qui font concurrence aux ouvriers des industries libres, ne pouvait-on les envoyer aux desséchements des marais, aux défrichements des terres, aux exploitations des carrières et des bois? Ce que très-souvent les administrations civiles et militaires faisaient pour les trappistes de Staouëli, pour les orphelinats du R. P. Brumeau et des sœurs de Saint-Vincent-de-Paul ou autres, auxquels ne manquaient ni des pionniers, ni des soldats, ni des sous-officiers du génie et d'autres corps, ni des compagnies souvent entières, ni de longues files de prolonges, quand ces congrégations religieuses en avaient besoin pour leurs défrichements et pour leurs transports; est-ce que ces administrations n'auraient point pu le faire pour le service général de la colonisation, dans un pays neuf où la civilisation et le travail ne savaient où placer les pieds, parce que travail et civilisation sont une conquête sur la nature sauvage?

Le colon avait deux années, je crois, pour triompher de ces obstacles. Si, à l'expiration de ce terme, il n'avait pas bâti sa maison, cultivé moitié au moins de son lot de jardin et de son lot rural, un inspecteur colonial passait par là qui, s'il n'eût été humain, avait le droit de le déclarer déchu et de le faire exproprier. Il est vrai que souvent l'expropriation ne se serait adressée qu'à ce quelque chose qui n'a plus de nom, et qui, depuis six mois, avait été couché là, sous le sol, par la misère, par le désespoir et par les souvenirs tuants du pays.

Quant aux colons qui avaient surmonté tant de

causes de ruine et de découragement, que leur restait-il de leurs pauvres ressources? Où les trois cents francs pour la paire de bœufs de labour? où les cinquante écus pour la charrue et les outils de la terre? où l'argent pour les premières semailles? et puis chaque jour demandant son pain au milieu de tout cela.

Oh! je le sais, l'administration avait des entrailles! elle promettait le quatrième bœuf au colon qui en achetait trois; mais quand ce quatrième arrivait, il était resté si longtemps en route que le troisième avait eu le temps de mourir. Elle fournissait les grains des premières semailles; mais ils arrivaient si tard que le temps de la moisson était venu, et que, pressé par le besoin, le colon portait le blé au moulin et l'orge à l'étable ou au marché. Quand les pauvres mères ne pouvaient plus allaiter leurs petits enfants, elle ordonnait l'envoi d'une vache laitière; mais quoi encore! cette vache s'était si longtemps amusée aux grandes herbes des fossés du chemin, ou bien elle avait été si surmenée pour hâter sa marche, que le jour où elle arrivait son lait avait disparu; — ou, douleur plus grande! l'enfant était mort.

Aussi, malgré les meilleures intentions du pouvoir et de l'administration, malgré les sommes énormes jetées en indemnités et en secours, combien, dans ces villages tout blancs au dehors, il y avait de maisons habitées par l'oisiveté et par la misère, veuves d'ustensiles, de lits, de pain sur la planche, de bestiaux à l'étable! Il n'y avait là souvent que le père, la mère, des enfants sans linge, sans fraîcheur, maladifs, et tous découragés, regrettant presque de ne pas être morts, comme leur voisin, avant d'avoir construit la maison qui les avait ruinés.

Je dis la maison; ce n'est pas assez : pour un grand nombre, la ruine était venue du travail même de la terre.

L'État, qui n'avait pas donné aux émigrants un manuel d'hygiène pour combattre les influences du climat, n'était pas allé davantage au-devant de la témérité des uns et de l'inexpérience des autres pour les en garantir. Car le sol algérien est d'une fécondité à tout promettre et à causer les fascinations les plus tentatrices, suivies, hélas! des essais les plus ruineux. On essayait de tout en Afrique, et souvent sur une très-grande échelle.

Qu'en résultait-il? c'est que, n'ayant pas répondu aux espérances toujours portées trop haut, la plupart des cultures étaient tour à tour abandonnées ou reprises, et presque toujours suivies d'un désastre. Les rares cultivateurs venus en Algérie et y fouillant le sol ne se rendaient pas compte des différences qui existaient entre les soins que sa richesse même exige et ceux que réclamait le sol moins exubérant de la France.

Pour écrire et répandre un manuel du laboureur et du planteur, cependant, les éléments n'auraient pas plus manqué que pour le manuel d'hygiène. Je ne parle point, pour ce travail, d'une commission de savants : science et expérience sont deux ! mais d'agriculteurs ayant expérimenté par eux-mêmes, à leurs dépens. J'en ai connu beaucoup ; les Pantin, les Reverchon, les Léothau, les Trottier, les Gauran, colons résolus, hardis, vrais pionniers de notre colonisation, auraient certes été fort capables de mettre la main à une étude agronomique sur les diverses natures du sol algérien, sur les cultures qui conviendraient à chacune d'elles.

Ce travail aurait été d'autant plus utile que les premiers colons qui se sont mis à fouiller la terre africaine n'avaient pas tous été choisis aux champs, et ne s'étaient résignés à essayer du labourage que parce qu'ils avaient échoué dans un autre métier. C'étaient pour la plupart des artisans que le chômage avait chassés de France et suivis en Afrique ; des employés subalternes du nombreux personnel des bagages et des petites industries qui se traînent derrière les bataillons en marche, et qui avaient été licenciés et ruinés par les cantonnements des troupes après la pacification des Arabes.

L'État, qui vit bien que ce n'était point avec de pareils éléments que l'Algérie serait défrichée et couverte de cultures, se mit en quête de vrais travailleurs de la terre, de vrais laboureurs, de vrais jardiniers, de vrais horticulteurs. En 1846, le zèle échauffé des préfets des départements du midi de la France procéda à une sorte de raccolement assez semblable à celui que messieurs les sergents de l'ancien régime pratiquaient si dextrement sur le quai de la Ferraille. Il s'ensuivit en quelques mois, sur les ports de Cette, de Marseille et de Toulon, un encombrement de huit à dix mille paysans accourus du Béarn, du Lot, de l'Ariége, du Gers, du Tarn, de tout ce magnifique bassin des Pyrénées que la Garonne arrose. Hommes, femmes, jeunes garçons, jeunes filles, tout fut transporté à Alger sur les navires de l'État ou des compagnies privilégiées par lui.

Hélas! l'appel de l'État avait été trop vite entendu; les préfets de la France avaient trop bien servi les vœux du gouvernement d'Alger. Ce fut comme une irruption, un encombrement de richesses. Rien n'était prêt pour recevoir cette masse d'immigrants : ni les villages, ni les fermes, ni les terres. On ne savait où les loger. Le lazaret, l'église Babazoun elle-même regorgeaient. On les baraqua, on les mit sous des tentes, le plus souvent au soleil, le jour, à la belle étoile, la nuit, c'est-à-dire à la merci de toutes les influences climatériques du ciel africain. Chaque jour le flot augmentait; les derniers venus poussaient plus loin les premiers arrivés, et le lendemain ils filaient à leur tour vers une destination lointaine, plus ou moins nommée et désignée.

Ce défilé dura longtemps, bien longtemps! et sur toutes les routes et dans toutes les directions. Mais combien arrivèrent aux lieux indiqués, et, après être arrivés, combien furent logés, travaillèrent, vécurent? La ville et la province d'Alger en sont encore tout émues. De tant de bras, de tant de femmes, de jeunes filles, de jeunes gens, au bout de six mois, il ne restait presque plus rien : la fièvre, la misère, la mort avaient presque tout pris. Ce qui restait de jeunes filles se fit servante, ou pire encore; ce qui resta de jeunes hommes se fit mendiant et ivrogne; et ceux qui purent rentrer en France s'en allèrent reporter chez eux le vivant témoignage du sort que l'État protecteur réservait aux Français qu'il poussait en Afrique.

Et la grande émigration de 1848! ce complément par séduction du dépeuplement par transportation des faubourgs de Paris, dois-je en parler?

Oh! certes, celle-là fut bien une entreprise du gouvernement. Qui ne se souvient de ces bateaux qui l'emportaient, tout pavoisés de drapeaux et de banderoles? des chants et des adieux dont ils retentissaient au départ? des belles harangues des généraux, toutes reluisantes des mirages du ciel africain? des hymnes des prêtres qui venaient les bénir? Ces bijoutiers, ces ébénistes, ces ciseleurs, ces couturières, ces modistes, tous ces artistes, tous ces ouvriers du luxe de Paris, tous ces expatriés du chômage et du salaire, de la faim et du désespoir, qu'au nombre de douze mille, au sortir des conditions incertaines mais faciles de la vie de bohème parisien, sous un ciel gris et tempéré, on allait mettre aux prises avec la vie du planteur, vie laborieuse et rude de fatigues, d'épuisement, sous un ciel de feu, que sont-ils devenus?

Que reste-t-il de tant de pauvres ménages partis avec des enfants souriants dans les bras? Et de ces jeunes hommes à l'air si insouciant, et qui portaient en eux toutes les volontés et tous les courages? Et de ces jeunes filles accortes, qui, chaussées de brodequins de soie, les mains dans des gants de fil, coiffées d'un petit chapeau tout enrubané, tout coquet, et un fin mérinos ou un léger tartan sur l'épaule, semblaient croire que là-bas on allait trouver tout un monde plaisant de bonnes fortunes, et une sorte de continuation des bals de Sceaux ou de Saint-Cloud, les palmiers seulement remplaçant les hauts marronniers? Oui, qu'est-ce que tout cela a fait, qu'est-ce que tout cela est devenu, dans ces anciens villages des *capitaineries* dont j'ai déjà parlé, et où on les avait poussés loin d'Alger, loin de Blidah, où auraient pu encore se trouver des ressouvenirs de la France, du beau Paris?

Hélas! vers ces terres d'Aïn-Béniam, d'Aïn-Sultan, de la Bourkika, du lac Halloula, du Kobrir-Roumia, mes compagnons d'exil m'ont dit avoir rencontré quelques anciens jeunes hommes de cette émigration, qui avaient été frappés, les uns de cécité, les autres de paralysie, tous de fièvre et de misère, hâves, jaunes et nus; et aussi quelques femmes, une vieille grand'mère qui avait ramassé deux petites filles à côté de sa fille et de son gendre morts. Ces malheureuses créatures faisaient tous les jours cinq, six kilomètres pour aller chercher aux ateliers de la transportation la soupe et le pain qu'une infortune partageait avec une autre infortune.

Aujourd'hui, ces ateliers ont été vidés à leur tour. Avec quoi ont pu vivre ces femmes, ces enfants que le gouvernement avait enrôlés, et dont les curés de Paris avaient béni, au départ, les bateaux de transport?

XII.

Du système de l'assimilation de l'Algérie avec la France. — Assimilation administrative. — Assimilation douanière. — Du monopole métropolitain. — Ses effets dans les possessions anglaises d'Amérique. — Séparation et banqueroute. — Impuissance du système de la colonisation par l'État. — Ses causes. — Métropole et colonie. — Le citoyen et l'homme. — Aspirations de l'Algérie aux environs de 1848. — Silence sur l'Algérie d'aujourd'hui. — Hier et demain.

A lui seul, le système du protectorat par initiative et concours n'aurait peut-être pas amené la colonisation au point où je l'ai trouvée. Mais on avait sans doute cru bien faire en l'aggravant du système de l'assimilation avec la France.

En principe, l'assimilation d'une colonie où rien n'est créé, peuplée à peine de soixante à quatre-vingt mille nationaux ou Européens, avec sa métropole, pays de trente à quarante millions d'hommes, où tout marche, doit être fatalement pour cette colonie ce que serait la nourriture d'un homme pour un enfant au berceau. Bien certainement l'enfant en mourrait.

En fait, il s'en fallait de beaucoup que l'assimilation fût complète : l'administration dans la colonie n'avait aucun des contre-poids qui, dans la mère patrie, la pouvaient rendre supportable.

Ainsi, en France, l'autorité civile était indépendante de l'autorité militaire; en Algérie, elle lui avait été complétement, absolument subordonnée. L'Algérie avait été, comme la France, divisée en départements, avec préfectures, sous-préfectures et communes ; mais dans les préfectures, où était le conseil général de département? dans les sous-préfectures, où le conseil d'arrondissement? où le conseil municipal dans les communes? Nulle part auprès des représentants du pouvoir on ne trouvait les représentants des intérêts du pays, élus ou pris dans le sein de ces intérêts mêmes.

L'Algérie était une colonie, et elle n'avait seulement pas, comme nos colonies des Antilles ou de l'Océan Indien, un conseil colonial, élu par la colonie et formé d'hommes ayant au jeu leur fortune et leur vie.

Pour décider de toutes les questions purement d'intérêt local, ou (danger plus grand!) d'intérêts mixtes, impliquant à la fois la colonie et la métropole, il n'y avait sous la main des gouverneurs et des préfets que des conseils appointés, composés, comme les administrations elles-mêmes, de fonctionnaires ayant le pied en Algérie sans doute, mais les yeux sans cesse tournés vers la France, d'où ils venaient, où ils aspiraient à retourner, où étaient leurs espérances, leurs amitiés, leur famille, leurs ambitions; ne prenant l'Algérie que comme une hôtellerie où ils venaient se refaire et attendre; traitant ainsi toute chose, même à leur insu, au point de vue métropolitain et non colonial, français et non algérien. Pour tout dire, l'autorité française était partout avec ses droits, le citoyen algérien n'était nulle part avec les siens.

En revanche, l'assimilation administrative ne laissait rien à désirer, si l'on regarde au nombre, à la complication des rouages, au personnel affecté à leur service, et aux traitements qui en sont la rémunération. Quelle exubérance! quel luxe! Des préfectures, des divisions montées comme des ministères ou des directions de France! Telle petite ville de quatre à cinq cents âmes ayant des services administratifs à faire envie à des cités françaises de trente mille habitants! Le personnel gouvernemental y formait bien certainement le tiers de la population; et, pour le constater, il n'eût été besoin de consulter ni almanachs ni statistiques; regarder à la coiffure et aux habits suffisait : partout le galon officiel!

En demandant l'assimilation administrative, si tant est que ce soit elle qui l'ait demandée, l'Algérie avait agi follement;—comme ces rares habitants de la ville impériale de Trèves qui, après avoir été décimés,

ruinés par quatre invasions de barbares, demandaient qu'on leur rebâtît les amphithéâtres : — « Fu-
» gitifs de la ville de Trèves, s'écriait Salvien, le prê-
» tre de Marseille, vous vous adressez aux empereurs
» afin d'obtenir la permission de rouvrir le théâtre et
» le cirque; mais où est la ville, où est le peuple pour
» qui vous présentez cette requête? »

— Où sont les administrés? aurait-on pu dire à l'Afrique.

Aussi, qu'est-il arrivé? L'assimilation administrative de l'Algérie avec la France a été pour la colonisation ce que, en mécanisme, serait un levier plus puissant que son point d'appui, ce que serait une machine qui manquerait de matières pour s'alimenter; le point d'appui serait écrasé par le levier; la machine avec fracas tournerait dans le vide.

Mais que dire de l'assimilation douanière?

En cette matière surtout, *assimilation* doit signifier *réciprocité*. Les ports de l'Algérie étaient ouverts aux importations de la France, et fermés à celles de l'étranger; de son côté, l'exportation algérienne n'avait de débouchés que les ports de la France; mais les produits français entraient en franchise dans les ports de l'Algérie, et les produits algériens, dans les ports de la France, voyaient se dresser devant eux une haute barrière toute hérissée de droits. Ce n'est donc pas l'assimilation qui avait été constituée, c'est le privilége.

De nos jours, poser la question du monopole d'une

métropole sur une colonie naissante, où la *vie à bon marché* est la condition primordiale et absolue de ses progrès, c'est l'avoir résolue négativement. S'il est vrai, au point où la science économique est parvenue, que la liberté de commerce d'État à État soit l'élément le plus assuré de la richesse des nations par le bien-être facilité des masses, à plus forte raison en doit-il être ainsi pour les sociétés en formation, où le capital, et, par suite, le travail, seraient fatalement absorbés et étouffés si les besoins de la consommation étaient livrés aux exigences et aux cupidités d'un monopole d'importation.

Pour mettre ces vérités en relief, il n'est plus nécessaire aujourd'hui de raconter les misères qu'enfante le monopole, non plus que les puissances de production et d'échange qui sont au fond du système de liberté.

Toutefois, pour donner raison à la théorie, je citerai deux exemples sans réplique : l'Algérie et les colonies transatlantiques de l'Angleterre. L'assimilation douanière a été, pour la première, ce que le fameux *acte de navigation* fut pour les secondes.

C'est depuis l'assimilation douanière que les ports de l'Algérie sont à peu près vides de navires étrangers. Il s'en est suivi un renchérissement de marchandises qui a graduellement exercé, sur le capital algérien, une pression telle qu'il n'en reste presque plus rien aujourd'hui pour subvenir aux besoins du travail agricole. Tout s'en est allé, tout s'en va par les comptoirs du commerce, qui eux-mêmes, en suite d'une réaction toute naturelle, ne trouvent plus guère que le placement des denrées connues sous le nom d'absolue nécessité. Ceux-ci même travaillent plus à crédit qu'au comptant, d'où il arrive que le chapitre des pertes absorbe, ou balance tout au plus, celui des bénéfices. Aussi peut-on dire qu'en dehors des magasins de ces denrées de première nécessité, il n'y a presque pas de commerce en Algérie. Il n'y a que le détail; et, en ce genre, le magasin français est dominé par la boutique juive. Celle-ci attire tout à elle : ayant moins de frais, elle livre à meilleur marché. Les maisons du négoce, du commerce proprement dit, ne sont plus des maisons algériennes, travaillant avec leurs capitaux, ayant une existence à elles : les maisons algériennes n'ont laissé que des ruines pour trace de leur passage et de leurs efforts. Presque toutes les maisons actuelles sont des succursales de grandes maisons de France, qui, fournissant les fonds, donnant les ordres, tiennent ainsi dans leurs coffres, en France, les destinées de la colonie africaine.

Le monopole maritime et commercial a étendu son influence funeste sur le peuplement, la production et le budget de l'Algérie, qui auraient été servis au contraire par la liberté de navigation et de commerce. Des maisons étrangères de commerce et de banque se seraient nécessairement fondées, et auraient amené un grand mouvement de capitaux et de travail; car la fréquentation des ports, en faisant connaître le pays et l'immense variété de ses ressources, aurait propagé au loin le désir d'y asseoir des établissements et des entreprises. L'argent et les bras vont toujours où se trouve la liberté. Enfin, le budget, qui, pour frais de perception, laisse aux mains du nombreux personnel des douanes algériennes le chiffre énorme de vingt-cinq pour cent de la recette, aurait été enrichi par la perception des droits de tonnage et d'ancrage, toujours considérables dans les ports libres.

Aussi, l'heure me semble-t-elle proche où, pour avoir vécu de monopole, le commerce français mourra de pléthore dans les magasins encombrés de l'Algérie; tout au moins subira-t-il des pertes énormes par suite des impossibilités de remboursement nées du nombre des crédits qui ne rentrent pas. Pour avoir été forcée à ne recevoir que de la France, à ne donner qu'à la France, à faire passer sous le pressoir du monopole de la France les pécules, les économies des colons, dont, par la concurrence étrangère, il serait resté quelque chose pour le travail agricole qu'ils devaient créer et féconder, l'Algérie était arrivée à n'avoir ni agriculture ni commerce.

En ceci pourtant, comme en bien d'autres choses coloniales, la France avait eu un grand et terrible exemple dans les anciennes colonies anglaises du nouveau monde. Là aussi, moins avancée que de nos jours dans la science économique, l'Angleterre avait imposé ses lois de navigation et de monopole en faveur de ses vaisseaux et de son commerce. Là aussi, elle soutirait jusqu'au dernier penny le capital américain, avant qu'il eût pu se multiplier par le travail de la colonisation et par les enchères de la concurrence étrangère. Jusqu'au moment de leur émancipation, les colonies en souffrirent cruellement. L'Angleterre ne s'en inquiétait pas : à l'entendre, les forces productives des colonies ne devaient servir qu'à enrichir les métropoles; et elle fit fonctionner à outrance ce système de l'exploitation par la mère patrie de ses filles esclaves.

Elle en fut punie dans sa puissance, dans sa politique, dans son commerce. Pour obtenir le redressement de tous ses griefs, l'Amérique se souleva; pour avoir sa liberté commerciale, elle proclama son indépendance comme nation; et violemment ébranlé par la perte de plus de cent millions qu'elle lui devait, le commerce métropolitain pencha longtemps vers sa ruine.

La question est donc jugée. Entre métropole et colonie, la balance de compte du monopole se solde par ces deux termes : SÉPARATION ET BANQUEROUTE.

Je viens de dresser le bilan de la colonisation algérienne par l'État, durant les vingt premières années de la conquête.

Préconisés par tous les intérêts de position et de fortune auxquels ils s'appuyaient, les systèmes du protectorat et de l'assimilation n'ont donné que des résultats négatifs.

Par eux, on a fait une œuvre à rebours.

On croyait féconder, on a stérilisé; on voulait peupler, on a fait le vide; on cherchait à créer l'activité, on a produit l'inertie; on espérait hâter la virilité, on a prolongé l'enfance.

J'en suis donc arrivé, et je désirerais que la France et sa colonie arrivassent comme moi à cette conclusion : — En colonisation, pas plus qu'en sociabilité, l'État n'a le pouvoir de tout réglementer, tout protéger, tout entreprendre, tout conduire, tout faire. Dès lors, il ne doit pas en avoir la volonté, et les citoyens ne doivent pas lui en imposer le devoir. Plus il étend le cercle de son action, de ses immixtions, et plus il étend le cercle de sa responsabilité; plus sa responsabilité est grande, et plus il y a compromission pour son autorité.

La cause de cette insuffisance de l'État, la voici.

Si bonne que soit la volonté, si intelligente que soit l'initiative, si grandes que soient les ressources des pouvoirs publics, forcés qu'ils sont de concourir au fonctionnement de l'ensemble social, ils ne pourront jamais donner à chacun des éléments dont cet ensemble se compose la part spéciale et afférente de volonté, d'initiative, d'exécution, de sollicitude, presque d'amour qui lui est nécessaire, et qui lui est apportée, au contraire, et à des degrés bien supérieurs, par les intérêts individuels qui se concentrent sur cet élément seul.

Ces idées, qui sont vraies pour les métropoles, le sont bien davantage pour les colonies.

Dans une société ancienne, où tout est fait, où tout va de soi, pour ainsi dire, par habitude, par les seules lois de la pesanteur, et où il n'y a plus guère qu'à conserver, à radouber, à rajuster et à perfectionner légèrement, sans secousses; un pouvoir social toujours et partout présent, intervenant, s'inquiétant, agissant, peut n'avoir pas de dangers immédiatement appréciables.

Dans une société en formation, au contraire; dans un pays neuf, où tout est à créer, lois, institutions, crédit, propriété, travail, société, l'homme lui-même..... l'appel incessant au patronage et au concours de l'État est nécessairement une cause continue de temps d'arrêt, alors même que cet appel est entendu, et, s'il ne l'est pas, de découragement et d'abandon final.

D'ailleurs, et en ceci est le péril le plus grand, il y a pour la colonie, dans cette perpétuité de sacrifices de la métropole, une situation de dépendance qui la fait arriver jusqu'à n'être plus qu'une matière à rendement, exploitable par toute machine à haute pression.

Des idées de résistance et de séparation en doivent fatalement sortir.

Enfin, dans une société constituée, où, malgré toutes sortes d'antagonismes, les hommes et les intérêts, à un moment donné, peuvent se grouper, s'entendre, et, comme on dit, *se sentir les coudes*, ce peut ne pas être un leurre de sentiment ou de raison que de compter et de s'appuyer les uns sur les autres ; là, il peut à la rigueur être permis de s'assurer contre l'isolement, de s'épouvanter de l'individualisme. Mais dans l'œuvre d'une colonisation où tout, les différences de patrie, de langues, de mœurs, les distances elles-mêmes, sont un obstacle quotidien au rapprochement des idées, des besoins, des intérêts, il faut le plus possible n'avoir rien à demander aux autres, ne tout attendre que de soi, ne compter que sur soi, et lutter, lutter encore, sans trêve, sans merci, aujourd'hui, demain, toujours!

Si les métropoles sont les foyers des forces sociales mises en commun, les colonies sont, pour les forces humaines, un point d'appui dont l'individualisme est le levier. Il y a le citoyen dans les premières, dans les secondes il y a l'homme.

Aux environs de la dernière année du gouvernement que renversa la révolution de février, cette idée de l'impuissance finale de la colonisation par l'État était devenue l'idée dominante de l'Algérie. Elle était passée en quelque sorte, m'a-t-on dit, à cet état d'obsession sourde qui, avant d'éclater en un cri de guerre, alarma si longtemps le protectorat de l'Angleterre dans ses possessions de l'Amérique. A Constantine, à Oran, à Alger, il y avait comme un courant électrique de vœux pour demander l'unité d'un pouvoir relevant directement du chef de l'État, la suprématie de l'autorité civile, la subordination du rôle de l'armée, la simplification administrative, un système de concessions abritées contre tous les antagonismes, l'épuration de la magistrature, une investigation sévère sur les actes et la moralité des officiers ministériels, une guerre sans pitié à l'usure, la liberté du commerce, et l'égalité politique et civile devant la loi française.

Il y avait là plus de vœux et de besoins exprimés que le gouvernement n'aurait eu le pouvoir et la volonté d'en satisfaire. Tout au moins la folie algérienne aurait-elle paru consister dans le rêve d'une réalisation immédiate. Cependant, au fond de ces impatiences de rénovation, il y avait une telle constatation du degré de dépérissement où la colonie était parvenue, une si éclatante preuve que tout était à refaire, une démonstration si claire que l'Algérie était un de ces malades condamnés qui ne courent plus que le pire risque de mourir du traitement au lieu de la maladie; enfin toutes ces convictions parlèrent si haut, que le chef de l'État en parut troublé et songea sans doute à aviser.

. Peut-être eut-il la pensée, dans la mesure, bien entendu, du milieu dont il subissait la pression, d'essayer du traitement qui laissait une chance de salut. Toujours est-il que dans l'envoi de M. le duc d'Aumale en qualité de gouverneur général, l'Algérie crut voir comme un acheminement, lent et gradué sans doute, mais résolu, vers une organisation nouvelle.

La révolution de février, en brisant le trône du père et l'épée du fils, n'a pas donné le temps de savoir ce qu'il y avait de rêves ou de certitude dans ces espérances de la colonie africaine.

Après avoir dressé le bilan du passé de l'Algérie, il m'en coûte de ne rien dire de sa situation présente. J'aurais aimé à reconnaître qu'aujourd'hui vaut un peu mieux qu'hier; que les mœurs sont en progrès; que les grands scandales sont plus rares, et que, s'il s'en produit, ils sont flétris par la conscience publique ; que le gouvernement militaire est moins *sabre*, moins inintelligent des nécessités de la colonisation; que les concessions de terrains éprouvent un peu moins de lenteurs et d'obstacles ; que la formation des villages est moins ruineuse pour les colons ; qu'à la pépinière du gouvernement il se fait d'assez heureux essais de culture, et qu'il en sort des enseignements auxquels ne manque, par une publicité gratuite, qu'une vulgarisation plus générale; que les voies de communication sont moins mal entretenues; que l'inspection générale de M. le docteur Baudens a produit une meilleure organisation du service médical dans les campagnes; que le chef de l'administration préfectorale (et quoiqu'il soit et qu'on le sache mon ami, je peux bien lui rendre cette justice) a communiqué une heureuse et puissante impulsion aux cultures industrielles qui doivent un jour affranchir la fabrique française du tribut que, pour certaines matières premières, elle paye à l'étranger;

j'aurais aimé enfin à reconnaître toutes les améliorations, tous les progrès, si minimes, si imperceptibles qu'ils puissent être, comparés au temps et aux moyens d'action; mais en regard j'aurais eu à mettre beaucoup de critiques, et à continuer de faire entendre, pour bien des choses, un inflexible *delenda Carthago*.

Je ne le pourrais pas, je dois donc m'abstenir.

Là où l'on ne peut mettre librement le pied, mieux vaut ne pas le poser du tout. Mon travail se tiendra donc entre hier et demain. Hier est du domaine de l'histoire, demain est du domaine de l'idée. Je suppose qu'il est permis à tout le monde d'entrer dans l'un et dans l'autre.

Sorti du passé de l'Algérie, je vais entrer dans son avenir.

SECONDE PARTIE.

I.

Rénovation algérienne. — Les trois intérêts coloniaux. — Suprématie de l'intérêt territorial. — La concurrence agricole. — Du système de colonisation par compagnies. — Ses effets dans les colonies de l'Amérique.

Si j'en crois cette sorte de prévision instinctive qui, chez l'homme, n'est que le reflet combiné de la pente forcée des choses avec la raison qui s'en rend compte, le système de la colonisation par l'État est bien près d'avoir fait son temps.

Peut-être, comme nécessité transitoire, sera-t-il, dans quelques parties, prolongé à titre d'exception; mais il faudra aller jusqu'au bout. Le protectorat ne sera plus que ce qu'il n'aurait jamais dû cesser d'être : une tutelle embrassant tous les intérêts, et, sans faire contre-poids à aucun, les livrant à la liberté légitime de leurs développements. Ce jour-là, le protectorat ne tombera pas seul, il entraînera forcément avec lui le système de l'assimilation de l'Algérie avec la France, de ce qui est faible avec ce qui est fort, de ce qui, pour grandir, a besoin de liberté, avec ce qui, pour dominer, a besoin de privilége.

C'est de cette rénovation que je voudrais hâter la venue. Elle me semble possible aujourd'hui, demain, sans danger pour la colonie, sans préjudice pour la métropole. Bien mieux, la colonie, en cessant d'être un fardeau ruineux, entrera plus vite dans une ère de prospérité; et la métropole, loin d'avoir de nouveaux sacrifices à s'imposer, trouvera dans cette rénovation des avantages que le monopole ne lui aurait jamais donnés.

Aujourd'hui, non moins qu'aux environs de 1848, les Algériens eux-mêmes semblent avoir tellement la conscience de la situation faite à leur pays par le protectorat, et de l'impuissance de l'État à en rien dégager qui puisse relever la colonisation de l'atonie et du discrédit où elle est tombée, qu'ils sont tous en travail de quelques projets de salut et d'avenir. Chaque feuille de saule que le souffle de la spéculation détache de la région des rêves, y est prise pour un continent sauveur qui va surgir du milieu de la détresse coloniale, et sur lequel l'Afrique pourra fonder la restauration de sa pauvre fortune.

Dieu me garde de faire à tous ces projets l'honneur de les prendre au sérieux! Ils ne sont pour la plupart que des hallucinations d'agonie. Il en est quelques-uns cependant qui, par une apparence d'applicabilité immédiate et facile, et par un certain miroitement de civilisation et de bien-être en faveur des races déshéritées, peuvent, au premier abord, exercer quelque séduction. Il y faut donc regarder un peu de près, afin d'éviter à l'Afrique, s'il est possible, de rentrer dans la voie des tâtonnements et des expérimentations, où, sans profit pour le progrès de la colonisation, les capitaux de la France iraient de nouveau s'engloutir.

Pour bien longtemps encore, le grand, le premier intérêt de la colonie, celui au service duquel, sous peine de ruine finale, il faudra appliquer la majeure partie des ressources qui pourront venir de la métropole, devra être l'intérêt territorial, l'intérêt agricole. L'intérêt industriel ne peut venir qu'en second ordre, l'intérêt commercial en troisième.

Comment asseoir, en effet, le commerce là où il n'y a pour l'alimenter ni industrie, ni agriculture, ni population, ni viabilité, point de sources de richesses? Ces difficultés, qui sont de tous les pays, sont aggravées encore par la configuration et la nature des côtes de l'Afrique septentrionale. Elles sont peu favorables, dangereuses même pour la navigation, et les ports d'un accès facile, d'un abri sûr en toute saison, ou qui peuvent être rendus tels, n'y sont pas au nombre de trois sur une étendue de plus de deux cents lieues.

Comment aussi prendre l'industrie pour point d'appui de la colonisation, dans un pays où les terres, la pluralité des terres, seraient en friche, et où, par conséquent, manqueraient les matières premières de l'industrie nationale?

Du reste (et comment l'État colonisateur ne l'a-t-il pas compris?), il eût été d'une bonne politique, au point de vue purement français et de l'assimilation douanière, qu'à son origine la colonie eût été constituée pour la production territoriale, qui seule pouvait la faire arriver à la consommation des objets importés par la métropole. Puisque c'est une œuvre à reprendre, l'Algérie doit être organisée avant tout pour la production de ce qui est inhérent à son sol, à sa nature. L'industrie saura bien s'y implanter d'elle-même, simultanément ou plus tard, pour en utiliser les produits sur place; le commerce à son tour saura bien y accourir pour les répandre aussitôt qu'il y verra un fonds solide de profits.

C'est malheureusement en sens inverse que, sous la pression des intérêts métropolitains, les questions d'agriculture, de commerce et d'industrie ont été traitées en France et subies en Afrique. Mais les pouvoirs législatifs, pesant sur le pouvoir exécutif, n'ont pu, malgré toutes les lois de douane et de navigation, faire tenir en l'air ce qui n'avait pas de bases sur la terre. Le commerce ne ferait rien à Alger, malgré la banque dont il a obtenu le privilége, sans la *Caisse du commerce,* que le patriotisme et l'intelligence de MM. Robert et Juillet Saint-Lager ont fondée contre les énormités usuraires des petits prêteurs. Si l'on eût mis, au contraire, l'agriculture au premier rang de l'intérêt algérien, la colonie aurait eu sa banque territoriale, elle aurait marché au lieu de se traîner; tant de profondes ruines n'auraient pas semé partout le découragement et la désertion; et au lieu de végéter, le commerce serait en pleine efflorescence.

Les projets qui ont pour but l'extension des défrichements et des cultures sont donc les seuls qui, en ce moment, me paraissent mériter l'attention et l'examen.

Des vingt-quatre années de la colonisation algérienne, il en est ressorti trois enseignements hors de contestation aujourd'hui :

Le premier, c'est que le travail européen s'accomplit à plus de frais que le travail indigène. Par conséquent, l'Européen est tenu de vendre plus cher que l'Arabe; ou s'il vend au même prix, il gagne moins.

Le second enseignement, conséquence du premier, c'est que les exploitations entreprises sur une grande échelle ont été ou sont presque toutes une cause de ruine pour les entrepreneurs, fermiers ou propriétaires.

Enfin, il y a ce troisième enseignement, que les grandes exploitations, alors même qu'elles n'auraient pas à lutter contre la concurrence arabe, se heurteraient en Algérie, comme ailleurs, à la concurrence du petit cultivateur.

Le travail indigène se fait à moins de frais, parce que sa main-d'œuvre est moins chère; et elle est moins chère parce que le travailleur arabe a moins de besoins que le travailleur européen, le travailleur français surtout. L'Arabe couche sous un gourbi de branches et de boue sèche, ou sous une tente en poil de chameau. Il vit d'eau, de laitage, de fruits, de pain, et quel pain! Pour se couvrir des pieds à la tête, il ne lui faut en toute saison qu'un burnous, qu'il ne renouvelle pas trois fois en sa vie. Au travailleur français, il faut une maison, des vêtements chauds, à certains jours une certaine recherche dans la toilette, une nourriture copieuse, de la viande, du vin et des dissipations fort coûteuses souvent.

Le grand propriétaire se heurte à la concurrence du petit cultivateur, qui, ayant moins de passions et de besoins, moins de dépenses, moins de lumières et d'imagination, a aussi moins de risques de se briser à des essais dont la pratique dément trop souvent les théories. Il retire un meilleur revenu de son champ, parce que, le travaillant de ses mains ou avec les mains de sa famille, il n'a aucune mise de capital à sortir et à exposer; parce que, le cultivant pour son propre compte, il le fait avec un soin et une ardeur que le grand propriétaire ne saurait obtenir des bras qu'il loue et qui lui coûtent cher.

En Afrique, la concurrence indigène peut être soutenue par la supériorité des procédés européens qui donnent un plus grand rendement; et, quand ces procédés seront appliqués par les Arabes, la concurrence sera soutenue encore, parce que, d'une part, les indigènes auront pris quelques-uns de nos goûts et de nos besoins, et que les Européens auront été forcés, pour se tenir sous l'humidité et sous le soleil, de prendre un peu de la sobriété et de la tempérance des indigènes.

Mais la concurrence des petits cultivateurs restera, par ces raisons mêmes, une pierre d'achoppement de plus en plus meurtrière pour la grande propriété, qui n'aura plus guère que dans l'élève du bétail une source réelle d'exploitation. Aussi, les possesseurs de milliers d'hectares, soit à titre onéreux, soit à titre gratuit, se gardent-ils bien d'en opérer le défrichement, ou y renoncent-ils après l'avoir commencé. Sans doute, le défaut de capitaux, le manque de bras, y sont pour quelque chose, mais la conviction de succomber sous la double concurrence des indigènes et des petits cultivateurs y est pour beaucoup.

Ces trois causes de la grande jachère algérienne en ont produit une quatrième, dont, sans calomnier les riches concessionnaires, on peut dire qu'elle a exercé une forte influence sur leur parti pris de fermer leur coffre et de se croiser les bras. Croyant ou feignant de croire au peuplement rapide et toujours promis de l'Algérie, ces nouveaux *landlors* non résidents ont attendu et attendent la marée montante de l'émigration [1].

---

[1] Il s'était même fondé, dans cette attente, des sociétés commerciales de brocantage en participation pour l'acquisition de terres et d'immeubles, *leur revente* et leur exploitation.

A la tête de l'une de ces associations, fondée en 1831, et dont l'acte de dépôt fut reçu, le 14 janvier 1835, par M⁰ Guerlin, notaire à

Ils espèrent que le prix de leurs terres arrivera par la demande à une sorte de surenchère qui les enrichirait tout d'un coup ; mais l'immigration n'est pas venue, et si elle fût venue, elle se serait, je pense, montrée peu soucieuse de se faire rançonner par la spéculation, à titre d'achat ou de tenance : les terres ne manquent pas en Afrique, et l'État les donne pour rien.

Après ces enseignements divers tirés de l'état des propriétés et de la culture en Algérie, demandons quelques autres enseignements non moins importants à l'histoire des colonies en Amérique. Les uns et les autres nous serviront à juger la valeur de quelques projets de colonisation en travail d'enfantement.

J'ai dit ce qu'a été en Afrique le système de colonisation par le monopole de l'État. Je vais dire ce qu'a été en Amérique le système de colonisation par le monopole des compagnies.

Tout le monde sait en France de quels désastres furent suivis les essais de colonisation tentés par le ministère Choiseul, qui, dans le courant du siècle dernier, avait donné la Guyane française à l'entreprise. La savane du Kourou, en 1762, n'avait pas tellement recouvert les cadavres des douze mille Fran-

---

Alger, se trouvaient : un maréchal de France, un intendant et un sous-intendant militaires, un officier supérieur d'état-major, des négociants de Marseille et d'Alger, des agents comptables des subsistances de l'armée, etc. Tous ces personnages figuraient dans l'acte pour un ou plusieurs vingtièmes.

çais qui, en dix-huit mois, y moururent d'abandon et de désespoir jusqu'au dernier, qu'en 1840 je n'en aie retrouvé quelques ossements.

Un mot avant d'aller plus loin.

L'argument que l'on pourrait demander à la *Compagnie des Indes* en faveur du système des compagnies n'a rien à voir ici : la Compagnie anglaise commerce et ne colonise pas. La sage Angleterre avait profité de la leçon donnée par les États de l'Amérique du Nord ; elle n'a pas voulu recommencer l'expérience.

Que s'était-il donc passé dans l'Amérique septentrionale?

Voici d'abord la Louisiane. La trop fameuse compagnie du Mississipi la peupla de Suisses et d'Allemands, qui, presque tous, y moururent de chagrin et de misère. La compagnie, qui ne voulut pas en avoir le démenti, remplaça cette première émigration par le racolement de domestiques chassés de toute maison honnête, de banqueroutiers frauduleux, de débauchés, de fils de famille qu'il fallait soustraire à la justice, de tous les coquins, de toutes les filles dont elle put vider les prisons, les tavernes, les tripots et les mauvais lieux. La compagnie étant morte de délabrement en 1731, la Louisiane rendue à elle-même refit peu à peu ses mœurs et sa vie.

En 1584, le célèbre Walter Raleigh obtint d'Élisabeth, la *reine vierge*, le privilége de l'exploitation des contrées nouvellement découvertes au nord de l'Amérique. Il fonda une compagnie qui entreprit un établissement dans la Caroline. Après six années d'exploitation, l'établissement ne comptait que quinze cents habitants des deux sexes. Une seconde compagnie, croyant pouvoir mieux faire, se greffa sur celle-là, et ce que tous les efforts réunis purent obtenir, ce fut, en 1614, une population de *quatre cents* personnes.

En 1664, Charles II concéda l'État de New-York à son frère, qui devint Jacques II. Mais ce prince donna si peu de liberté civile et politique à ses colons, que ceux-ci allaient abandonner la colonie, quand il prévint leur délaissement par la constitution d'une assemblée chargée d'en régler les affaires. « *Toutefois, dit un historien, la prospérité de l'État fut lente, parce que Jacques II avait fait à certaines personnes des concessions si considérables, que ces personnes, qui voulaient vivre dans le faste sans rien faire, rétrocédaient la terre à des conditions fort dures et souvent inacceptables.* »

Il en fut de même dans le New-Jersey, que ce même Jacques II avait concédé à deux de ses favoris. Ceux-ci alors, comme tant d'autres en Afrique aujourd'hui, n'ayant nulle envie de cultiver par eux-mêmes, cédèrent leurs concessions à des spéculateurs, lesquels à leur tour les revendirent en détail. Le vrai cultivateur se voyant forcé, pour avoir des terres, de supporter la charge de toutes ces spéculations, finit par quitter la partie. En 1702, les spéculateurs, se voyant ruinés à leur tour, abandonnèrent leur privilége au gouvernement, qui distribua les terres à des conditions raisonnables, et la colonie se releva avec le travail et la terre affranchis.

La Caroline est peut-être l'exemple le plus remarquable du germe de mort que le double monopole de l'administration et de la terre développe dans tout établissement colonial.

La propriété de la Caroline fut donnée par Charles II à *huit seigneurs* qui voulaient l'exploiter à leur profit. Bien que l'illustre Locke eût consenti à leur rédiger une constitution, comme le monopole en faisait la base, le monopole tua la terre et le travail. Les choses allèrent à ce point, qu'en 1728 le parlement s'en émut, et fit rentrer de nouveau la Caroline à l'État. Alors, rendue à la liberté de la terre et du travail, la Caroline marcha rapidement vers la prospérité.

Il en fut ainsi dans la Géorgie. La colonisation y passa par les mêmes phases : monopole de quelques grands concessionnaires, rachat opéré par l'État, et retour à la vie par le retour au morcellement de la terre et à la liberté.

Ou les lois de la logique sont fausses, et l'histoire n'a pas d'enseignements, ou bien il faut appliquer à l'Algérie ces leçons tirées de temps et de pays divers. On peut donc, en matière de colonisation surtout, ériger en axiomes d'économie sociale les propositions suivantes :

Plus de grandes concessions!

Plus de monopoles de compagnies!

La terre à qui la cultive de ses mains et avec ses propres ressources!

Dès lors on est en droit d'affirmer que, dans les projets de colonisation qui reposeront sur des principes contraires, il n'y a aucune chance de succès ni de durée.

II.

Projets de colonisation par compagnies en Afrique. — Métayage. — Monopole du coton. — Engagés asiatiques. — Destinées plus hautes de l'Algérie. — Système du protectorat : clientèle et esclavage; recommandation et servage. — Affranchissement de l'élément humain. — Exploitation des découvertes de la science. — Drainage. — Machine-Barrat. — Arsenaux de la colonisation. — Le salut de l'Algérie est dans les aspirations vers l'avenir. — Rêve et réalité.

Enseigné par les destinées des colonies américaines aux derniers siècles, j'ai dit : *Plus de grandes concessions! Plus de monopoles de compagnies! La terre à qui la cultive de ses mains et avec ses propres ressources.* Hors de ces principes, ni succès ni durée.

Il arrive précisément que les grands projets de colonisation auxquels se livre en ce moment la spéculation algérienne, ont au contraire pour base les grandes concessions, le monopole des compagnies et une sorte de féodalisation de la terre avec redevances.

Voici une compagnie qui demande vingt mille hectares de terre dans la province d'Oran, et des meilleures, pour y fonder des espèces de phalanstères où, sous prétexte de créer de petits propriétaires en dix ans, elle pousserait, à titre de métayers congéables à volonté pour des causes dont elle sera juge, les familles de cultivateurs qui n'ont pas de terres en France. Quant aux artisans, dont pour chaque état le nombre est fixé par village, ils ne pourront s'y établir qu'avec le consentement formel de la compagnie : celui des métayers n'étant pas même demandé à titre de voix consultative.

Les auteurs de ce projet ne s'imaginent pas moins sincèrement, je veux le croire, constituer le travail affranchi sur une terre libre. Ils vantent même très-fort leur projet à ce point de vue; et ils ne s'aperçoivent pas que, sous le titre d'administrateurs de la compagnie, ils organisent quelque chose comme les *Huit seigneurs* de la Caroline, concédée par Charles II. Ils connaissent le climat d'Afrique, et cependant ils ne se disent pas que cette espèce de réméré de la terre par le travail, à échéance de dix années, ne peut tenter que les cultivateurs qui ne le connaissent pas. Ils ne se doutent pas qu'ils organisent tout simplement un *mont-de-piété* territorial; qu'ils retournent avec habileté la question du salaire pour le déguiser; que sous la condition de redevance du cinquième, je crois, ils le perçoivent à leur profit, et exploitent les métayers européens au même titre que les riches

Arabes exploitent leurs *khammas*. Ou je me trompe fort, ou les vrais et bons cultivateurs, salaire pour salaire, usure pour usure, aimeront mieux continuer à les subir en France que courir, pour si peu, les chances du climat algérien, qui rend très-problématique l'exercice du droit de propriété sur la terre après dix années de travail.

Voici une autre compagnie qui, formée au capital de quelque cinquantaine de millions, demandait tout simplement, de la province de Constantine à la province d'Oran, en passant à travers la province d'Alger, trois cent mille hectares des meilleures terres dans les plaines, au pied des montagnes, sur le littoral. Elle voulait exploiter en grand la culture du coton, au moyen de trois mille familles arabes, pour l'embrigadement desquelles elle réclamait le *concours* de l'État.

Sauf l'énormité de la concession, l'écrasement complet du travail européen et le racolement par spahis, il y avait une idée algérienne dans ce projet. Mais comme il faut que tout monopole, si habile qu'il soit dans une partie de son déguisement, se montre à nu dans une autre partie, afin que les moins clairvoyants ne s'y laissent pas tromper, la compagnie, pour se payer de l'honneur qu'elle faisait à la France en lui prenant trois cent mille hectares où elle daignerait s'enrichir, demandait très-nominativement, et avec des arguments à l'appui, le monopole du commerce du coton. Oh! mon Dieu, oui! ce que la concurrence de ses trois mille familles de *khammas* n'aurait pas tué, elle le prenait et faisait un devoir à l'État de ne pas le laisser prendre par d'autres.

Après avoir fourni les spahis pour contraindre les Arabes au travail, l'État aurait eu à fournir des douaniers pour veiller à la cueillette européenne. Défense aurait été faite de vendre une capsule, une balle de coton à d'autres qu'à la compagnie, et à un prix débattu, non pas avec le planteur, s'il vous plaît, mais avec l'administration, avec l'État! Oui, en toute vérité, cette compagnie proposait tout simplement à la France de lui céder l'Afrique pour y faire des colons un peuple de fellahs égyptiens dont elle aurait été le pacha! Et ces énormités ont couru! elles ont été imprimées sur magnifique papier! elles ont osé dire que l'État les patronait, qu'elles allaient aboutir! Et quand on pense que parmi ces égorgeurs de la liberté du travail et du commerce, il y avait d'anciens représentants de l'Algérie aux assemblées nationales, des industriels de grand renom qui avaient écrit : *La culture du coton doit être libre en Algérie!* O vertiges de l'intérêt! ô cécité de l'amour de l'or! ô inconsistance des esprits, voilà de vos œuvres! Et que vos déceptions ont dû être amères quand l'État vous a répondu : Non!

Les preuves du désarroi d'idées dans lequel sont tombés les spéculateurs de la terre, fatigués d'attendre les émigrants de France, n'auraient pas été complètes sans le troisième projet de colonisation qui a frappé ou frappe encore peut-être à la porte des ministres et de leurs bureaux. Après avoir menacé l'Algérie d'une toute petite reconstitution de seigneurs suzerains, du monopole du commerce et d'une organisation de fellahs d'Égypte, le système de colonisation par compagnies rêve le travail et le peuplement au moyen d'une transplantation de races asiatiques par navires français. Notre marine marchande n'irait plus faire la traite des nègres sur la côte de Guinée; elle irait faire la traite des cuivrés sur la côte de Coromandel; le tabac et le coton ne seraient plus cultivés par des esclaves à perpétuité comme à la Havane et dans les États du Sud de l'Union américaine, mais par des esclaves temporaires sous le nom d'engagés pour dix ans, plus ou moins. Il va sans dire que, pour première mise de fonds, l'État fournira toujours des concessions d'hectares par milliers. On espère beaucoup de cette transplantation des races d'Asie où les terres ne manquent pas et dont ces races ne font rien, sur les terres de l'Afrique, où le travail européen viendra quand on saura l'y faire venir, et où, en ajoutant les uns aux autres les hectares concédés, il ne trouverait plus guère où mettre la charrue.

Ces espérances de la compagnie asiatique se fondent sur les essais qui se font dans nos colonies où les esclaves ont été émancipés. Il serait sage d'attendre que l'essai fût un peu plus avancé pour en tirer avec certitude une conclusion. Je sais seulement qu'en 1840 j'arrivai à Demerara, au moment même ou une pareille tentative de travail par engagés chinois et malais avait eu des résultats dont les planteurs de la Guyane anglaise se félicitaient peu ; et le gouverneur, sir Lyons, se montrait assez embarrassé de cette population exotique qui lui restait sur les bras. D'ailleurs, le travail par engagés peut être une transition nécessaire entre le travail esclave et le travail libre dans les pays d'émancipation récente ; mais en terre française, sur une terre d'assimilation et de liberté, cette sorte de reconstitution d'un esclavage temporaire serait un anachronisme et une immoralité sociale. Trouvons-nous donc que nous n'avons pas assez à faire pour pousser les indigènes dans les voies de la civilisation, sans prendre encore la charge et la responsabilité de peuplades asiatiques ? A moins que pour les fondateurs de cette nouvelle exploitation de l'homme par l'homme et par le capital, le travailleur qui n'est ni blanc ni chrétien n'ait droit qu'au traitement des bêtes de somme : à la nourriture et au repos ! Mais quelques échecs qu'aient subis chez nous les idées de progrès social et de fraternité humaine, nous n'en sommes pas encore, je pense, revenus là.

Non, Dieu merci ! il y a à faire de l'Afrique autre chose qu'un tréteau du haut duquel les Fontanarose du charlatanisme colonial, battant la grosse caisse de la spéculation, racoleraient des hommes et des sacs d'écus pour exploiter à leur profit les uns et les autres, et, après avoir dévoré les seconds, abandonner ce que le travail et le climat auraient épargné dans les premiers. L'Algérie a été conquise aux premiers jours des recherches démocratiques sur la plus grande masse possible de bien-être et de liberté à donner aux hommes, pour d'autres destinées sociales que la perpétuité du salariat et du métayage, la reconstitution de la grande propriété et de la culture en gants jaunes et en bottes vernies, et l'organisation d'une Irlande française avec des landlords et le fermage progressif pour la dépeupler de tenanciers qui ne veulent pas mourir de faim ! Il y a à poursuivre en Afrique un autre but civilisateur que de la changer en un désert d'hommes sans liens ni esprit de sociabilité, machines inintelligentes montées pour le travail et pour la production, et qui n'auraient d'autre horizon et d'autre intérêt que leur passage dans ces champs de coton et de tabac où, sans y être nés, ils viendraient mourir.

Les peuples ne remontent pas plus les siècles que les fleuves leurs cours.

Si le patronage de l'État finit son temps, ce n'est pas pour que celui des compagnies commence le sien. Mieux vaudrait encore celui-là que celui-ci : l'État ne spécule pas, n'exploite pas ; les compagnies font plus que de spéculer et d'exploiter, elles pressurent.

Dans l'exploitation de l'homme par l'homme, il était toujours un moment où le serviteur et le maître pouvaient s'entendre, sympathiser ; l'un supplier, l'autre fléchir. Mais dans l'exploitation de l'homme par les compagnies, quelle pitié l'homme peut-il attendre ? Les compagnies ne sont ni des hommes, ni un homme; ce sont des chiffres, des lingots : les chiffres et les lingots n'ont pas d'entrailles.

Aussi, le développement final du patronage des compagnies est-il écrit d'avance dans le rôle que le protectorat a joué jusqu'ici dans l'histoire des sociétés : à Rome, la *clientèle* aboutit à l'esclavage; dans l'époque gallo-franque, la *recommandation* aboutit au servage féodal.

Pour que la Révolution soit le complément du christianisme, il faut que l'élément humain tout entier cesse d'être la base des spéculations tyranniques de l'argent. Le champ des entreprises en Algérie sera encore assez vaste; il aura, pour s'étendre, toutes les découvertes modernes de la science.

S'il est vrai, ce que je souhaite, que dans la situation présente de l'Algérie on trouve de grands capitaux qui veulent s'y risquer, voici quelques idées que j'offre aux recherches des spéculateurs. Il en peut sortir la formation de deux compagnies : — l'une pour le drainage, cet épuisement et cette épuration des eaux sous-jacentes, cet accroissement décuple de la production agricole : grande découverte à la propagation de laquelle le gouvernement anglais, qui n'intervient jamais dans les intérêts privés, a fait cependant une avance de deux cents millions; — l'autre, pour l'exploitation de la machine Barrat, solution du problème de la vapeur applicable à l'agriculture, qui, à une grande profondeur, pioche, extirpe, laboure, dont chaque pic et chaque soc fait en une heure l'œuvre d'un homme dans un jour; machine puissante qui, appliquée aux défrichements de la terre algérienne, suppléerait à l'insuffisance des bras et affranchirait les pionniers de la colonisation du tribut que la fièvre et la mort prélèvent sur les premiers fouilleurs des terres incultes.

Voilà certes des spéculations vraiment dignes de notre siècle, car elles se résument en ces deux termes : accroissement du capital d'argent par la fécondation et la plus-value du sol; économie du capital humain par l'assainissement du pays.

Enfin, la question des difficultés matérielles de la colonisation, qui n'a pu être résolue par l'État depuis vingt ans, pourrait l'être en quelques mois par une compagnie appelant à elle toutes les ressources dont aujourd'hui l'industrie dispose.

Il y aurait tout simplement à faire en Algérie ce que, dans son livre *Au Texas*, publié seulement pour ses amis, et dont il m'a été donné communication, M. Victor Considérant dit avoir rencontré à Cincinnati, « grande cité active et prospère comme tant de ces filles de l'Union américaine nées d'hier. » (Population, en 1800, 740; en 1850, 116,181.)

« A Cincinnati, dit-il, j'avais sous les yeux l'un des arsenaux de la colonisation intérieure. Comme une armée en campagne a sur ses bases d'opération ses grands dépôts de guerre, la conquête de la nature a organisé, en Amérique, ses entrepôts et ses magasins : *tout y est préparé et monté pour l'œuvre.* Les opérations que celle-ci comporte sont si pratiques et si communes, que tous les détails en sont prévus et toutes les nécessités pourvues. *La colonisation a passé, en Amérique, à l'état d'industrie courante ; son outillage, son établissement et sa mise en œuvre sont si bien déterminés, ses procédés si usuels,* qu'on peut dire *qu'elle s'y confectionne comme on fabrique dans les établissements* ad hoc, *des draps, des planches ou des chapeaux.* Les créations spontanées dont j'avais déjà vu de si grands espaces couverts; la transfiguration si prompte de tant de terrains naguère vierges et sauvages en cultures florissantes, en cités populeuses; la facilité avec laquelle se casent ces centaines de mille Européens dénués, jetés chaque année par l'émigration sur cette terre généreuse, qui absorbe le flot montant de notre misère comme une pluie fécondante, et la transforme si vite par le travail en aisance et en richesse; tous ces phénomènes particuliers à la formation sociale que j'étudiais m'avaient démontré, clair comme le jour, que si ailleurs le problème de la colonisation est souvent hérissé de grandes difficultés, la pratique l'a décidément résolu ici sans réplique. »

Que, par les soins d'une compagnie, Oran, Alger, Constantine deviennent, comme Cincinnati, autant d'arsenaux pour l'outillage, l'établissement et la mise en œuvre de la colonisation algérienne; que cette colonisation ne soit plus, comme dans l'Union américaine, qu'une industrie courante, et l'Algérie verra disparaître ces difficultés matérielles de premier établissement devant lesquelles hésitent et souvent reculent les plus fermes courages.

Pour ces compagnies, formées dans l'ordre d'exploitation que je viens d'indiquer, il y a certitude de bénéfices aussi bien que d'avenir progressif pour la colonie elle-même. Ces compagnies ont pour but en effet de pourvoir à une nécessité absolue, dont l'émission a toujours été dans les annales de la colonisation moderne la cause de la fin misérable de tant d'entreprises et d'immigrations. Cette nécessité s'appelle : *La préparation des terres, antérieure à toute installation des premiers essais de colonisateurs.*

Depuis que ces lignes ont été publiées, en 1854, dans *la Presse*, il a paru deux grands projets de travaux publics, qui, bien qu'à des degrés divers, répondent à quelques-unes de ces aspirations.

J'en ai donc fait dans les deux chapitres suivants l'objet d'une étude spéciale.

III.

Des travaux publics dans les pays de conquête. — Utilité politique et utilité sociale. — Projet administratif et militaire de 300 millions. — Ressources de l'impôt et de l'emprunt. — Fortifications, casernes. — Ports et phares. — Rade d'Alger. — Édifices publics. — Colonisation à l'entreprise. — Idées informes d'un chemin de fer. — Les capitalistes et l'Algérie.

Les travaux publics sont comme les racines des peuples. C'est par eux que, dans les pays de conquête, les vainqueurs témoignent de leur volonté de s'établir à demeure, qu'ils prennent pied, et que les vaincus, par les bienfaits de civilisation qu'ils en espèrent, acceptent franchement leur défaite. Jusque-là, si nombreuses et serrées que soient les mailles du réseau de l'occupation, les conquérants semblent n'habiter qu'un camp, toujours prêts à lever leurs tentes, et les subjugués, si résignés qu'ils soient, sentent, de loin en loin, dans un recoin obscur du cœur, quelques vagues retours d'un vieux levain d'indépendance.

Les travaux publics sont de deux sortes. Les uns, par leur forme, leur nature, leur appropriation, témoignent principalement de la grandeur, de la richesse, de la puissance, du génie et même des caprices d'un peuple. Dans cet ordre sont les édifices, les établissements, les constructions qui expriment et servent les intérêts de la collectivité politique et indivise représentés par l'État, et qui pourraient bien n'être jamais exécutés, si l'État ne les exécutait pas. C'est à leur création et entretien que le trésor public, rempli par l'emprunt ou par l'impôt, est chargé de pourvoir.

Dans le second ordre se trouvent les travaux mi-partis, qui touchent à la fois aux intérêts collectifs de la force qui administre et qui gouverne, et aux intérêts individuels de la force qui exploite et qui produit. Ils sont les voies et moyens qui créent, facilitent les échanges, les spéculations, les exploitations du commerce, de l'industrie, de l'agriculture; ils font rendre ainsi à un sol et à un peuple tout ce que la nature, la science, la civilisation leur ont donné de fécondité et d'intelligence. Plus particulièrement destinés au service des besoins sociaux, ils ont en général un caractère très-marqué d'indispensabilité. Si les premiers par leur nature de travaux de luxe, d'art, de vanité, d'éventualités politiques même, peuvent parfois attendre, et attendre longtemps sans compromettre l'État; les seconds bien souvent, pour un an, un mois, quelques jours de retard, peuvent porter dans le travail social une cause de stagnation, de souffrance, de recul et finalement de ruine. Aussi, les États abandonnent-ils volontiers ceux-ci à l'initiative et aux ressources des intérêts qui en doivent être le plus immédiatement servis; et il est reconnu aujourd'hui que leur exécution y gagne en économie et en célérité, sans rien perdre du côté de la solidité et du goût.

Il a été mis à jour deux projets de travaux publics qui démontrent clairement que l'Algérie française ne possède aucun des travaux qui pourraient se classer dans l'une ou l'autre de ces deux catégories. Le voulant ou non, ces sortes de statistiques de l'absence complète de travaux d'utilité politique et sociale donnent raison à ceux qui, jugeant comme moi la question algérienne du point de vue de la dépense d'argent et de temps, disent que vingt années, trois gouvernements, près de deux milliards, l'action incessante de l'État, ont suffi à peine pour jeter en Afrique, de ci, de là, un peu au hasard, quelques éléments informes de colonisation, et que ce qu'il peut y avoir de progrès appréciable dans cette société en formation où tout manque, est dû uniquement à la persévérante énergie des colons, la seule chose qui ne manque pas.

L'un de ces projets, le premier, sinon par sa date au moins par son étendue, la position officielle de son auteur et aussi le bruit qui en a été fait, embrasse un vaste ensemble de travaux qui tiennent aux deux catégories de travaux publics. Leur exécution devrait donc être simultanée pour donner satisfaction tout à la fois à la colonie et à l'État. On y sent la main d'un officier général de l'un de ces corps spéciaux de l'armée, où les esprits sont habitués à voir et à traiter les choses en grand, et surtout à compter avec les voies et moyens du haut de la richesse de ce beau trésor public de France où les millions se remuent à brassées. Aussi une sorte d'éblouissement a-t-il été causé en France par le grandiose de son ensemble et la multiplicité infinie de ses détails. Mais, hélas! le grandiose n'est pas toujours l'indispensable, ni le simultané le possible ; et il n'est pas toujours nécessaire de faire dépendre le relatif de l'absolu, la partie du tout, ni sage de négliger le bien qui est praticable aujourd'hui pour les miroitements du mieux, qui ne le sera peut-être pas demain. A courir après l'ombre, on laisse échapper la proie, et quand on se ravise, souvent la proie et l'ombre ont disparu ensemble. Il se pourrait donc bien que, les premiers émerveillements passés, la colonie et la métropole, par des raisons à la fois différentes et semblables, finissent par ne pouvoir, avec toutes sortes de regrets, accepter le projet que M. le général de Chabaud-Latour nous a envoyé du pays des mirages.

L'Algérie est en droit de lui reprocher d'avoir mêlé, lié l'une à l'autre, l'exécution des travaux d'utilité politique, de plus en plus contestable, et l'exécution des travaux d'utilité coloniale, de plus en plus démontrée; d'avoir ainsi fait dépendre ceux-ci de ceux-là en les englobant dans un même mouvement de fonds et en donnant aux uns et aux autres, contre toute évidence, un caractère égal d'indispensabilité.

La France, bien certainement, lui reprochera de la provoquer à des sacrifices nouveaux pour un pays auquel elle a déjà donné près de deux milliards du plus pur de son or, dont, par son projet même, M. de Chabaud-Latour démontre l'enfouissement stérile.

De mon côté, m'associant à ce que ces griefs de la colonie et de la métropole ont de trop fondé, je reprocherai au projet du général commandant le génie en Afrique, d'avoir persisté, malgré l'expérience de tant de fâcheux précédents, à se traîner dans l'ornière du vieux système de colonisation à forfait, avec l'initiative, l'argent et l'action de l'État.

Il suffira, est-il dit dans le projet de ces grandes créations, de trois cents millions pour leur faire face. Il suffira! non, trois cents millions ne suffiront pas; il en faudra le double, et cela de l'aveu même de M. de Chabaud-Latour, qui greffe un projet étranger sur le sien. Mais enfin, va pour trois cents millions. En tout temps c'est quelque chose; après deux ans d'une guerre aussi coûteuse que glorieuse, c'est beaucoup. Les demander à l'État, dans des temps ordinaires, c'est grave; dans des temps exceptionnels d'un épuisement récent, c'est risqué.

Où les prendre?

L'honorable auteur avoue lui-même qu'avec les ressources ordinaires du budget, la partie de son projet la plus importante pour la colonie, celle dont la colonie ne saurait plus guère attendre longtemps l'exécution, — les routes, pour tout dire, — ne serait terminée en territoire militaire que dans une période de cent quarante années.

Cent quarante années! dans un pays où, sur un total jugé nécessaire de 4,500 kilomètres de routes, on n'a pu, dans un quart de siècle, en construire que 500, praticables en toute saison! dans un pays où, faute de voies de communication, le pain, qui se paye 35 centimes à Sétif, coûte 70 centimes à Constantine! où la mesure d'orge qui vaut de 3 à 4 francs à Tenied-el-Haad, vaut de 13 à 15 francs à Alger! où enfin, de l'aveu même de l'auteur du projet, les transports de grains en 1853 sur un seul tracé de route, d'Orléansville à Tenez, ont coûté au commerce 300,000 francs de plus que si la route avait été terminée!

Est-ce que la prolongation d'un pareil état de choses durant cent quarante années encore, n'équivaudrait pas à la condamnation à mort de l'agriculture et du commerce?

Il faudrait donc voter des crédits extraordinaires. C'est une augmentation au budget; et grever le budget c'est accroître l'impôt. Le gouvernement le voudrait-il pour des travaux dont la majeure partie est d'une utilité très-contestable, alors qu'il s'y est refusé pour les nécessités urgentes de notre guerre de civilisation, qui avait droit cependant à tous nos efforts?

Reste donc un emprunt. Là est, en effet, l'espérance du projet de M. de Chabaud-Latour. L'honorable commandant supérieur du génie en Algérie, on le voit bien, a été fasciné par la rapidité avec laquelle, au moment où il écrivait, les emprunts pour la guerre de Crimée étaient souscrits coup sur coup et dépassés de deux milliards.

Mais ces deux milliards, devenus inutiles pour le service de notre gloire, répondraient-ils à l'appel qui leur serait fait pour le service de l'Algérie, qui a dévoré 1,800 millions, sans que, d'après le nombre des *desiderata* inscrits au projet en question, rien de sérieux, de solide, de profitable au développement colonial ait été mis sur pied ; pour une nature de travaux qui en France se suffisent à cette heure, et qui se suffiront aussi en Afrique le jour où, pour la colonie comme pour la métropole, il aura été déclaré que dans les grands travaux publics il y a deux parts, dont l'une revient aux capitaux associés de l'industrie et de la finance?

Si l'Algérie ne compte que sur un pareil emprunt, j'estime qu'elle court la chance de continuer à être dépourvue, comme elle l'est, de la plus minime portion des travaux d'utilité publique, à la création desquels est attaché son avenir tout entier, sans lesquels elle se traîne et, malgré le galvanisme voltaïque de l'empirisme administratif, elle s'arrêtera.

La France aurait la volonté et le pouvoir d'ajouter des sacrifices nouveaux aux sacrifices qu'elle s'est imposés déjà pour l'Algérie, que le projet de M. de Chabaud-Latour me semblerait ne devoir être accepté que sous bénéfice d'inventaire.

Ainsi, par exemple, dans la part de travaux qui est toujours à la charge de l'État, se trouve portée une somme de 50 millions pour fortifications, casernes, arsenaux, magasins à poudre et autres créations militaires. N'est-ce pas un peu trop prolonger les soucis de l'ère de la conquête, qui est close, dans l'ère de la colonisation, qui est ouverte? Ce n'est, ce me semble, malgré tout le mal qu'on peut se donner pour cela, ni de soulèvements, ni de razzias, ni de proclamations quelconques d'une guerre sainte, ni des terreurs de la population européenne, même quand l'effectif de l'armée d'occupation s'en allait tout entier en Crimée, que chaque paquebot nous apporte aujourd'hui la nouvelle. Si, à l'est ou à l'ouest, par delà les montagnes des deux Kabylies, aux frontières du désert, il y a quelque Bou-Bagla qui entraîne après lui quelques imbéciles de la tente ou du gourbi, il suffit, pour en avoir raison, de quelques habitants raisonnables du gourbi et de la tente, accourus à la voix de quelque sous-lieutenant de notre armée. Et en 1855, après une attaque dans les montagnes de la Grande-Kabylie qui a failli coûter fort cher sans avoir donné un seul résultat proportionnel aux risques, le gouverneur par intérim, aujourd'hui maréchal Pélissier, à la suite de la prise de Tougourth, presque sans coup férir, ne nous a-t-il pas appris que l'embargo mis sur le commerce et les transactions de l'une des plus puissantes tribus des Kabyles de l'est étaient des armes bien autrement concluantes pour ces populations industrieuses, avides de douros, que nos canons et nos fusils, contre lesquels ils aimaient tant, par fantasia bravache, à faire parler leur poudre tapageuse et puante?

Élever des fortifications, des arsenaux, des magasins à poudre au cœur d'un pays ainsi réduit, et dont, par les intérêts de lucre, on peut si aisément trouver le train! construire des casernes juste au moment où il a été incontestablement démontré que l'on pouvait réduire des deux tiers au moins l'armée d'occupation!... En vérité, je ne dis pas qu'on y doive absolument renoncer, mais je dis que le moment est assez mal choisi, et qu'il n'y a nul péril à attendre. D'ailleurs ne serait-il pas bon de se demander auparavant ce que, même durant la guerre, sont devenues en Algérie tant de fortifications et de casernes comme celles qui, au camp du Fondouck, près d'Alger, et au camp du Figuier, près d'Oran, ont englouti des centaines de mille francs? Voilà bien des années que leurs toits effondrés, leurs murs lézardés, leurs solives pourries ne peuvent plus abriter même les hirondelles en été, les cigognes en hiver.

Le projet se rapproche davantage des besoins réels et immédiats de la colonie dans le chapitre des ports, phares et canaux. Il leur est consacré une somme de 100 millions.

L'Algérie, en effet, ne possède qu'un port digne d'être appelé un port, c'est celui d'Alger, au centre du littoral africain, créé de toutes pièces par la France, et qui s'achève, mais lentement, trop lentement : l'avenir auquel il doit pourvoir est allé plus vite que lui.

Dans l'ouest, Arzew et Mers-el-Kébir, en certaines saisons et par certains vents, sont des ports où souvent l'embarquement et le débarquement sont impossibles. Cherchell, Tenez et Mostaganem ne sont que de mauvaises rades, d'où souvent les navires s'échappent en toute hâte, aimant mieux tenir la haute mer.

Dans l'est, il en est de même pour Dellys, Gigelly et Stora, dont on a longtemps et laborieusement rêvé de faire comme un faubourg maritime de Constantine; une sorte de port d'un Rouen africain, moins la Seine, et un chemin pour le relier au chef-lieu. Bougie et Bône sont des ports que la nature avait creusés, mais que, faute de travaux d'art, la nature, qui demande à être aidée, comble de plus en plus chaque jour.

Comme on voit, le littoral algérien mérite encore

de nos jours son antique réputation d'atterrissement inhospitalier. Ce ne serait donc pas trop, en effet, de 100 millions pour le rendre digne de l'occupation française. Mais j'affirme que, pour le moment, on pourrait borner les travaux aux ports naturels d'Arzew à l'ouest et de Bône à l'est, l'un recevant les produits de la province d'Oran, et l'autre les richesses de la fertile province de Constantine.

Quant à la grande rade ouverte en avant du port d'Alger, dont les travaux sont évalués à 44 millions, ils pourraient, dit le projet Chabaud-Latour, être ajournés à un très-long avenir. Oh! pour cela, non, je proteste; je proteste avec la colonie, avec la métropole, avec la marine militaire, avec la marine marchande, avec tous les intérêts d'avenir algériens et français que doit ouvrir le percement de l'isthme de Suez..... Aveugle qui ne voit pas cela! Tant que la rade d'Alger ne sera pas défendue, les millions jetés dans les fortifications du chef-lieu de notre colonie auront été dépensés en pure perte; tant que la rade d'Alger ne sera point abritée, la France doit s'attendre à voir l'Algérie demeurer en dehors de ce grand mouvement commercial de la Méditerranée, dont elle est par sa position même destinée à devenir un centre florissant.

A la part que ce projet s'est faite on reconnaît son origine toute militaire; à la part non moins large qu'il a faite aux services publics on reconnaît son origine administrative. On dirait d'un appel à une levée en masse de l'administration pour venir en aide à ce projet de 300 millions, dont chacun aura sa part. Gouverneur, marine, justice, instruction publique, douanes, gendarmerie, y figurent pour trente millions. — Messieurs du clergé, poussez ce projet, il vous donne douze millions pour des églises!

Il me semble bien un peu cependant que M. le gouverneur a palais et maison mauresque à la ville et aux champs; que gendarmes et douaniers ont leurs casernes, et que la marine a son amirauté; la magistrature, que je sache, ne rend pas la justice sous un palmier, faute de salles d'audience; les chrétiens ne sont pas réduits à adorer Dieu en plein air comme les musulmans. Et puis, y pense-t-on bien? Douze millions d'églises nouvelles dans un pays où il n'y a pas encore au delà de cent mille catholiques! Alger a aussi son lycée, sa préfecture, et que sais-je encore? Tout cela, objecte-t-on, n'est ni approprié, ni digne, ni monumental. C'est possible; mais en bonne économie, le beau et le grand ne devraient passer qu'après l'utile; les administrateurs ne venir qu'après les administrés, de peur qu'on ait de ceux-là plus que de ceux-ci; et avant d'introduire dans un pays les apparences de la richesse, ne serait-il pas mieux de lui procurer, ou plutôt de l'aider à se donner lui-même les réalités de l'existence? Franchement la France et l'Algérie sont en droit de dire à cette partie du projet : Repassez dans vingt ans.

Elles n'en diront pas autant, j'en conviens, à une

partie des cinquante millions demandés pour la principale, la véritable pierre d'attente de l'établissement colonial. Mais la France et l'Algérie regretteront que la moitié au moins de cette somme soit affectée, par le projet, à la continuation obstinée d'entreprises qui ont échoué déjà, ou qui sont mal venues, et à la création de travaux auxquels on a trop tardé de mettre la main.

Est-ce bien sérieusement qu'on peut aujourd'hui demander vingt ou trente millions pour creuser encore davantage cette vieille ornière de la colonisation par l'État, où plus de quarante millions ont déjà disparu, sous les couches superposées de plus de vingt mille émigrants? La façon de cette colonisation a coûté trop cher; et les souvenirs des grandes émigrations de 1846 et de 1848 se dressent à jamais pour en repousser les nouveaux essais.

Quant à la colonisation par entreprise, avec racolement de bétail humain pour assiette d'exploitation, son bilan a été dressé dans ces paroles du tableau officiel des établissements en Algérie de 1846 à 1849 : *En somme, la colonisation par entreprise n'a pas produit les résultats qu'on en attendait.* Je me crois en droit d'affirmer qu'à cette heure, en 1856, malgré le bruit qui en a été fait et dont je soupçonne qu'on est fort revenu, les espérances fondées sur certaine compagnie à laquelle toute faveur a été accordée, n'ont apporté aucun changement à cet arrêt officiel. Les premiers émigrants, et ils n'ont pas été suivis de beaucoup d'autres, *n'ont pu jusqu'ici faire que du jardinage et louer leurs lots de terrain aux Arabes.*

Louer leurs lots de terrain aux Arabes ? Pour un tel résultat, valait-il donc la peine d'exproprier les indigènes et d'appauvrir le domaine ? L'expropriation n'est légitime en Algérie que si elle est pour cause de culture. Mais enlever à ceux qui auraient cultivé par eux-mêmes pour donner à ceux qui ne cultivent que par fermiers, en vérité, le domaine aurait suffi, et avec bénéfice pour l'État, à céder à bail aux indigènes des terres dont il leur a dénié et pris la propriété.

En revanche, on ne saurait trop approuver la part faite dans ces cinquante millions aux travaux de barrages, d'irrigations, de desséchements, de voies secondaires de communication qui féconderaient, dessécheraient, assainiraient le sol et contribueraient à établir l'égalisation dans la quantité et dans le prix des subsistances. C'est dans l'emploi de cette somme, ainsi que dans celui des 70 millions demandés pour un développement de 4,500 kilomètres de routes carrossables et empierrées, que se trouve le côté sérieux, pratique et véritablement colonial du projet dont, je dois le dire, pour ce côté du moins, l'initiative n'appartient pas à M. le commandant supérieur du génie d'Alger.

Aussi en fait-il bon marché. Ces routes, dont les études sont complètes, terminées, dont les plans et devis sont dressés et approuvés, qui même ont des tronçons commencés et où, par conséquent, il y a des millions dépensés, le projet les trouve subitement d'une civilisation trop arriérée, d'une efficacité trop mesquine; il les immole en holocauste et sans sourciller sur les autels de nouveaux dieux. Il a entendu sur tous les points du continent européen le vigoureux coup de sifflet des locomotives courant sur les rails; et comme, dans des heures de mirages lointains, quelques Algériens inoccupés ont jeté en avant quelques vagues et informes idées de chemin de fer à vol d'oiseau en Afrique, M. de Chabaud-Latour lance ses aspirations brillantes vers ces nuages d'un rêve. Mais si le fantaisiste s'évertue à leur donner un corps, le savant, ramené au positivisme, ne tarde pas à les dissiper. C'est en effet lui qui nous apprend que : « Les études du Grand-Central algérien sont *très-som-* » *maires;* qu'il serait à désirer que le gouvernement » donnât une mission spéciale à quelque ingénieur » pour faire des études approfondies, et qu'à cet effet » un crédit spécial fût ouvert au budget (encore » l'État); et qu'enfin, sur le prix de revient, les au- » teurs se sont trompés de 100,000 francs par kilo- » mètre : soit une erreur de 100 millions pour tout le » parcours. » 100 millions! rien que cela!

Quoi qu'il en soit de ces rêves, dont les réalisations, fondées sur des erreurs de 100 millions, sont par delà deux ou trois horizons visibles du ciel algérien, leurs auteurs et leurs adhérents se font complétement illusion sur le concours qui, *en vue d'un minimum d'intérêt* garanti par l'État, leur serait prêté par *les capitalistes les plus sérieux de France*. D'abord le temps des garanties de minimum d'intérêt est passé ; il faut en prendre son parti ; ensuite, voici le langage que, hier encore, tenaient, à qui leur parlait de l'Algérie, les capitalistes les plus sérieux de France, les hommes placés à la tête de ce grand mouvement de capitaux qui enfante les prodiges de la circulation :

— « En ce moment, et de bien longtemps peut-être, il n'y aura rien à faire pour nous en Algérie. Que l'Algérie nous apporte son certificat de vie signé par elle-même et non par son administration ; qu'elle fasse enfin de la grande culture, de l'agriculture, et non du jardinage et de l'horticulture pour des expositions permanentes ou universelles, et nous verrons alors. »

Mais de ce que l'État, ni par l'emprunt ni par l'impôt, ne peut jeter en Algérie trois cents nouveaux millions à un anachronisme de fortifications et d'engins de guerre, ni à un luxe un peu surfait d'édifices publics, ni à un gigantesque ensemble de constructions maritimes, ni à un vaste réseau de 4,500 kilomètres de routes ; de ce que, pour des raisons tirées soit de la situation du travail, soit de l'éparpillement des centres de population, soit d'une foule d'autres causes nées du monopole administratif et financier, les capitalistes de France prennent leurs plus grands airs quand on leur parle de 300 millions d'argent à convertir en 1,500 kilomètres de rails de fer, ce n'est pas une raison péremptoire pour que l'Algérie, qui n'est point responsable du mauvais emploi de plus de vingt années et de près de deux milliards, soit déshéritée plus longtemps de sa part légitime, praticable, nécessaire d'entreprises, de travaux, de créations, d'établissements sans lesquels, il n'y a qu'une voix pour le dire, son fécondant soleil, ses eaux abondantes, ses plaines fertiles, ses riches vallées, ses cultures variées, et, par-dessus tout, l'énergie persévérante de ses colons, ne seraient plus avant peu que des présents maudits, des forces perdues, des causes de misère et de ruine, en pleine surexcitation de travail et de surabondance de produits.

Mais si l'Algérie ne peut pas attendre, si l'État ne doit plus faire, si les grands capitalistes de France refusent de s'en mêler, qui donc fera, et dans quelle mesure, et à quelles conditions, et dans quel espace de temps?

C'est à cette situation extrême que répond le projet qui fait l'objet du chapitre suivant.

IV.

Projet Saint-Lager, Émile Robert et Cie. — Son empreinte algérienne. — Pierres de l'angle et pierres d'attente de la prospérité coloniale. — De la viabilité en Algérie. — Entreprise de 1,380 kilomètres de routes. — Service de roulage et de messagerie. — Amélioration des ports d'Arzew et de Bône. — Docks, entrepôts, caravansérails, etc. — Aménagement des eaux dans la vallée du Chélif. — Moulins et usines à meunerie. — Marché aux grains et aux farines de l'Occident. — Ensemble des réalisations algériennes.

Le projet dont je m'occupe ici me semble être le certificat de vie signé par la colonie elle-même dont, pour aviser, les grands capitalistes de France demandent l'exhibition.

Au mois d'octobre 1853, l'un des auteurs recevait des bureaux de la guerre le récépissé suivant :

« *A M. Juillet Saint-Lager, l'un des gérants*
» *de la Caisse du commerce algérien.*

» Monsieur, je vous informe que la note que vous
» m'avez adressée au sujet de l'ouverture d'une route
» d'Oran à Blidah, avec embranchement sur Cher-
» chell, Orléansville, Tenez, etc., combinée avec
» l'établissement d'un roulage et d'un service jour-
» nalier de messageries, des dépêches, des transports

» de la guerre et des administrations civiles, a été
» transmise à M. le gouverneur général avec invita-
» tion de l'examiner et de vous faire connaître direc-
» tement la suite dont ce projet complexe lui paraî-
» trait susceptible.

» Recevez, Monsieur, etc.

» Le conseiller d'État, général de division,
» directeur des affaires étrangères,

» L. Daumas. »

Il en fut de ce projet de viabilité comme du projet d'assainissement et de canalisation dans la Mitidja, dont j'ai conté la mésaventure; il échoua comme lui à l'un des nombreux cartons des nombreuses étapes administratives. Présenté de nouveau avec de notables modifications dans un mémoire imprimé, déposé aux bureaux de la guerre en septembre 1854, il ne fut pas plus heureux, et très-probablement il ne servit qu'à fournir un des détails du vaste ensemble publié trois mois après, en décembre, par M. de Chabaud-Latour.

Du reste, la question de priorité n'est ici qu'une question très-secondaire, et je n'en aurais point parlé, si ce n'eût été une preuve de plus de ce que deviennent en Algérie tous les projets qui ne sont pas d'initiative administrative. Dans ce pays, à cette vieille maxime : *Périssent les colonies plutôt qu'un principe,* bien des gens semblent avoir donné pour variante celle-ci : *Périsse la colonie algérienne plutôt que de vivre par d'autres que par nous.* Dans ce pays, on ne s'est point toujours borné à ne pas faire ; on a souvent travaillé à empêcher de faire.

Quoi qu'il en soit, le projet Saint-Lager et Cie se ressent de son origine, comme le projet Chabaud-Latour se ressent de la sienne. Celui-ci porte fortement empreint son cachet administratif et militaire ; à celui-là on retrouve à chaque ligne son empreinte algérienne et financière. Algériens, ou ayant vécu en Algérie, et la sachant bien, les auteurs ne vont pas à tâtons ; ils mettent du premier coup la main aux endroits où l'Algérie souffre et par où sa vie menace de s'échapper. Hommes d'initiative, ils se jettent bravement hors des sentiers battus par la routine, et ne demandent pas des siècles ou des quarts de siècle pour des ouvrages qui, rondement conduits, peuvent être terminés en trois années. Deux d'entre eux, esprits positifs et financiers habiles, accoutumés à juger d'un coup d'œil le quotient des choses et à travailler avec les capitaux associés de l'industrie, n'ont aucune part à faire aux hasards et à la fantaisie. Il n'est donc pas un seul des articles de leur projet qui ne concoure à former un ensemble puissant d'indispensabilité pratique et d'exécution immédiate. Sans doute, et ils n'en affichent pas la prétention, ils ne disent point qu'après eux il n'y aura plus rien à faire ; mais ils disent avec raison que la part dont ils prennent la charge doit être exécutée sur l'heure, sous peine d'atonie et même de mort coloniale. Ils disent qu'ils ouvrent à la colonisation, et pour la plus grande exonération du trésor public de la métropole, une voie nouvelle, nécessaire, dans laquelle d'autres les suivront; et qu'enfin, dans la mesure de leurs réalisations, se trouvent la pierre de l'angle du salut présent, et les pierres d'attente de la prospérité future de l'établissement algérien.

Les progrès des peuples, disent-ils, se mesurent à la facilité et à l'étendue de leurs voies de communication. Soit dans la paix, soit dans la guerre, en effet, les routes font le rayonnement continu à tous les points du territoire des deux forces par lesquelles toute société se manifeste : la force indivise qui s'appelle l'État, la force individuelle qui s'appelle le travail.

Voici pourtant que pour relier entre elles les trois provinces dont elle se compose, pour y faire sentir l'unité du gouvernement, l'Algérie n'a que la voie de mer, la mer souvent mauvaise sur ses côtes.

A l'intérieur, pour assurer dans chacune de ses trois provinces la mainmise du pouvoir sur les populations groupées aux flancs des montagnes, enfoncées dans les replis des vallées, disséminées dans les broussailles, les marais et les plaines; pour rattacher les circonférences au centre, le centre au littoral; pour servir sur tous les points de la colonie les grands intérêts du commerce, de l'industrie, de l'exploitation des mines, des forêts, des carrières, l'Algérie ne possède qu'environ 500 kilomètres de routes réellement achevées, praticables en tout temps. Sur tout le reste, quand vient l'hivernage, la circulation des voitures est interdite par l'administration.

Je me souviens, en effet, d'avoir lu sur les murs d'Alger et à la porte des mairies des villages environnants l'affiche suivante :

« Avis administratif. — Empire français. Préfec-
» ture du département d'Alger. — Avis. Le préfet du
» département d'Alger a l'honneur d'informer ses ad-
» ministrés que, en vertu des instructions que M. le
» gouverneur général donnait l'an dernier, à pareille
» époque, M. le général commandant la division
» d'Alger a décidé que les routes ci-après désignées
» seront interdites, sur le territoire militaire, pendant
» la mauvaise saison, à la circulation des voitures,
» et que cette interdiction commencera le 25 du pré-
» sent mois de décembre ;
» Savoir : 1° routes d'Alger à Dellys (moins la partie
» comprise entre Dellys et le village de Ben-Michaud),
» et d'Alger à Tiziouzou et Dra-el-Mezan ; 2° route
» d'Alger à Aumale ; 3° route d'Aumale à Bourdj-
» Bouira et aux Beni-Mansour ; 4° route de Médéah à
» Boghar, à partir du Damiette ; 5° route de Milianah
» à Blidah par la Bourkika ; 6° route d'Orléansville à
» Tenez ; 7° route de Cherchell à Milianah.
» *Le préfet croit devoir engager le commerce à hâter*
» *de faire arriver, d'ici au terme ci-dessus fixé, les*

» *objets qu'il aurait à expédier sur les différentes places*
» *de l'intérieur,* et dont le transport ne pourrait se
» faire par voitures.

» Le préfet, Lautour Mezeray. »

» Alger, le 10 décembre 1853.

Eh bien, sur les 4,500 kilomètres de routes qui figurent dans le *projet administratif,* et dont les plans sont tracés et les devis dressés, les auteurs du *projet algérien* s'engagent à ouvrir et achever à l'état d'entretien, carrossables et empierrés, les 1,380 kilomètres qui, par une grande artère, relient entre elles les trois provinces d'Alger, d'Oran, de Constantine, et qui, dans ces trois provinces, mettent en communication entre elles et avec le littoral les centres de population que voici : Blidah, Milianah, Cherchell, Orléansville, Tenez, Bel-Assel, Relizan, Mostaganem, Arzew, et sur la route d'Alger à Bône, Aumale, Sétif, Bougie, Guelma, Constantine. Ces travaux, dit le projet, seront exécutés en deux années, et, conformément aux tracés et projets adoptés par l'administration, il leur serait consacré la somme de 27 millions 600,000 francs.

Afin que la viabilité soit créée tout entière et d'un seul coup, les auteurs du projet de la *Compagnie générale de l'Algérie* veulent employer 4 millions 700,000 francs à l'établissement et achalandage d'un service régulier de roulage, et d'un service quotidien de messageries sur tout le parcours des routes exécutées, avec relais, hôtelleries, caravansérails, toutes choses dont l'absence donne à l'Algérie les apparences et aussi les réalités d'un pays où la civilisation n'a pas encore mis les pieds.

Les ports commodes et abrités, dit encore le projet algérien, sont les grandes attractions du commerce maritime : bien des villes aujourd'hui florissantes n'ont pas dû à une autre cause, dès leur origine, la rapidité de leur accroissement et leur prospérité.

Cependant sur deux cent cinquante lieues de côtes peu hospitalières dans certaines saisons et par certains vents, l'Algérie ne possède guère que le port d'Alger. Eh bien, sur le nombre de ports et de rades que les travaux d'art peuvent améliorer, il en est deux dont, en leur consacrant une somme de 9 millions 200,000 francs, les auteurs du projet se chargent de faire en deux années les entrepôts des produits de la province d'Oran et de la province de Constantine. C'est le port d'Arzew à l'ouest et de Bône à l'est.

L'Algérie ne possède non plus dans aucune de ses villes maritimes, pas même à Alger, un seul des grands établissements qui sont les réservoirs et les versants de la production et du commerce, qui en sollicitent et en favorisent les spéculations et les approvisionnements. Le projet algérien répartit, en deux années aussi, une somme de 2,700,000 francs dans la construction de docks et d'entrepôts à Bône, à Arzew, à Alger.

Dans tous les temps la fortune de l'Afrique septentrionale a eu pour assiette principale l'agriculture, qui en avait fait la nourricière du monde romain; mais en Afrique, comme en tout pays, l'agriculture n'a été et ne peut être florissante qu'à la condition d'un bon aménagement des eaux.

Cependant sur cette terre d'Afrique où abondent les cours d'eau et les sources, où malheureusement aussi abondent les terres sèches et brûlées, et sur laquelle sont passés tant de siècles de dévastation et de barbarie, il n'a pas encore été dressé ni creusé, depuis la conquête de la civilisation, un seul de ces travaux d'irrigation qui, par l'emmagasinement et la répartition des eaux, assainissent le sol, augmentent les produits et la valeur des terres, et diminuent les tables de la mortalité.

Dix millions de francs, dit le projet Saint-Lager, Émile Robert et Cie, seront mis au plein cœur de l'une des plus vastes et des plus belles vallées de l'Algérie, dans la construction de barrages et de canaux sur le Chélif et ses nombreux affluents.

Comme les précédents, ces travaux seraient exécutés en deux années.

Enfin, — et ici se trouvent des modifications importantes que, depuis la publicité qui lui avait été donnée, ce projet a reçues d'une main amie, et dont avis a été donné, en avril 1855, par l'envoi aux bureaux de la guerre d'un appendice au mémoire de 1854; — enfin, dans la portion de l'Algérie où les cultures européennes et indigènes sont juxtaposées, les premières ne produisent guère que 6 à 700,000 hectolitres de graines farineuses de tout genre : blé, seigle, fèves, orge et maïs; les secondes n'en produisent que 980,000 à 1 million. Cette production ne suffirait pas aux besoins alimentaires des cent vingt mille Européens établis en Algérie, et des deux millions cinq cent mille indigènes dont un cinquième au moins, les tribus du Sahara, consomme des céréales sans en produire. L'Algérie, cependant, après avoir comblé ce déficit, exporte de 8 à 900,000 hectolitres de blé. D'où tire-t-elle cet excédant de ses besoins? De la zone algérienne occupée par les indigènes seuls. C'est donc dans cette zone que réside la véritable puissance nourricière de l'Algérie; c'est donc là qu'il faut aller établir le marché aux grains et aux farines de la France et de l'Europe.

Il n'est personne aujourd'hui qui, voyant que depuis 1848 la production indigène s'est accrue sur une ligne parallèle à celle de la pacification et des marchés ouverts, ne soit convaincu que sur cette terre arable de 18 millions d'hectares, la production, quand la France le voudra, puisse être au moins quintuplée. Quant à moi, j'affirme hautement que depuis la découverte des procédés de meunerie par lesquels le savant M. Millon, pharmacien en chef de l'armée à Alger, donne à la farine des blés durs indigènes toutes les qualités de la farine des blés tendres d'Europe, la production indigène doit entrer pour un tiers au moins dans les treize millions d'hectolitres que, selon un économiste célèbre (M. Michel Chevalier), l'Europe occidentale et centrale se peut à peine procurer sur le marché général du monde à des prix qui répondent à la cote moyenne de nos mercuriales.

Que faut-il pour que l'Algérie, aux mains de la France, devienne encore la mamelle nourricière de l'occident européen, et laisse bien loin les deux millions de médimnes de blé que César, à son retour d'Afrique, se vantait de retirer pour le peuple romain du royaume de Juba, l'Algérie d'aujourd'hui ?

Il faut que, dans les trois provinces, des moulins et des usines à meunerie soient établis sur les principaux cours d'eau, et dans les lieux les plus propres à favoriser tout à la fois l'agriculture et le commerce, le producteur et l'acquéreur, l'envoi à l'usine et le transport au littoral. Quand l'indigène verra tout grands ouverts, près de lui, les marchés aux grains et aux farines, où il pourra, sans trop courir, recevoir à ses heures, selon son humeur et ses besoins, le prix comptant de tout ce qu'il pourra produire, oh ! l'indigène alors sera surexcité à produire pour les remplir. Cela est dans sa nature, parce qu'en les remplissant, il s'enrichira.

C'est à la création de ces moulins et usines à meunerie sur les points les plus convenables de tout le Tell algérien, que le projet modifié de la compagnie générale de l'Algérie destine une somme de deux millions de francs. Et si les bureaux se fussent occupés du projet, cette réalisation n'eût été renvoyée ni à deux ans, ni à un an; elle aurait eu lieu tout de suite, et elle fonctionnerait en la présente année 1856.

Il faut en dire autant de la partie suivante du projet.

Peuplée à peine par cent vingt mille Européens, dont trente mille tout au plus sont adonnés aux travaux des champs; n'ayant en cultures européennes que 50,000 hectares environ, alors que l'État en possède six millions qui attendent le travail; perdant annuellement, faute de bras au temps de la moisson, un tiers au moins de la récolte sur pied, et, sur la récolte levée, 20 à 25 p. 0/0, par suite des systèmes vicieux de battage, l'Algérie française n'a pas encore songé à triompher des causes principales de son dépeuplement, qui sont dans les difficultés et les périls du défrichement et de l'appropriation des terres. Ni pour elle, ni pour l'Algérie indigène elle n'a su ou pu appeler en aide aux travaux et aux rendements de l'agriculture les découvertes modernes de la science, appliquées au défrichement et à l'appropriation du sol, au sciage et au battage des récoltes.

Eh bien, dit le projet algérien modifié, puisque les pionniers se découragent et succombent aux périls des défrichements; puisque les semailles doivent être calculées sur la quantité de bras qu'il y aura sur le terrain aux jours de la récolte; puisque le battage par fléaux, les gaules, les pieds des chevaux et des bœufs disperse, broie et perd un tiers des grains, la compagnie générale de l'Algérie consacrera une somme d'environ huit cent mille francs à l'introduction en Afrique, — pour remplacer tous les bras de chair qui manquent, succombent ou travaillent mal, — de ces bras de fer, de ces machines qui défrichent, piochent, labourent, moissonnent, battent, et font chacune la besogne de cent hommes par jour.

Il n'est nul besoin d'être au courant des affaires d'Afrique pour apprécier du premier coup d'œil les résultats immédiats et d'avenir qui sont au fond des réalisations de ce projet tout algérien, pour la métropole, pour la colonie, pour l'État, pour l'Europe occidentale elle-même.

Qui donc ne reconnaîtra que dans la création de la viabilité sur un parcours de 1,380 kilomètres à travers les trois provinces d'Alger, d'Oran et de Constantine, il y a toute une rénovation pour le travail des terres, pour les échanges du commerce, pour les spéculations de l'industrie, pour les exploitations des richesses qui sont à la surface et dans les entrailles du sol; pour la centralisation et l'unité du pouvoir; pour la pacification de tous les intérêts, de toutes les races, et pour leur marche ascendante, par infiltrations rapides et sûres, vers une grande et puissante assimilation de l'Algérie avec la France?

Dans ces eaux aménagées, dans ces terres tour à tour desséchées et irriguées, qui ne voit cet assainissement du climat et du sol par lequel la terre d'Afrique doit être relevée de toutes les réalités du péril et de toutes les exagérations de la peur?

Dans ces deux ports, améliorés à l'est et à l'ouest, dans ces docks et ces entrepôts élevés au sein des villes maritimes, n'y a-t-il pas le développement chaque jour stimulé de la navigation et du commerce, par conséquent accroissement par l'importation et par l'exportation des revenus du Trésor public?

Dans ces terres défrichées, labourées au moyen des puissantes machines Barrat, prêtes à recevoir les familles et les cultures des colons, ainsi que le projet algérien en prend l'engagement, n'y a-t-il pas, pour un avenir qu'on touche, une irrésistible déviation vers la colonie africaine de ce grand courant d'émigration qui se précipite vers les continents du nouveau monde, et dont les premiers flots seront fournis par les cinquante ou soixante mille pionniers que la *Compagnie générale* enrôlera pour ses travaux, et auxquels elle donnera toute facilité de s'établir à demeure sur les terres concessibles que, sur un parcours de 1,380 kilomètres, ils auront ouvertes à la circulation et au travail?

Enfin, pour dernier mot de cet ensemble de réalisations, qui ne voit que dans les défrichements, dans les moulins et usines à meunerie le long des eaux emmagasinées, il y a la solution presque immédiate de la formidable question des subsistances, toujours soulevée, jamais résolue? Qui ne reconnaît que le Tell algérien peut devenir le marché aux grains et aux farines que l'Europe occidentale trouvera sans cesse ouvert à quelques jours de navigation de ses côtes, au lieu de s'en aller une fois l'an le chercher dans la Baltique ou au fond de la mer Noire?

Si l'État, il y a un an, avait accepté ce projet, que lui en aurait-il coûté? Rien. S'il l'acceptait aujourd'hui, que lui en coûterait-il? Pas davantage : rien!

En retour de ces travaux, de ces établissements, de ces créations, qui en deux années changeraient la face de notre colonie africaine, la Compagnie générale ne demande à l'État rien au delà de ce que l'État accorde gratuitement chaque jour à des particuliers, à des compagnies qui souvent n'en font rien, n'en tirent rien, attendent le bon moment de vendre, ou en monopolisent les bénéfices.

La Compagnie demande des terres pour les défricher, les labourer, les assainir, les irriguer, et ensuite les rétrocéder tout appropriées à ses travailleurs, à ses maçons, à ses pionniers, ou aux immigrants, quels qu'ils soient, que ces avantages d'appropriation ne peuvent manquer d'attirer en Algérie. Dieu merci! au fond de cette loyale et féconde opération, il n'y a aucune trace vénéneuse de ce trafic de cheptel humain qui a été expérimenté, qui n'a pas réussi et qui n'en est pas moins l'ornière dans laquelle persistent à se traîner les convoitises des spéculations, les inintelligences sauvages de faiseurs de projets, et les espérances les plus chaudes de messieurs des bureaux de la guerre.

La Compagnie demande, pour les utiliser et en féconder leurs concessions, les eaux qu'ils auront emmagasinées entre les nombreux barrages du Chélif, de ses affluents et des autres cours d'eau où seront établis ses moulins et usines à meunerie. Les eaux qu'elle n'emploiera pas, la Compagnie les cédera aux colons qui sont venus avant elle ou qui viendront après. Ces choses-là ne se pratiquent pas autrement en France, où des compagnies, des communes, propriétaires ou usufruitières de cours d'eau, tirent de leur distribution aux riverains le plus net de leurs recettes et de leurs revenus.

A Alger, à Bône, à Arzew, dans les autres localités où le projet place les docks, les entrepôts, les magasins, les hôtelleries, les caravansérails, les relais de poste, le domaine et l'administration de la guerre possèdent des lots de terrain à bâtir, des maisons destinées à être démolies. Ces lots de terrain inoccupés, ces maisons vouées au pic et au marteau que le domaine et l'administration de la guerre concèdent chaque jour aux premiers venus, pour ainsi dire, à charge seulement par eux d'y élever des constructions, la Compagnie générale les demande, mais elle les demande pour créer des établissements qui, par leur destination même, ont un caractère incontestable d'utilité publique.

Ce projet, où est écrit tout entier l'avenir possible du développement algérien, n'a pas fait grand bruit dans le monde parisien du journalisme : il y a été quelque peu étouffé par le bruit des fanfares sonnées en l'honneur du projet administratif. Mais il n'en a pas été de même en Afrique. Une feuille d'Alger, l'*Akhbar*, en a parlé l'année dernière en termes qui prouvent que si dans la métropole on est pour le grandiose et le possible à long terme, dans la colonie, où l'on sait par où la vie s'en va, on est pour l'utile et le praticable à courte échéance. « En » somme, disait-il le 13 février 1855, quelque con- » sidérable que soit ce projet, il n'a rien d'exa- » géré ; c'est pour cela que nous lui donnons en prin- » cipe la préférence sur d'autres plus grandioses et » peut-être prématurés, tels que celui d'un réseau de » chemins de fer en Algérie. »

Quand l'*Akhbar* parlait ainsi, il ne connaissait du projet Saint-Lager et Cie que la viabilité énoncée dans le mémoire imprimé ; aujourd'hui que le projet a été augmenté de la question du travail, des machines, des usines et de l'appropriation des terres, que dirait-il donc, lui, avec les autres journaux de la colonie qui ne cessent de crier : *Des bras ! des bras ! ou nous périssons !*

Rien n'aurait donc semblé devoir s'opposer à l'adoption d'un projet qui portait en lui le salut immédiat de la colonie algérienne, et, pour un avenir prochain, les éléments d'une prospérité incalculable dont les réalisations auraient fait en deux années une vérité vraie de ces paroles, quelque peu anti-historiques, de la direction des affaires de l'Algérie : *La France a plus fait en Afrique en vingt années que l'empire romain en deux siècles.*

Mais il ne faut pas qu'on se fasse illusion : c'est dans la nature même du projet et dans ses voies et moyens que se sont rencontrées, comme je l'ai dit, les pierres d'achoppement. Je serai compris de reste par les personnes qui se souviennent des résistances longtemps opposées par l'administration et le gouvernement lui-même au système triomphant aujourd'hui de la construction des chemins de fer par des compagnies financières.

L'introduction de ce système en Algérie, où le monopole de l'initiative administrative s'étend partout, et son application aux travaux publics, dont l'État est resté seul chargé jusqu'ici, me semblent avoir couru grandement le risque de passer aux yeux de l'administration pour un effacement complet de son action, de sa prépotence. De quelle monstruosité a dû être pour elle, en effet, un projet dont les auteurs, pour première condition, se réservaient le droit de faire exécuter les travaux par des agents de leur choix et tels procédés qu'ils jugeraient convenables, le droit de vendre, louer à bail, aliéner d'une manière quelconque les terres, terrains à bâtir, eaux et chutes d'eau, sans que l'administration eût le droit d'intervenir dans ses marchés ! Et cela aurait eu lieu en Algérie, où toute chose, toute pensée, tout projet, tout homme est sous la coupe toujours fonctionnante des bureaux niveleurs de la colonisation! N'y avait-il pas là de quoi leur faire croire ou dire tout au moins qu'un tel projet était la levée de l'étendard de l'émancipation, et que son adoption aurait précédé de quelques heures seulement une proclamation de séparation et d'indépendance?

Mais que l'administration n'ait ni n'affecte de si puériles terreurs. En quelques circonstances, elle a déjà pu se convaincre que les institutions de liberté en Algérie faisaient plus les affaires du pays que les institutions de monopole : témoin la différence qui existe entre les services rendus au commerce et à l'agriculture de notre colonie africaine par la banque de l'Algérie et par la *Caisse du commerce algérien*.

D'un autre côté, l'administration a bien vu que cette construction des chemins de fer par les compagnies dont elle a tant eu peur n'a enlevé aux pouvoirs publics ni action, ni influence, ni autorité, ni personnel. On peut même assurer qu'il y a eu augmentation de toutes ces choses qu'elle tient en un si haut prix. Qu'elle fouille aussi l'idée de la rénovation algérienne, qui aurait suivi infailliblement les réalisations du projet en question, et elle reconnaîtra qu'elle y aurait gagné au lieu d'y perdre. Ses premiers bénéfices auraient été d'avoir une responsabilité moins lourde, pour laquelle sonne déjà l'heure des redditions de compte, et d'avoir eu bientôt à administrer un pays et un peuple à la place d'un désert de quelques milliers d'hommes. Au demeurant, c'est son affaire; mais, si mon esprit de prévision ne me fait point défaut, je crois pouvoir lui dire qu'il n'est ni résistance, ni mauvais vouloir qui empêchent longtemps encore une société de suivre sa pente. Notre pente aujourd'hui est de plus en plus à l'exécution de certains travaux publics par l'association privée des capitaux de la finance et de l'industrie. Triomphant en France, ce système réclame déjà pour avoir le droit de s'implanter en Afrique; repoussé hier, il se représentera demain, et toujours, jusqu'à ce qu'on lui livre passage et qu'on lui dise : Fais! Il y est merveilleusement aidé par les événements, qui aident toujours les réalisations devenues nécessaires à la vie des peuples.

L'Algérie a pu longtemps être regardée comme un fief militaire; en lui prenant ses généraux et son armée, la guerre d'Orient lui a enlevé ce qui lui restait des derniers éléments de cette constitution.

Aujourd'hui l'Algérie passe pour un fief administratif. L'inadmissibilité du projet de M. de Chabaud-Latour, effort suprême tenté pour perpétuer cet ordre de choses, lui porte le dernier coup; il a démontré que l'administration n'a plus rien en elle de ce qui peut assurer non-seulement le progrès, mais la vie même de l'Algérie française. Qu'elle se montre donc digne et intelligente du rôle que l'Algérie est appelée à jouer dans les destinées de la France, de la Méditerranée et de l'Europe occidentale. Qu'elle seconde, au lieu de l'entraver, le mouvement de la rénovation par les associations qui n'ont point l'élément humain pour base d'opérations.

Mais des associations pour racoler des hommes : des blancs, des cuivrés ou des noirs? des associations pour constituer la perpétuité hypocrite du métayage? des associations pour exploiter, sous quelque dénomination que ce soit, un bétail humain pris à cheptel par des directeurs en commandite?..... Impuissance que tout cela.

Impuissance de l'agonie africaine, qui atteste les besoins instinctifs du salut et de la vie, mais qui, n'ayant ni intelligence, ni foi, se rejette en arrière dans les siècles et dans les sociétés pour se reprendre à leur passé et le recommencer. O Algériens! le salut et la vie ne sont pas en arrière : les choses que vous voulez tenter sont des œuvres mortes à la tâche; le temps et le progrès humain les ont emportées dans leur cours. Vous ne feriez que les galvaniser pour les voir retomber à leur état de cadavres. Le salut et la vie pour vous aujourd'hui, comme dans tous les temps et pour tous les pays, ne sont pas dans le passé qui s'en va, mais bien dans l'avenir réservé à la sociabilité qui vient, aidée même par tous les efforts tentés pour l'arrêter.

C'est dans cet ordre d'idées que j'ai cherché les moyens de relever l'Algérie des fautes qui, dans le passé, ont compromis sa colonisation, et de la garantir des fautes qui, dans l'avenir, la pousseraient à une déchéance finale. Ces moyens, j'en ai trouvé en partie les éléments dans l'Algérie même; leur application peut être immédiate, sans le secours de très-grands capitaux, sans autre concours de l'État que la part légitime d'action qui revient à tous les grands pouvoirs sociaux dans le gouvernement et dans l'administration des sociétés.

J'aurais souhaité ne point donner le nom de système à ce travail de recherches, parce que tout système n'est qu'une sorte de lit de Procuste, qui laisse en dehors bien des choses utiles et fécondes; mais je me sers de ce mot parce qu'il est le plus usuel, et que je n'en connais point d'autre.

Mon système donc est complexe, mais parfaitement divisible. Il embrasse les éléments de colonisation qui sont sur la terre d'Afrique et ceux qui lui pourraient venir de la France et de l'Europe. On peut s'en tenir aux premiers, mais il serait mieux de les utiliser concurremment avec les seconds. Les premiers peuvent commencer à rendre la vie à l'Afrique; avec les seconds on entre en plein dans un monde nouveau de politique et de sociabilité. Avec les premiers, on demeure dans le terre-à-terre de la question algérienne; les seconds ouvrent les grandes perspectives de la civilisation dans le monde. Les uns font l'œuvre du présent, les autres feraient l'œuvre de l'avenir.

Là est la réalité, ici le rêve. Mais ce rêve lui-même tient aux aspirations de la pensée démocratique, dont la réalisation a ses antécédents dans les Etats de l'Union américaine. Rêve et réalité, bien qu'à des degrés différents, peuvent, par la création et la fusion d'intérêts de civilisation inégale, arrêter, ou tout au moins affaiblir, et faire tourner vers l'Algérie le mouvement d'émigration qui emporte tant de populations européennes vers les solitudes du nouveau monde.

V.

Châtiment des conquêtes. — Puissance d'absorption des peuples conquis. — Exemples anciens et modernes. — Les métropoles doivent gouverner pour les intérêts de leurs colonies. — Oubli de cet axiome en Algérie. — Indispensabilité de l'élément arabe. — Possibilité de son assimilation. — Préjugés contre les Arabes.

Toute conquête porte avec elle son châtiment.

Ce châtiment consiste dans une sorte d'absorption plus ou moins complète du peuple conquérant par le peuple conquis; mœurs, habitudes, caractère, langage, lois, races, tout se modifie, tout s'altère, se dénationalise.

Ainsi, les Romains prirent de l'Égypte ses superstitions, de la Grèce la faconde de ses rhéteurs, de l'Asie sa mollesse et ses débauches, de l'Afrique ses combats de bêtes féroces, et du nord germanique son mépris de la vie humaine. Ainsi les Normands de Guillaume furent absorbés en moins de deux générations par la race saxonne. Chez nous, l'absorption gauloise, qui fut le caractère de l'époque mérovingienne, interrompue par les premiers temps de la seconde race, reprit son œuvre active sous les descendants de Hugues Capet, et, bien avant 89, il ne restait plus rien des Francs que le nom donné à notre patrie.

Cette puissance d'absorption, qui s'opère par le climat, alors même qu'elle n'est pas l'ouvrage de la race conquise, s'est fait sentir, comme loi inéluctable de la conquête, dans les colonies de l'Espagne et du Portugal, où cependant Espagnols et Portugais avaient exterminé et refoulé les indigènes. Au bout de quelques générations, sauf la langue, soumise elle-même à des altérations nombreuses, qui donc dans les Mexicains, les Chiliens, les Brésiliens, aurait reconnu les Espagnols et les Portugais de la patrie des Vespuce, des Gama, des Fernand Cortez? Ils avaient cessé d'être Espagnols et Portugais pour fonder des nationalités nouvelles, accommodées aux climats où se faisait leur développement. Il n'y a guère plus d'un demi-siècle que les colonies anglaises de l'Amérique du Nord se sont séparées de leur mère patrie, et voici bien longtemps déjà que les enfants des émigrés et des proscrits du dix-septième siècle ont à eux un caractère qui n'est plus complétement anglais, des mœurs qui n'ont presque plus aucune ressemblance avec les mœurs anglaises, une langue qui reste de moins en moins anglaise, et que de toutes ces altérations de race, de mœurs, de langue, de caractère, ils ont fait un génie américain, un peuple américain. Nous-mêmes enfin, il n'y a pas un quart de siècle que nous avons conquis l'Algérie, et déjà la loi de l'absorption africaine se fait sentir; les mœurs françaises se ressentent du contact des populations et des langues diverses; l'Arabe, le Maure, le Juif, l'Espagnol, le Maltais, le Français déteignent chaque jour les uns sur les autres. Encore une ou deux générations, et en Algérie, de tous ces peuples et intérêts divers, il se formera un peuple africain, un intérêt africain.

De ce principe d'absorption, par modification et altération des intérêts primitifs des peuples, découle cet autre principe : Toute colonie tend incessamment à se séparer de sa métropole au bout d'un temps plus ou moins long, pour vivre de son existence propre, en corps de nation, sous un gouvernement à elle, formé d'hommes issus de ce milieu de mœurs, d'habitudes, de caractère, de langue, d'intérêts, de races, dans lequel elle a grandi.

Ces deux principes ont leur démonstration dans les faits des temps anciens et des temps modernes. On peut retarder, mais non éviter l'avénement des situations dont ils renferment le germe. Ils ont donc à la fois un caractère incontestable et inévitable. Dès lors ils donnent nécessairement lieu à cet axiome d'économie politique et sociale : Les États qui ont de la sagesse et de la prévoyance doivent gouverner et administrer les sociétés coloniales pour des intérêts et non pour des hommes, pour les intérêts de la colonie et non pour les intérêts de la métropole.

Si, éclairés par les destinées des colonies dans le monde, les anciens gouvernements de la France avaient fait de cet axiome le point de départ de leur administration en Algérie, ils se seraient rendu compte des intérêts qu'il y avait à servir en Afrique, soit que ces intérêts fussent inhérents au pays lui-même, soit qu'ils pussent y être introduits. Alors, au lieu de chercher à établir entre l'Algérie et la France une assimilation d'intérêts impossible, ils auraient cherché les moyens d'assimiler l'intérêt indigène à l'intérêt colonial.

Au lieu de réglementer comme en France, dans un pays neuf, des hommes qui n'avaient quitté un pays ancien que parce qu'ils n'y trouvaient ni éléments ni facilité pour leur entier développement, ils auraient constitué un pouvoir social qui n'aurait mis la main qu'aux intérêts généraux, dont la responsabilité incombe à tous, parce qu'ils sont la garantie de chacun, qui aurait laissé chaque individualité à la libre expansion de son initiative, sans rechercher ni la nationalité, ni la race, soit pour opprimer, soit pour protéger.

Adopté de prime abord, ce système aurait facilité, je ne dis point la prise de possession de notre conquête, mais bien certainement sa consolidation pacifique, car on n'aurait ni ravagé le sol, ni extirpé les arbres, ni brûlé les maisons, ni exterminé des populations entières, ni enfin épuisé l'Algérie de bras et de cultures. Après plus de vingt années, bras et cultures ne manqueraient pas, et le pouvoir social ne serait pas à se dire : Où les trouver? où les prendre? Au lieu de multiplier les circonscriptions militaires, on eût créé des divisions agricoles et commerciales. Au lieu d'élever contre les indigènes des blockaus et des camps retranchés qui ne servent plus, on aurait élevé des bazars, des fondoucks qui serviraient encore. Poussés par leurs instincts de lucre, les indigènes seraient venus apporter leurs denrées sur nos marchés, et nous auraient forcément attirés eux-mêmes sur les leurs, nous laissant partout construire des routes pour le passage de nos prolonges, qui, au lieu de boulets en allant et de butin au retour, leur auraient apporté nos produits et ramené les leurs en échange de nos *douros*. Ce jour-là les Arabes auraient été conquis par la satisfaction, ou mieux par la fusion mutuellement consentie de leurs intérêts avec les nôtres. Et de la fusion des intérêts à la fusion des mœurs et des races, il n'y a pas plus loin en Algérie, quoi qu'on en dise, que dans tout autre pays du monde.

Il y a vingt ans au moins que ce travail fonctionnerait à la place de ce charlatanisme colonial dont les administrations boursouflaient leurs discours, trompant à la fois la France et le pouvoir, et faisant croire à la vie alors que tout mourait. On rédigeait pour le pouvoir central une Algérie de rapports, comme Potemkin avait improvisé une Russie de théâtre pour Catherine II.

J'ai constaté deux choses dans la première partie de ce livre : 1° que la grande difficulté dans la prise de possession de notre conquête était venue de l'élément arabe, dont on n'avait pas voulu tenir compte; 2° que pour n'avoir pas su ou pu en faire emploi après la guerre, la colonie avait eu à souffrir dans son travail et dans les développements de sa production.

C'est à reprendre cette œuvre incomprise, inaccomplie en lui faisant l'application de l'axiome du gouvernement des métropoles pour les intérêts de leurs colonies, que réside la première partie de mon système : la part de la réalité. Après viendra le rêve.

Dans ma conviction profonde, avec la situation que tant de fautes et de désastres ont faite à l'Algérie, nous ne pouvons rien, nous ne ferons rien en Afrique sans les indigènes, sans les Arabes. Si nous persistons à nous passer d'eux, à nous les rendre non pas hostiles, mais seulement indifférents; si nous ne travaillons pas demain, aujourd'hui, à nous les assimiler par la fusion constante et progressive de leurs mœurs et de leurs intérêts dans les nôtres, ils se feront lourds à notre bras, non plus par une attaque ouverte qu'on pourrait écraser de nouveau, mais par une résistance occulte d'inertie contre laquelle toute puissance échoue : ils ne cessent d'en user depuis la pacification. Elle consiste à s'en venir sur nos marchés nous prendre le plus d'or qu'ils peuvent, sans presque nous en rien laisser, semblant attendre, croyant activer ainsi notre départ pour cause d'épuisement.

Mais ces intérêts se peuvent-ils assimiler? — Oui. Et ces mœurs si invétérées, si résistantes, si opposées aux nôtres? — Oui; en partie d'abord; l'engrenage commencé, tout y passera. — Mais enfin, les Arabes sont-ils des hommes? — Oui encore. — Des hommes perfectibles? — Oui, toujours oui! Il ne faut pas avoir passé avec eux un jour dans leurs grandes chasses, une nuit sous leur gourbis pour retrouver dans ce peuple, avec les traces d'une civilisation passée, les éléments accessibles d'une civilisation nouvelle. Et c'est pour cela que je dis : Si nous voulons, si nous savons surtout vouloir résolûment, constamment, avec loyauté, avec modération, non comme des conquérants toujours l'injure à la bouche, mais comme des gens honnêtes, bien intentionnés, bien élevés, le chapeau à la main s'il le faut, élevant à nous les Arabes au lieu de descendre à eux, aujourd'hui, demain, la colonie aura les bras qui lui manquent, qu'elle s'obstine à demander à la France récalcitrante, et qu'en désespoir de cause elle rêve d'envoyer chercher en Asie, où ils valent moins qu'en Afrique.

En parlant ainsi, je heurte de front, je le sais, les idées reçues en France et vivant encore en Algérie, d'où elles sont venues. Écoutez, en effet, le vieux parti algérien, qui date des premiers temps de la conquête; il vous dira : — Méfiez-vous des Arabes; n'allez qu'avec des armes et une bonne escorte dans leurs tribus; la nuit, ayez l'œil sur ceux que vous rencontrerez; évitez de cheminer en leur compagnie ou ne les laissez point derrière vous; ayez enfin avec eux le moins de rapports possible, soit d'amitié, soit de commerce, soit de travail, soit de transactions et d'affaires. Il vous en arriverait malheur, car l'Arabe est cruel, pillard, fourbe, cupide, paresseux, ennemi de la race chrétienne, portant avec effort le poids de toute autorité, et se refusant par fanatisme à tout progrès de civilisation.

Ce sont là des préjugés pareils à tous les préjugés qui ont cours dans le monde, pareils à ceux que j'ai trouvés en Angleterre contre les Irlandais, dans les colonies transatlantiques, contre les nègres. Qu'on en recherche l'origine, on trouvera au fond une haine, une vengeance, une peur, un désappointement, un intérêt, une cupidité, un remords. J'ai fait en Algérie, pour le préjugé contre les Arabes, ce que j'avais fait en Irlande et dans les Antilles pour les préjugés contre les Irlandais et contre les noirs. Je suis allé aux tribus; et l'exilé de 1852 n'a pas eu plus de dangers à courir dans les broussailles et dans les gorges des montagnes du Yaoulé de l'Algérie, que le touriste de 1837 et de 1841 n'en avait couru dans les tourbières et dans les lacs du paddy d'Irlande, ou dans les savanes du noir des Antilles et de la Guyane.

Avec mon livre sur l'Irlande, j'ai concouru peut-être un des premiers à relever le pauvre opprimé d'Irlande des préjugés dont les Anglais oppresseurs avaient intérêt à le poursuivre. Les noirs répondent depuis leur émancipation aux accusations dont les planteurs avaient intérêt à charger leurs esclaves. Pourquoi ne ferais-je pas aujourd'hui pour l'Arabe ce qu'autrefois j'ai fait pour l'Irlandais?

VI.

Examen des préjugés contre les Arabes. — Cruauté. — Pillage. — Fourberie et cupidité.

Dans la première partie de ce livre, j'ai dit sous quels prétextes on exterminait et on refoulait les Arabes ; je vais dire, dans la seconde, sous quels prétextes on perpétuerait contre eux la compression. La démonstration d'une vérité ne consiste souvent que dans le redressement d'une erreur.

Le système de la compression est né dans le même milieu de gens et d'intérêts d'où était sorti le système de l'extermination et du refoulement. Les hommes qui poursuivent la race arabe de toutes les accusations de cruauté, de perfidie, de pillage, sont ceux qui n'avaient cessé de préconiser la conquête par table rase. Alors ils avaient donné l'exemple de la barbarie, de la violation de la foi jurée, de l'expropriation par la ruse et par la violence; aujourd'hui qu'ils n'en ont pas retiré tout ce qu'ils convoitaient, ou que, dans des spéculations, ils ont perdu ce qu'ils avaient gagné, ils s'acharnent à expliquer leur insuccès par leurs accusations.

Ils s'en prennent à la fois et au pouvoir, qui n'aurait ni assez exterminé, ni assez refoulé, ni assez exproprié, ni assez prêté la main à leurs spéculations, disant que tant qu'il restera un indigène en Afrique il n'y aura rien à faire, et aux Arabes qui, en se défendant dans leur nationalité, dans leurs familles, dans leurs biens, leur auraient rendu en cruautés, en ruses, en flibusteries, la monnaie de leur pièce, forçant ainsi la conquête, sous peine de perpétuer le brigandage par mutualité, d'entrer dans les voies de la conciliation.

Du reste, dans ce que leurs récriminations peuvent avoir de fondé, ces accusateurs publics de la race arabe ont toujours fait tort à la généralité des méfaits de quelques exceptions; ils ont chargé la nation tout entière de la responsabilité qui ne revenait qu'à des individus, et pris des faits, qui s'expliquent par les temps de guerre et de représailles, pour des faits normaux de mœurs et de caractère.

A ce compte, il n'y aurait pas de peuple au monde dont les conquérants ou les étrangers ne fussent en droit de dire ce que les vieux Algériens disent des Arabes. — « Il n'est pas de peuple, même le plus glorieux de son histoire, a dit quelqu'un, qui n'ait cent fois mérité les galères. » Si la France n'était jugée que par les grandes et terribles phases qu'elle a traversées pour arriver au point de civilisation et de grandeur où elle est parvenue ; si l'histoire nous faisait un caractère national d'après les seules horreurs commises au moyen âge dans les guerres des Maillotins, des Jacques et des Armagnacs, ou durant la Ligue et la Fronde et au plus fort de la formidable expansion du mouvement plébéien enfanté par 89, nul doute que la nation française ne pût, elle aussi, être qualifiée de peuple sauvage, fait pour être mis au ban des nations chrétiennes et civilisées.

La justice et la vérité ne permettent pas que l'histoire s'écrive ainsi pour notre compte ; elles ne le permettent pas davantage pour le compte des Arabes.

Non : en dehors des fureurs de la guerre, de ces ivresses que donne l'*enthousiasme du carnage*, comme parle le comte de Maistre, des clameurs et des surexcitations farouches du bruit et de l'odeur de la poudre, l'Arabe n'est point cruel. Hélas ! dans les mêmes circonstances, qui ne le sait ? nous l'avons été au moins autant que lui. Il a coupé des têtes françaises qu'il suspendait aux arçons de sa selle ; mais aux arçons de la nôtre nous suspendions des têtes arabes. Il égorgeait, il mutilait ignominieusement des enfants et des femmes surpris dans les campagnes ; cela est révoltant, c'est vrai ! Je crierai contre toutes ces horreurs plus haut que ceux qui les dénoncent, mais qui ne disent rien contre les forcenés qui enfonçaient leurs baïonnettes dans le ventre des femmes indigènes, ou qui, des bras et des jambes de ces malheureuses, faisaient des moignons pour en arracher les bracelets et les cercles d'or et de pierreries.

Mais, pour l'acte arabe de la décapitation, il existait une raison que nos mutilations n'avaient pas. La décapitation est un fait de rite musulman plus que de *barbarie indigène*. L'islamisme est la loi du glaive. Toute créature qui périt de mort violente doit si bien être touchée par le tranchant du fer, que les lièvres, les perdrix, les poules de Carthage, les sangliers, les panthères, tous les animaux tués en chasse ou ailleurs avec le fusil, sont soumis à un *égorgement* posthume : le yatagan ou le couteau saigne et fait la gorge béante. C'est à ce signe que, sur les marchés, on reconnaît les produits de la chasse arabe. La mort par égorgement a tellement, aux yeux du croyant indigène, un caractère religieux, que l'Arabe assis à votre table ne touchera à aucun mets de viande, parce qu'il ne veut se nourrir que de la chair des animaux saignés selon le mode ordonné par le Coran. Ce qui prouve surtout que la décapitation était pour les Arabes une *idée* religieuse, et non pas un *instinct* de race, c'est que le jour où leurs chefs leur firent savoir qu'appliqué à des hommes l'égorgement était l'exagération de la loi écrite, et que par là ils se mettaient au rang des peuples barbares, cet acte cessa presque subitement dans la longue lutte conduite par Abd-el-Kader. Si la *cruauté arabe* avait été, au contraire, une loi d'instinct et de nature, la civilisation n'en aurait pas eu si vite bon marché.

Du reste, en dehors du champ de bataille et de l'état de guerre, l'histoire de notre conquête offre de très-rares exemples de férocité indigène; et, depuis la pacification, l'Algérien arabe n'est pas celui qui figure au premier rang dans les statistiques de la justice criminelle. Dans toute l'Algérie pacifiée, en territoire civil ou en territoire militaire, sur les routes ou parmi les sentiers, à pied ou à cheval, seul ou en compagnie, à travers les broussailles et les rochers ou aux flancs ravinés et dans les gorges des montagnes, l'Européen peut aller et venir, passer devant les gourbis et les tentes de poil de chameau, demander son chemin à des Arabes mendiants ou voyageurs, pasteurs ou propriétaires, en des endroits où Dieu seul et eux pourraient savoir qu'une créature humaine aurait été tuée et enterrée là; nulle part l'Européen ne rencontre un geste, un regard hostiles.

Chez les plus pauvres, les plus éloignés, les moins faits à notre vue, on peut trouver, il est vrai, un accueil froid et réservé, mais toujours digne, hospitalier souvent; et parfois même la rémunération des actes qui tiennent à l'hospitalité est refusée avec simplicité et le sourire aux lèvres. Cela, je le reconnais, n'empêche pas toujours que ce même Arabe, si vous traitez avec lui une affaire d'intérêt, ne cherche à vous tromper le plus qu'il peut. Mais quoi ! ne vivons-nous pas dans un temps et ne sommes-nous pas nous-mêmes d'une génération où les cordialités apparentes d'un repas ne sont bien souvent que les réseaux tendus à la confiance par des faiseurs d'affaires?

Le caractère pillard attribué aux indigènes ne pourrait être admis davantage sans contrôle. Ils ne sont en ceci ni meilleurs, ni pires que d'autres peuples, et même ils valent mieux que certain, dont nous avons reconnu l'indépendance et reconstitué en royaume la nationalité. Ce ne sont pas les Arabes qui, durant la guerre, ont mis l'Algérie comme en coupe réglée de troupeaux et de moissons. Ensuite, il s'en faut de beaucoup, n'en déplaise à l'opinion qui les en a faits souvent les boucs émissaires, que les Arabes soient les auteurs de tous les vols et déprédations qui se commettent sur les routes et dans les campagnes. Ils sont primés et distancés par les détritus de la race alicantaise que l'Espagne a vomis longtemps sur nos terres d'Afrique.

Que, dans des fermes établies sur des terrains mal limités, à la possession de tout ou partie desquels des tribus voisines se prétendent des droits, il se commette quelques vols de bestiaux, je ne le conteste pas, et encore les panthères qui hantent ces parages pourraient-elles souvent être accusées ; mais le nombre et l'importance de ces vols ne dépassent guère ce qui, aux frontières de France et d'Espagne, se pratique entre villages limitrophes, sans que pour cela les caractères français et espagnol en soient affectés et déshonorés.

Je reconnais aussi que, sur certaines concessions européennes, les Arabes, aux premiers jours de la pacification, ont commis des atteintes à la propriété, enlevé des palissades, fait sauter des portes, bouleversé des clôtures, dévasté des plantations. Mais qu'on aille dans certaine contrée de la France que je pourrais nommer, où vivent dans toute leur force primitive d'antiques nationalités de province et de clocher; achetez là une propriété, essayez de la faire valoir par des bras qui, pas plus que vous, ne soient du pays, et vous verrez s'il ne vous en arrivera pas autant.

Je reconnais enfin que les pasteurs indigènes ne se gênent guère pour conduire leurs troupeaux sur les terres de leurs voisins. Mais ceci tient à l'ancienne constitution même de la propriété arabe, où le droit au parcours et à la libre pâture était le droit de la tribu. Il y a peu de temps, la Corse, malgré son siècle d'annexion à la France, n'en était-elle pas encore là? En Algérie, le droit a cessé depuis la conquête; mais peut-on franchement imputer à crime irrémissible aujourd'hui ce qui, hier encore, était un droit à la fois territorial et social? Et si la création de fourrières publiques, dans les territoires civils, avec le rachat par amendes du bétail saisi, n'a pas produit plus tôt de bons résultats, à qui la faute? n'a-t-elle point été à la constitution prolongée des territoires militaires où était interdite toute action civile de police et de justice?

La fourberie et la cupidité arabes sont en Europe à l'état de proverbe; mais le proverbe, pour rester vrai, devrait être ramené à de moindres proportions, à celles qui constituent la ruse et la *finasserie*, de même qu'il y aurait plus d'exactitude à traiter les Arabes de gens *très-intéressés* qu'à les qualifier de *cupides*. Alors, réduit à ces termes, le reproche ne rentrerait-il pas, hélas! dans le caractère général dont la pauvre race humaine est assez universellement affligée, même et surtout chez les peuples où l'expansion des intérêts matériels pousse à toutes les jouissances de la civilisation?

Les faits que le vieux parti algérien cite en preuve de ses accusations remontent pour la plupart aux premiers temps de notre conquête. On parle de terres vendues qui n'existaient nulle part, de noms de fantaisie mis au bas de transactions alors que les objets en litige appartenaient à des tiers; mais on ne dit pas que les acquéreurs et les plaideurs européens se prenaient eux-mêmes aux piéges de leurs propres fourberies et cupidités. Comme certains avares, ils s'étaient enfermés dans le coffre où ils croyaient trouver leur trésor, et le couvercle, en tombant, se refermait sur eux.

Ce fut ainsi que, mettant à profit le désarroi des tribus, de trop *crédules* Européens avaient acheté pour quelques écus des centaines et des milliers d'hectares en plein rapport et qu'ils apercevaient loin, bien loin dans la plaine. La conquête n'en était pas faite encore, mais elle ne pouvait manquer, et on achetait d'avance la peau de l'ours, se contentant d'une désignation approximative de la contenance, des tenants et aboutissants. Un peu plus à droite ou un peu plus à gauche de la main qui indiquait du haut d'une colline, cela importait peu, car y aller voir par soi-même eût été trop chanceux.

Ces acquéreurs *confiants* trouvaient toute naturelle la différence énorme qui existait entre l'étendue de la propriété offerte et l'exiguïté ridicule du prix demandé. Ils faisaient une bonne affaire, et leur conscience honnête ne se trouvait nullement affectée de ces résultats d'une conquête par anticipation. Quand nos soldats leur avaient balayé les chemins, ils se mettaient en quête de leurs domaines et de leurs vendeurs. N'ayant plus trouvé ni les uns ni les autres, ils se mettaient à crier qu'on les avait volés, que les Arabes étaient des coquins et des stellionataires tous bons à pendre. Franchement, acquéreurs et vendeurs se valaient bien, n'est-ce pas? Sauf la question morale, les rieurs pourraient bien être tentés de passer du côté des vaincus, et de répéter aux spéculateurs qui n'ont pu dépouiller qu'en effigie, le vers si connu du renard au corbeau :

« Cette leçon vaut bien, etc., etc. »

Toutefois, je l'avoue, des faits quotidiens, que j'ai pu observer dans le courant des affaires, sur les marchés, dans les maisons de commerce et dans les relations privées, il est résulté pour moi cette opinion qu'il faut jouer serré avec les Arabes; mais qu'en ce genre encore, et avec les éléments du premier personnel européen établi en Algérie, Arabes et Européens réalisaient parfaitement l'historiette des deux Gaspard, et qu'en bonne justice on pouvait les renvoyer dos à dos, à se pourvoir par devers la loyauté et la morale.

Au reste, l'Arabe, en pareille matière, me semble se tenir principalement sur la défensive. Très-convaincu de la supériorité européenne, il se met en garde : s'il trompe, c'est par peur d'être trompé : sa ruse vient de sa défiance. Aux yeux du penseur, il a pour excuse l'état inférieur de sa civilisation. L'Européen, au contraire, tire sa turpitude de la civilisation supérieure dont il se vante. Dans cet ordre d'idées, en voyant l'indigène presque toujours dupe de l'Européen, il faudrait arriver à dire que la civilisation n'est qu'un moyen de perfectionnement pour l'immoralité; mais, s'il plaît à Dieu, la civilisation n'a rien à voir là-dedans, elle ne peut être responsable du parti qu'en tirent les hommes pour arriver à satisfaire plus aisément leurs mauvaises passions. Seulement il me déplaît fort de voir les prétendus civilisés oublier la poutre qui est dans leur œil, pour se gendarmer si vivement contre le fétu de paille que leur loupe découvre dans l'œil du prétendu sauvage.

VII.

Suite de l'examen des préjugés contre les Arabes. — Fanatisme. — Paresse. — Esprit de révolte. — Antipathie contre la civilisation. — Prédisposition et goût des indigènes pour nos objets d'art, de luxe et de comfort. — Intérêt de la France à relever les Arabes de toutes leurs déchéances.

Les Arabes ne sont pas non plus entachés de fanatisme à un degré aussi abruti qu'on s'est plu à le dire. L'esprit de prosélytisme par le glaive et par la persécution est éteint chez eux depuis longtemps, bien plus que dans le catholicisme, plus aussi qu'au sein des sectes dissidentes de l'Angleterre.

Ils portent des amulettes, c'est vrai ; mais quelle religion n'a pas les siennes? les catholiques portent bien des scapulaires et des médailles. Ils égrènent leur chapelet d'où pend quelque objet consacré qu'ils nomment marabout ; mais les dévots catholiques égrènent aussi le rosaire d'où pend une croix. Les tatouages dont ils se bariolent le corps ne peuvent être pris pour des indices de sauvagerie, à moins d'en faire aussi un indice contre nos ouvriers et nos soldats qui incrustent dans leur chair toute sorte d'images, de rébus, et souvent d'ignobles figurines érotiques. Leurs superstitions n'ont rien de plus stupide que celles des paysans d'un si grand nombre de nos provinces où l'on croit encore aux loups-garous, à la puissance du mauvais œil et du sorcier ; on peut même dire que les superstitions arabes sont moins folles que les superstitions européennes, depuis que tant de beaux esprits et de grandes dames ont donné dans les tables tournantes, parlantes, écrivantes et devineresses.

Oh! sans doute ils ont une foi toujours jeune en Mahomet; mais cette foi est exempte d'idolâtrie. Ils croient aux marabouts; mais pour eux les marabouts ne sont que des hommes qui, de leur vivant, ont pratiqué la vertu et la justice, et qui, après leur mort, veillent sur les hommes qui les pratiquent. Du moins cette croyance ne se dégrade-t-elle point dans l'adoration des images. Mahomet lui-même n'est pour eux qu'un prophète entre l'homme et Dieu. Ils ne le prient qu'à titre d'intermédiaire ; et les honneurs qu'ils lui rendent ne se manifestent par aucune cérémonie, par aucun sacrifice. Leur culte est tout intérieur, pour ainsi dire, et par cela même exempt de calculs hypocrites. Le plus souvent, presque toujours, ils prient loin de la foule, dans la solitude, seuls, au milieu d'un champ ou d'une broussaille, à la cime d'un rocher ou sur les bords d'un torrent, pour le seul acquit de leur piété et de ce besoin infini chez l'homme de s'incliner devant une puissance élevée au-dessus des régions et des passions de la terre. L'unité de Dieu domine leur foi, et c'est pour cela qu'ils respectent la prière qui monte vers ce Dieu unique en quelque formule que les autres peuples la fassent entendre. Aussi la vénération qu'ils professent pour leurs marabouts, ils l'étendent volontiers aux prêtres de la foi chrétienne ou d'autres religions étrangères.

Je me suis complu à rétablir ce côté de l'esprit et des mœurs de l'Arabe dans son état vrai, pour qu'il soit bien su aujourd'hui que la différence de religion ne peut être un obstacle invincible à l'entrée des indigènes dans les voies de notre civilisation, et d'une assimilation de race et de gouvernement. Que nos administrateurs, nos prêtres, nos colons français ou européens, catholiques ou protestants, soient tolérants pour la religion, pour les mœurs, pour les coutumes des Arabes, et l'heure sonnera en Afrique ou Arabes et Européens triompheront complétement des préjugés de race et de religion qui les séparent encore.

Soutenir que l'indigène est paresseux, et qu'il répugne aux travaux qui exigent une certaine dépense d'efforts et de continuité, c'est nier à plaisir des faits dont, en mettant les pieds sur le sol algérien, on est chaque jour le témoin.

Qui, dans Alger et sur tous les ports de l'Afrique, remplit l'office de portefaix, pliant sous le poids de fardeaux pour lesquels il faudrait en France tout un attelage de bêtes de somme? n'est-ce pas l'Arabe?

Qui cultive la plus grande partie du sol non abandonné aux broussailles? n'est-ce pas encore l'Arabe?

De quoi se plaignent les Mahonais qui ont fait un

vrai jardin potager de cette portion féconde du Sahel, de cette petite plaine de Hussey-Dey, où sont mes douces affections de l'exil, et qui, d'Alger à la Maison-Carrée, s'étend resserré entre les collines et la mer? n'est-ce pas de la concurrence des Arabes, jardiniers aussi?

Qui élève ces jasmins, ces géraniums, ces orangers, ces rosiers, ces tubéreuses, toutes ces fleurs avec lesquelles l'habile pharmacien de l'hôpital civil d'Alger fabrique des essences qui rivalisent déjà avec Naples, l'Espagne et Constantinople? n'est-ce pas encore l'indigène?

Qui, bien avant que nous en eussions fait la richesse de notre agriculture coloniale, plantait le tabac dont la culture exige tant de peines et de soins pour la préparation des terres, le sarclage et l'écimage de la plante, la dessiccation et le bottelage des feuilles? n'est-ce pas toujours l'Arabe? Et cette qualité supérieure, dit-on, aux qualités même le plus en renom de l'Amérique, le *schoubly*, auquel, à cause de son prix élevé, la mission des tabacs d'Alger n'a pu encore atteindre, qui le cultive? est-ce l'Européen ou l'indigène?

Que l'on demande à MM. Trottier de la Rassauta, Pantin de la Plaine, Reverchon de Birkadem, Gauran de la Ferme-Modèle, hommes d'intelligence et de résolution coloniale dont j'aime le souvenir, sur quels bras ils comptent le plus pour la culture de leurs dix ou quinze hectares de coton, de cette richesse future de l'Algérie qui doit affranchir la France du tribut que nos fabriques payent aux planteurs de la Louisiane et de la Géorgie? n'est-ce pas aussi sur les bras arabes?

Qui, l'année dernière, a fourni à notre pays la masse la plus considérable des blés algériens, quand la récolte a manqué en France? n'est-ce pas la propriété arabe?

Le blé, l'orge, le citron, l'orange, le raisin, l'huile, les volailles, et en général les denrées alimentaires, qui en approvisionne les marchés? c'est toujours l'Arabe.

Les bestiaux pour la boucherie ne sont-ils pas fournis en plus grande quantité par l'éleveur indigène que par les rares éleveurs européens?

Sans les Arabes qui louent volontiers leurs bras, et grâce à leur peu de besoins, dans des conditions de salaire auxquelles les bras européens ne peuvent encore descendre, les petits cultivateurs disséminés dans la Mitidja, au pied de l'Atlas, sur les points les plus éloignés du littoral, n'auraient souvent ni bœufs pour le labour, ni serpe pour la taille de la vigne, ni faucille pour le sciage de la moisson et pour la coupe des foins.

Et l'on traite les Arabes de paresseux! J'ai bien peur que ceci ne soit une calomnie inventée pour la justification des grands concessionnaires, des puissants spéculateurs de la terre, qui, faute de bras, disent-ils, laissent leurs terres se couvrir de broussailles, d'ajoncs, de fougères et de palmiers nains. Mais, comme je viens de le prouver par quelques noms et quelques exemples, cette calomnie intéressée trouve son démenti chez les colons obstinés qui, voulant sauver leurs exploitations, ont recouru au travail des indigènes, Arabes ou Kabyles, aimant mieux cela que de mourir à l'attente des bras d'Europe, qui ne venaient pas, ou qui se louaient fort cher et souvent dans des conditions inadmissibles de vouloir et de moralité.

Tous les intérêts qui vivent du régime de la compression travaillent de leur mieux à entretenir l'opinion que les indigènes portent avec effort le joug de toute domination étrangère. Cette opinion est démentie par l'histoire et le caractère de la nation arabe. Je l'ai déjà dit : après bien des phases diverses, l'Arabe est tombé depuis longtemps au rôle définitif de vaincu. Il a été vaincu par les Kabyles, par les Maures, par les Espagnols, par les Turcs, par la France; et, sous chacune de ces dominations, il a trouvé dans le fatalisme qui est au fond de la religion musulmane la raison de sa soumission à la conquête. *Dieu a voulu* que nous soyons conquis par les Turcs, disait-il sous le gouvernement des pachas, et il restait soumis. *Dieu a voulu,* a-t-il dit, qui plus tôt, qui plus tard, que nous ayons été conquis par la France, et chacun ne demande pas mieux que de se faire une place sous cette domination nouvelle.

S'il est vrai que le payement de l'impôt au vainqueur soit un des signes les plus certains de la soumission du peuple vaincu, n'est-ce pas un fait trèsrassurant que le payement de cet impôt à la puissance établie soit, pour le peuple subjugué, un principe et un devoir de religion? Or c'est là précisément ce qui existe chez les Arabes. Le payement de l'*achour* (dîme) est un précepte du Coran ; et sous la pression de cette loi, les Arabes ont payé l'*achour* aux Turcs et aux Maures ; aujourd'hui ils le payent à la France ; seulement la France en a organisé la perception de telle sorte, qu'un tiers seulement, cinq millions sur quinze, arrive, dit-on, au trésor de l'État.

En payant l'impôt, l'Arabe obéit sans doute au Coran, mais, agriculteur, pasteur, commerçant, il obéit surtout à ses besoins instinctifs d'ordre et de sécurité. Il faut lui en faire honneur, car pour lui l'ordre et la sécurité résident dans la justice et dans le respect de ses droits comme individu. Après que notre conquête eut rompu les liens qui retenaient les tribus en faisceau sous le joug commun des Turcs, l'anarchie et les rivalités les précipitèrent dans une sorte de guerre civile. Occupés que nous étions à les exterminer, nous ne sûmes en profiter ni pour les affaiblir les unes par les autres, ni pour leur faire désirer la paix sous une domination égale et juste pour toutes. Abd-el-Kader — et ce fut là en grande partie la cause de sa fortune — mit à profit notre incapacité. Il sut faire taire leurs divisions en leur montrant le but vers lequel toutes pouvaient également marcher : la guerre sainte.

Elles y coururent pour être reliées dans la guerre,

puisqu'elles ne pouvaient l'être dans la paix. Elles comprirent et acceptèrent l'Émir à ce titre, et dans cette espérance que de leur union dans la guerre, devait sortir un pouvoir qui, en tenant la balance égale entre toutes les prétentions, étoufferait les anciens déchirements dont la chute des deys avait ressuscité les causes. Aujourd'hui que, par la ruine d'Abd-el-Kader, les Arabes ne voient plus qu'en nous les modérateurs, les apaiseurs de leurs anarchies, les tribus, qui savent d'ailleurs ce que peuvent nos armes, répètent, avec plus de résignation encore qu'à aucune autre époque de l'histoire de leurs défaites, leur axiome fataliste : *Dieu veut que nous soyons soumis à la France.*

Aussi n'est-il pas un territoire civil de village, de commune, dans la circonscription duquel se trouvent des indigènes, dont les maires, les gardes champêtres ne vous disent qu'ils ont en eux des administrés bien autrement faciles que les Européens. — *La loi commande, l'autorité veut!* et avec ces mots : loi, autorité, tout est dit : l'Arabe marche.

Avancer encore à cette heure, en 1854, comme dans la première période de l'occupation, que les Arabes ont en haine tous les progrès de notre civilisation, nos usages, nos arts, nos sciences, nos produits, ce serait leur dénier fort gratuitement le don de perfectibilité que Dieu a départi à toute l'espèce humaine. En tout cas, ce serait fermer les yeux aux faits qui s'accomplissent tous les jours.

Sans doute, quand nous leur portions la civilisation en croupe d'un cavalier ou dans la giberne d'un fantassin, quand nous la leur présentions à la pointe d'un sabre ou d'une baïonnette, les Arabes se montraient peu curieux de la connaître et peu empressés de la baiser au visage; mais depuis qu'ils sont pacifiés, que, sans trop courir le risque d'être insultés, menacés, même battus, volés, point trop éconduits lorsqu'ils en appellent à justice, ils peuvent aller et venir dans les rues des villes, s'arrêter devant les vitres des magasins, se mêler à nos foules, prendre leur place dans tous les lieux publics, il faut voir s'ils ne trouvent pas que nos grandes routes sont pour leurs montures plus commodes que leurs sentiers? s'ils ne savent pas ménager leurs chevaux et leurs jambes en montant dans les diligences, dans les coricolos, et, les grands jours de fantasia, dans les calèches et coupés de remise qui sillonnent les environs d'Alger? si plusieurs de leurs caïds ne se sont pas donné des voitures à eux, dans lesquelles ils arrivent de loin avec grooms et cochers? si, assis à nos tables, ils ne font pas usage de nos serviettes, de nos fourchettes, et parfois aussi, de nos liqueurs et de nos vins, en dépit de Mahomet? Leurs yeux pétillent à la vue de nos argentures et de nos dorures Ruolz, et ils se passent volontiers la fantaisie pour leurs *mouchacous* et leurs *moucaires* de nos bijoux, qu'ils trouvent plus élégants que les leurs, et de tous ces riens charmants connus sous le nom d'articles de Paris.

Des chaussettes aux pieds, des bas aux jambes leur semblent d'excellents conducteurs de calorique l'hiver, et l'été d'assez désirables préservatifs contre les mouches et la poussière; ils trouvent que nos foulards font un très-bon effet autour de leur cou, pendus à leur ceinture ou roulés sous le capuchon du burnous autour de leur calotte de laine rouge. Le gourbi élevé avec de la terre et du bois mort leur paraît très-inférieur à la maison bâtie en pierres ou en briques. Plus d'un caïd trouve que les tapis sont un siége plus moelleux que les nattes d'ajoncs tressés, et quand ils offrent le café ou le couscouss à un Européen dans leur gourbi d'attente, ils savent trèsbien faire apporter en son honneur les chaises et les fauteuils dont ils ont garni leurs demeures.

Sans doute ils n'ont pas encore adopté nos attelages, nos charrues, nos outils et nos procédés en agriculture, mais ils les observent, s'en rendent compte. Ils savent parfaitement déjà quels rendements supérieurs ils peuvent retirer de leurs terres en se livrant, comme nous, aux cultures industrielles dont l'Afrique est la terre promise; mais, comme ils sont habiles et réservés, ils attendent que nous en ayons fait l'expérience. Et y a-t-il si longtemps que nos paysans de France se mettent à quitter leurs routines et les instruments de travail qu'ils tenaient de leurs pères, soit en agriculture, soit pour leurs métiers?

Sans doute aussi les indigènes ne connaissent encore ni le mécanisme ni peut-être l'utilité de nos arts, de nos sciences ; mais ils s'en montrent émerveillés ; et à voir l'aptitude et la dextérité qu'ils déploient dans la confection de certains objets et de leurs vêtements, la richesse et l'ornementation ruisselante des harnachements de leurs chevaux, il est évident qu'ils ont le goût des choses belles et riches, et qu'ils peuvent devenir des consommateurs pour nos fabriques, des ouvriers de l'industrie, de parfaits cultivateurs, des artistes même, car l'art tient de la fantaisie, et nul peuple au monde n'est plus fantaisiste que l'Arabe. Oui, l'Arabe, qui en est encore aux errements du moyen âge primitif, époque de sa grandeur, parce qu'il a été arrêté dans son développement par les dominations successives qui l'ont forcé à se replier sur lui-même, peut, au contact de notre civilisation, reprendre une marche ascendante, et nous rejoindre dans la voie du progrès.

Or si, dans le système du refoulement et de la compression, la France avait intérêt à ce que les Arabes fussent en toute chose tenus à l'état de parias, dans le système de pacification qui ne peut aboutir pleinement que par la fusion des mœurs, des intelligences, des terres, du travail et des races, la France a intérêt à ce que les Arabes soient relevés de toutes les déchéances dont les ont frappés les conquêtes anciennes et modernes. A ce prix seulement, l'Algérie cessera d'être pour la France un boulet aux pieds, comme l'Irlande en est un pour l'Angleterre.

VIII.

Système de fusion. — Population franco-arabe. — Morcellement des tribus et des terres. — Leur immixtion par individualités dans les circonscriptions européennes. — Aptitudes indigènes pour cette immixtion. — Influences de l'état social et du Coran. — Écoles musulmanes. — Influence probable du médecin colonial. — La femme indigène. — Son avenir.

Pour assouplir dans la nature arabe ce qu'il y aurait encore de systématiquement réfractaire à toute civilisation, pour servir et développer les instincts et les aptitudes qui la poussent au-devant de l'action assimilatrice de notre puissance, que faut-il donc?

Entrer immédiatement, résolûment, dans les voies de la fusion d'intérêts d'où doit infailliblement sortir un jour la fusion des mœurs et des races, et par celle-ci une population franco-arabe.

J'ai dit pourquoi l'intérêt territorial était l'intérêt dominant de la colonie algérienne; c'est donc autour de cet intérêt que doivent graviter tous les éléments du système de fusion. Pour les créer et les féconder, le premier moyen, celui sans lequel rien n'est possible, consiste dans la rupture de la nationalité indigène, par le morcellement à l'infini des tribus et des terres.

Pour cet éparpillement des forces indigènes, la

France sera secondée même par l'organisation actuelle de la société arabe, divisée, comme toutes les sociétés humaines, en grands et en petits, en individus et familles qui possèdent, et en individus et familles qui ne possèdent pas.

Les terres occupées par la tribu ne sont pas, en effet, la propriété commune de tous les membres qui la composent ; ils n'y ont pas tous des droits égaux. Pour décomposer la tribu, il n'y a dès lors qu'à distribuer des terres aux individus et aux familles qui n'en ont pas, mais qui possèdent des instruments de travail, argent ou bras, et qui à ce titre sont dans la tribu les fermiers ou les domestiques des grands. Seulement, les terres devront être prises en dehors et aussi loin que possible de la circonscription actuelle de la tribu dont on opérera le morcellement.

Se borner à créer de plus nombreuses circonscriptions de territoire indigène, ce ne serait que multiplier les agglomérations, fractionner la nationalité sans la rompre, et n'avoir en rien servi ni fait avancer le système de fusion. C'est donc dans les circonscriptions de villages européens qu'il faudra réserver une partie des terres concessibles pour les distribuer aux indigènes, et non-seulement une partie des terres, mais aussi, dans les villages même, un nombre concordant d'habitations. Afin de joindre au stimulant matériel de l'intérêt de propriété l'intérêt non moins grand pour les Arabes, et dont il n'a pas été tenu assez compte, de la religion et de l'éducation, un instituteur musulman et un marabout devront être partout où se trouveront une église et une école françaises.

Qui pourrait douter que les indigènes qui ont de quoi affermer les terres des grands, moyennant un prix fixé en argent ou des redevances en nature, n'aimeront pas mieux cultiver des terres dont ils auront à toujours la libre propriété, pour eux et pour leurs descendants, que les terres où ils ne seront que métayers, vassaux, khammas congéables à volonté? La terre algérienne et aussi l'agriculture y gagneraient. Le cultivateur chercherait à améliorer le sol dont il serait maître, tandis que, sans le renouveler jamais, il épuise le sol où il n'est pas sûr de rester après la moisson.

Croire que par esprit de nationalité, et surtout de nationalité vaincue, le prolétaire indigène préférera la perpétuité du fermage et du salaire chez un maître de sa race à la propriété et à la liberté sur des terres possédées au même titre que celles de la race conquérante, alors que dans cette possession il y aura pour lui avantage de bien-être, augmentation de fortune, sans aucune des redevances matérielles et morales auxquelles il était tenu, ce serait en vérité ne point connaître la démocratie arabe, qui, en ceci, ressemble à toutes les classes dépossédées? Est-ce que déjà le travailleur arabe n'aime pas mieux très-souvent prendre à ferme les terres possédées par les Européens que les terres de ses seigneurs? Il les obtient à des conditions meilleures; il y est plus son maître. Mon ami, M. le Buhotel, dira que, s'il n'avait pas eu d'autres vues, toutes les grandes possessions de Bendaly-Bey, de l'Haouch-Bridja, s'en iraient ainsi découpées en fermes arabes.

De cet enchevêtrement de l'habitation, du travail, de la famille, de la religion, de l'éducation, des mœurs indigènes dans les habitations, les travaux, les familles, les mœurs et les écoles européennes, il est impossible qu'avant même deux générations il ne sorte point pour la colonie des résultats très-appréciables. Ai-je besoin de les nombrer? Le principal ne serait-il pas que la portion vraiment active, celle qui travaille, qui paye et qui se bat, serait pour toujours enlevée à l'influence et à l'action de la portion qui intrigue, vit du travail d'autrui, et pour ses ambitions, ses haines, ses priviléges, pousse les masses sur le champ de bataille? Or, ne faut-il pas en finir avec cette action et cette influence, puisqu'il est vrai que ce sont elles qui ont toujours fomenté la guerre? Chaque fois, en effet, que les petits commençaient à trouver un intérêt pour venir à nous, les grands survenaient, qui les forçaient à reprendre les armes.

Et puis, dans ce contact de chaque jour, dans cet échange de petits services qu'impose forcément tout voisinage, que d'aspérités seraient émoussées, que de préjugés dissipés, que d'antipathies éteintes! Malgré le système du cantonnement des races suivi jusqu'ici, partout où une maison, une ferme, un village confinent avec quelques gourbis, ne voit-on pas les habitants de ceux-ci, les enfants surtout, les femmes mêmes, ne point trop éviter de recourir aux assistances de leurs voisins, et en retour chercher les occasions de rendre des services?

Qu'on ne dise pas que l'Arabe, nomade par nature, ne voudra pas se fixer à demeure sur les terres; qu'il préfère son gourbi ou sa tente à nos maisons de pierre. Quand l'Arabe a travaillé une terre qui lui rapporte, il y tient autant que l'Européen à ses propriétés : il se bat pour ne pas la quitter; il plaide pour en protéger les produits ou en conserver les droits. Quand on lui parle de sa tente incommode, de son gourbi misérable, il sait bien vous dire qu'il n'est pas aussi riche que le *sidi*, pour avoir comme lui une maison dont sa main et ses yeux indiquent là-bas, dans le lointain, les murs blancs et le toit rouge. Et il dit cela avec un sentiment de tristesse où se glisse bien un peu d'envie, tout comme en Europe chez un paysan reportant ses regards de sa chaumière sur le château.

Il ne faut pas croire non plus que l'Arabe ne voudra pas voir son culte et ses marabouts à côté de notre culte et de nos prêtres. Je l'ai dit : le fanatisme musulman s'en va de l'Algérie. Le jour où l'Arabe verra son culte et ses marabouts devenir l'objet de notre tolérance, de notre protection légale, il en sera aussi touché que les israélites et les protestants le jour où ils furent appelés au libre exercice de leurs

religions, qui ont leur place au budget. Nous n'aurons, au surplus, qu'à laisser agir les marabouts eux-mêmes, hommes fort éclairés pour la plupart. Et si nous y aidons un peu, ils sauront bien dire aux croyants que le Coran renferme des *surates* qui placent les chrétiens et les musulmans sur la même ligne d'enfants de Dieu ; qu'il en est d'autres où il est dit : « L'Évangile est le flambeau de la foi ; il éclaire
» et instruit ceux qui craignent le Seigneur. Les chré-
» tiens seront jugés d'après l'Évangile ; ceux qui les
» jugeront autrement seront prévaricateurs. » Qu'enfin il est dit ailleurs : « Nous croyons à la doctrine de
» Moïse, de Jésus et des prophètes, sans mettre
» aucune différence entre eux. »

Une fois les marabouts intéressés à marcher dans cette voie (et il est facile de les y intéresser), il sortira de leurs rangs des écrits où seront mises en lumière toutes les idées de tolérance qui doivent rapprocher les musulmans et les chrétiens. Ce livre, donné en lecture dans les écoles indigènes, encouragées et surveillées, agirait nécessairement sur la génération grandissante, et hâterait l'heure de la fusion sociale par la fusion intellectuelle et morale des idées de la fraternité religieuse, pour s'étendre de là aux idées de la fraternité de peuple.

— Mais les écoles ? Est-ce que les indigènes les connaissent, les fréquentent ? Cette question peut se poser en Europe, en France ; en Algérie elle est résolue affirmativement par les faits. Parmi ces Arabes en burnous souillé et déchiré, trottant sur leurs ânes, tanguant sur leurs chameaux, accroupis au seuil de leur tente ou devant votre porte, vous vendant n'importe quoi, il en est bien peu qui ne sachent au moins lire ; beaucoup savent écrire.

Lire et écrire, telle est l'éducation élémentaire assez généralement répandue dans la race indigène. Alger fourmille d'écoles primaires musulmanes où s'entassent par douzaines de petits et même de grands enfants, à l'œil intelligent et vif, au front large et haut, à la bouche souriante et vermeille. Et non-seulement à Alger, mais à Kouba, à Birmandrez, à Birkadem, dans tous les villages, dans tous les anciens centres de population d'où la guerre et la colonisation européenne n'ont pas complétement refoulé les indigènes, on voit tous les jours, ouverte à l'œil des passants, une porte cintrée, par où s'échappent des marmottements continus qu'on prendrait pour des psalmodies monacales. Là est une école primaire avec ses tableaux, ses pages d'ardoises, ses *moniteurs*, où les petits musulmans lisent, écrivent, apprennent et se répètent l'un à l'autre les versets de leur livre sacré. On dirait d'une école de notre enseignement mutuel.

Comme en Angleterre, qui a ses écoles de paroisse, chaque maraboutin, en Algérie, a son école indigène ; et, de même que les écoles de paroisse n'ont d'autre livre que la Bible, les écoles indigènes n'ont d'autre livre que le Coran. Sans doute, c'est peu !

bien qu'en France durant une longue suite de siècles nous n'ayons pas eu sur ce point le droit de nous montrer fort difficiles; mais il ne saurait être impossible d'importer mieux chez un *peuple barbare* qui de lui-même, et sous le joug abrutissant des Turcs, a conservé ce premier levier de toute faculté intellectuelle et morale. L'éducation est tellement dans les besoins instinctifs de la race indigène; cette race porte si bien en elle les traditions vagues et confuses de son ancienne célébrité, de sa science et de ses arts, qu'à l'extrême frontière du grand désert on trouve l'enseignement primaire au sein des tribus du Sahara algérien, et que, dans la sauvage et indomptée Kabylie, une portion considérable de l'*achour* levé par les chefs est affectée à l'entretien des écoles.

Que l'étude de la langue française soit rendue obligatoire dans les écoles musulmanes, comme dans tous les pays de conquête l'a toujours été la langue du vainqueur pour finir par devenir dominante; qu'au moyen d'une école normale spéciale on s'occupe de former des instituteurs auxquels sera livrée peu à peu l'éducation primaire des indigènes; qu'on fasse de la fréquentation de ces écoles une condition des concessions de terres, des faveurs de l'autorité, de l'investiture de fonctions ou de titres, toutes choses dont la race arabe se montre fort avide, et en peu de temps on aura fait naître le goût et le besoin de l'enseignement de nos écoles secondaires, je ne dis pas de celles où se cultivent les études classiques, mais où se puisent au moins les rudiments de l'éducation professionnelle.

Ces écoles du second degré ne seront pas plus désertes que les écoles primaires. La pente du génie arabe va à tous les genres d'enseignement, car il se compose de curiosité, d'attention, de finesse et de méditation. Bien souvent, quand nous nous fâchons contre l'indigène, c'est contre nous que nous devrions tourner nos impatiences. « L'Arabe ne peut pas nous comprendre, disons-nous? » Je le crois bien! nous balbutions à peine quelques mots de sa langue, et nous croyons la savoir. Mais quand les indigènes sauront la nôtre comme Saadi, le caïd des Aribs, et comme son fils Hamett; ou quand nous saurons la leur comme M. de la Porte, le chef du bureau civil arabe à la préfecture d'Alger, ou comme M. Bresnier, le savant professeur que les Arabes eux-mêmes prennent pour un des leurs déguisé en Français, on verra tout ce qu'il y a de sagacité, d'intelligence et même de vivacité d'esprit dans ces têtes graves, dans ces physionomies réfléchies, dans ces regards profonds et reluisants.

Non, non, les Arabes ne repousseront rien de nos sciences, de nos arts, de nos procédés en quoi que ce soit, en agriculture moins encore, le jour où ils seront convaincus que nous en obtenons des rendements bien supérieurs aux leurs; déjà ils commencent à l'être. Quand un indigène loue ses bras, le premier aveu qui lui échappe, c'est qu'il ne sait pas faire à la mode européenne; le second, qu'il veut apprendre. — « Enseigne-moi, » dit-il. On l'enseigne, il fait, et en peu de temps il fait bien; plus intelligent souvent, et en tout cas mieux voulant que bon nombre de travailleurs européens, rivés à leur petit savoir, dont ils sont fort entichés.

Par les instituteurs nous tiendrons les générations à venir; par le médecin nous pouvons avoir la génération qui marche. On dit, je le sais, que les indigènes n'ont foi qu'en leurs *toubibes*, qui les taillent et les brûlent, avec accompagnement d'amulettes et de versets du Coran; que surtout ils se montrent intraitables à l'endroit de la vaccination des enfants.

Pour ce qui est de la vaccine, il fut un temps en France, et pas bien loin de nous, où, excommuniée du haut de la chaire, bafouée par les bons mots des grands et des petits salons, elle était un objet d'effroi dans les campagnes, et d'émeutes en jupon dans les villes. Aujourd'hui, il n'y a peut-être pas un enfant sur mille qui ne soit vacciné. Le temps et la raison, aidés par tous les moyens de coercition morale dont les gouvernements disposent toujours, ont amené ce résultat conservateur de la race humaine. Les mêmes moyens auront le même succès dans l'Algérie indigène.

Si les Arabes, en effet, ont eu pour les médecins de l'Europe l'éloignement qu'on a remarqué, il faut s'en prendre à l'état de guerre. La génération actuelle n'avait vu jusqu'ici la science médicale que l'épée au côté et derrière un canon. Il n'est donc pas étonnant qu'elle ait confondu dans un même sentiment de défiance et de répulsion la main qui tue et la main qui peut guérir. Mais en 1852, quand M. le docteur Baudens alla faire en Algérie cette tournée d'inspection d'où est sortie la réorganisation si nécessaire du service médical, je lui ai entendu raconter une foule de faits qui prouvent qu'en ceci, comme en tant d'autres choses, les sentiments des indigènes sont considérablement modifiés. Les tribus mêmes les plus éloignées de notre centre d'action allaient au-devant de cet illustre messager de la science ; elles l'attiraient dans leurs gourbis ou sous leurs tentes, le consultaient, retardaient son départ, et multipliaient partout pour lui les honneurs de la Diffa. Moi-même aussi, n'ai-je pas été témoin des consultations que les indgènes venaient tous les jours chercher auprès du docteur Payn, la douce et inaltérable amitié du pays de mon exil? Quand je le suivais dans ses courses aux tribus, ne voyais-je pas les respects que lui attirait son titre de *toubibe?*

Si, depuis la pacification, le médecin n'a pas pris dans la famille arabe l'influence et le rôle que lui ont donnés les peuples de l'Europe, la faute en revient, pour une très-grande part, au système de cantonnement qui a parqué les indigènes loin de tout contact avec les populations civiles, et comme en dehors du parcours des circonscriptions médicales. Mais que, par l'application soutenue du système de fusion, les indigènes se trouvent mêlés avec les Européens dans les villages et dans les communes; que la demeure arabe ne puisse pas plus être fermée aux investigations régulières de la médecine administrative qu'elle ne peut l'être aux constatations de la médecine légale; qu'il en soit fait, comme pour la fréquentation des écoles, une condition des concessions et des faveurs; qu'enfin la loi française contre l'exercice illégal de la médecine soit rigoureusement appliquée aux charlatans indigènes, et le médecin colonial ne tardera pas à devenir le plus puissant ouvrier de la fusion francoarabe. Il aura les hommes par les femmes, et les femmes par les enfants.

Car dans l'Algérie indigène la femme est plus influente, moins esclave qu'on ne le croit. On la retrouve là ce qu'elle est partout, avec ses instincts, ses coquetteries, ses curiosités, sa pénétration, ses finesses, la puissance de ses larmes ou de ses joies, de ses réserves ou de ses abandons; avec toute la conscience de son empire, avec toute son habileté à faire des dehors même les plus abaissés de sa soumission le déguisement et l'appui le plus assuré de sa force, à trouver dans les passions des hommes le secret de leurs plus extrêmes faiblesses, et à garder ainsi une certaine part d'influence jusque dans les inconstances et les bigamies que la loi musulmane consacre et légitime.

Pour ma part, j'ai toujours trouvé un charme infini dans les détails que des dames européennes qui parlent la langue arabe donnent sur les familles indigènes, dans l'intérieur desquelles les femmes seules sont admises. Quel empressement affairé chez ces pauvres recluses à tout regarder, tout demander, tout manier, tout essayer! En un clin d'œil, chapeaux, rubans, dentelles, broderies, châles, bijoux, robes, corsets mêmes, tout y passe. Ce sont alors des airs, des manières, des tournures, des sourires, des regards, des satisfactions folles sous ces accoutrements, devant les hautes glaces de Venise ou les petits miroirs mauresques incrustés dans les éventails de plumes d'autruche.

Puis viennent les curiosités, les questions les plus naïves, souvent les plus embarrassantes, sur les femmes et sur leur rôle dans la famille et dans la société en France. Tout cela finit par des nuages qui passent dans les grands yeux noirs qui se baissent, sur les beaux fronts qui se penchent : c'est la tristesse qui suit la révélation de tant de choses qu'on ignore, qu'on ne possède pas ; ce sont des retours sur la monotonie de l'existence, en face de cette infinie variété de riens charmants dont est fait le tissu de la vie d'Europe ; c'est le sentiment de toutes les libres expansions de la nature et de la destinée de la femme qui s'agite dans des âmes où la domination jalouse de l'homme les a comprimées.

Il ne me semble donc pas impossible de faire sortir peu à peu l'éducation et la vie des femmes indigènes du cercle tyrannique où elles ont été enfermées dans le gynécée. La polygamie et le *claustrage* de la femme sous les voiles ou sous les verrous n'ont existé et ne se peuvent maintenir (ceci est un enseignement de l'histoire universelle) que sous l'action incessante du despotisme politique et social le plus complet. Or, ce n'est point pour la perpétuité de ce despotisme que nous avons conquis l'Afrique il y a vingt-quatre ans, et qu'aujourd'hui la France et l'Angleterre ont porté secours au chef de l'islamisme. Le coin de la politique égalitaire vient de pénétrer dans le privilége musulman. Toutes les pièces de l'armure religieuse et sociale en seront disloquées. Ce n'est pas un des moindres indices des coups déjà portés, puisque celui-ci s'adresse au préjugé le plus intraitable, que d'avoir vu, par ordre du padischa, les portes du harem impérial s'ouvrir devant des femmes libres et chrétiennes.

En Algérie, des pensionnats, des écoles, mis par une administration intelligente et ferme à l'abri des ardeurs du prosélytisme du clergé chrétien, dont les chefs de la foi musulmane seraient assurés de conserver la direction religieuse, et pour la fréquentation desquels il serait fait ce que j'ai demandé pour les écoles de garçons, ne manqueraient pas d'écolières. En peu d'années, la femme de l'Algérie indigène, par l'importance qu'elle prendrait dans la famille, par la place qui lui serait faite dans les positions diverses de la société, par son action sur les mœurs, s'avancerait à son tour dans les voies de son émancipation, et deviendrait ainsi, en Afrique, comme la femme l'a été en Europe, un des éléments les plus actifs de la civilisation de sa race. C'est par la femme alors que se complétera la fusion franco-arabe, et que l'Algérie cessera de prolonger indéfiniment le spectacle de ces rivières qui à leur confluent joignent leurs eaux sans les confondre et les mêler.

Quand l'éducation aura passé le niveau du génie français sur les deux sexes de l'Algérie indigène, elle aura eu justice des préjugés mutuels qui font deux races et deux peuples, de l'Européen et de l'Arabe, du chrétien et du musulman. Il se contractera alors des mariages mixtes, comme on a vu le progrès humain et social, triomphant de préjugés non moins enracinés, amener des unions de famille entre les nobles et les vilains, entre les chrétiens et les israélites, entre les catholiques et les protestants.

Le temps, qui a fini par rendre ces unions faciles, pourra briser aussi bien les difficultés qui semblent rendre à jamais impossibles les mariages entre chrétiens et musulmanes, entre musulmans et chrétiennes. Et par le temps, je veux dire tout ce qu'il amène de nécessités de rapprochements et de fusion dans les intérêts qui s'agitent au sein d'une même contrée. Une fois ces intérêts en marche, rien ne les peut plus arrêter; et ils vont jusqu'aux extrêmes conséquences de la loi logique de leurs développements et de leur perpétuité.

IX.

Agent immédiat de la fusion franco-arabe. — Imposition de la loi civile et sociale du peuple vainqueur. — Exemple tiré de la conquête romaine. — Aspirations des indigènes vers la loi française. — Conséquences de leur admission à l'égalité devant la loi. — Augmentation de population et de travail. — Les tribus sahariennes. — Leur état social.

Le dernier mot de l'extermination et du refoulement ayant fait reculer ceux-là mêmes qui avaient préconisé ce système et y avaient mis le plus la main; le gouvernement des Arabes par compression ne pouvant que retarder, sans être d'aucune utilité pour la colonisation, le but civilisateur que se propose toute conquête en Afrique, il n'y avait plus de possible que le système de la fusion des races par la fusion des intérêts. C'est pour le faire aboutir que j'ai proposé l'affaiblissement graduel de la nationalité arabe au moyen du fractionnement et de l'éparpillement des tribus avec leur enchevêtrement dans les terres et les villages européens. Bien que les intérêts moraux de la religion et de l'éducation s'y viennent grouper autour, ces moyens ne sont, à vrai dire, que matériels; ils procèdent par voie d'infiltration sûre, mais lente.

Leurs résultats ne sont donc guère que des contingents d'avenir; et, à certains égards, l'éducation et la religion elles-mêmes ne feront pendant quelque temps que marquer les différences de mœurs et de races.

L'agent immédiat de la fusion franco-arabe est donc ailleurs.

An Algérie, comme dans tous les pays de conquête, il est dans l'imposition de la loi des vainqueurs aux vaincus. Elle seule peut, au même instant et partout à la fois, atteindre l'élément indigène dans toute son homogénéité : propriété, individu, droits, affaires, mœurs, idées; le saisir et le jeter tout vivant dans le creuset de l'assimilation française.

Et par loi, je n'entends pas la loi générale de toute conquête, la loi politique de l'asservissement. Celle-ci ne sert qu'à perpétuer la distinction en vainqueurs et en vaincus; elle entretient ainsi les haines chez les seconds et les insolentes exigences chez les premiers. Mais par loi j'entends la loi civile, la loi sociale, qui, en créant l'égalité entre tous les habitants d'un même pays, fonde, par l'unité de législation, l'unité de peuple. Où règne l'unité de la loi, il y a égalité de droits; et où cette égalité règne, il importe peu qu'il y ait des races diverses : il y a bientôt une nation unique.

C'est ce qu'avaient parfaitement compris les Romains. Ils apportaient leurs lois civiles aux nations subjuguées, et celles-ci les adoptaient avec amour, parce que, fruit d'une civilisation supérieure, ces lois leur paraissaient être, ce qu'elles étaient en réalité, bien plus favorables à tous les développements humains et sociaux, vers lesquels toute race, si abandonnée qu'elle soit, est portée par ses plus secrets instincts. Ce fut ainsi que les Gaulois constitués en clans ou tribus, se gouvernant pentarchiquement par des grands et par des prêtres, comme les Arabes, se montrèrent, après la conquête de César, si faciles à accepter la loi et l'organisation romaines, qui représentaient la civilisation. Après la conquête franque, au contraire, ces mêmes Gaulois, devenus Romains depuis cinq siècles, se montrèrent hostiles à leurs nouveaux conquérants, parce que la loi germaine représentait la barbarie.

La loi civile, la loi sociale, l'administration et la justice de la France, voilà le moule dans lequel il faut jeter les individualités et les intérêts indigènes de l'Algérie. Il va sans dire que je suppose tous ces éléments, régulateurs de la vie civile et sociale, dégagés des abus dont l'Algérie française a eu tant de peine jusqu'à ce jour à traîner le fardeau.

Quand j'ai fait de l'enchevêtrement des tribus et de la propriété indigène, dans les circonscriptions européennes, le principe fondamental de la fusion franco-arabe, j'avais en vue l'importation de la loi française et les moyens de la faciliter. Tant que les Arabes, en effet, seraient cantonnés en tribus, n'ayant à démêler qu'entre eux des intérêts d'affaires et de famille, on ne pourrait guère, à moins de faire de la tyrannie pour la tyrannie, leur en imposer la régularisation par nos lois. Du jour de leur immixtion dans la population et dans les terres européennes, il est tout naturel, au contraire, qu'ils se trouvent sous leur empire pour tous les droits dont elles règlent l'usage.

Mais, objectera-t-on, la loi religieuse est aussi la loi civile et sociale des indigènes; et, en touchant à celle-ci, la loi française touchera à celle-là.

Je réponds :

Est-ce que les israélites n'ont pas aussi leur loi religieuse pour loi civile? cette loi n'est-elle pas en désaccord sur bien des points avec la loi française? Il suffit d'avoir lu la Bible pour le savoir. Les israélites en subissent-ils moins le régime de notre législation pour tous les actes de leur vie et de leurs affaires auxquelles ils veulent donner des effets civils, sans lesquels ces actes ne pourraient lier les tiers non-seulement étrangers à leur foi, mais israélites même, qui auraient intérêt à se prévaloir d'une dérogation à la loi civile de la France, ou de tout autre pays dans lequel ils ont leur domicile?

Eh bien, le musulman, pour son for intérieur, demeurera soumis au Coran, comme l'israélite l'est à la Bible; mais, comme celui-ci, il sera soumis à la loi française pour son for extérieur. Le joug civil que la loi de Moïse a dû subir dans le monde entier, la loi de Mahomet le subira dans l'Algérie. Les Arabes sont chez nous et non chez eux, puisque nous les avons conquis; l'Algérie appartient à la France et non aux Arabes. Si c'est nous qui sommes chez eux, si l'Algérie est et doit rester arabe, alors laissons les indigènes administrer et gouverner, adoptons leurs lois et leurs mœurs, ou plutôt allons-nous-en, et qu'ils jettent aux vents les ossements de nos colons et de nos soldats, enfouis dans le sol sans l'avoir fécondé, comme ils ont entassé dans leurs pots de terre une grosse part des deux milliards que nous a coûté notre occupation si longtemps ruineuse et inféconde.

Mais qu'est-il besoin de nous inquiéter à ce sujet?

Malgré toutes les énormités qui les ont refoulés dans l'isolement, les indigènes n'ont pu résister à la pente forcée des choses, qui, par leurs instincts et leurs besoins, les poussait à toutes sortes de relations avec nos colons et nos marchands. Ces relations ont amené des discussions, des procès. Sauf les lenteurs procédurières, qu'ils trouvent exagérées et ruineuses, comme nous les pouvons trouver telles nous-mêmes, ils mettent les décisions de notre justice fort au-dessus de la justice de leurs caïds, rarement exempte de passion et de vénalité, autant qu'elle l'est peu de formes violentes et d'exigences concussionnaires. L'immixtion des propriétés et des individualités indigènes aura donc pour résultat inévitable de multiplier, par leur frottement journalier aux intérêts européens, les occasions d'en appeler à la justice et à la loi françaises.

De là à faire régler par cette même justice et par

cette même loi les intérêts de tout genre entre indigènes, il n'y a pas loin. Il n'y a pas les moindres répugnances à vaincre. Qu'on se dise : Il faut que cela soit! et cela sera, aux applaudissements de cœur et de bouche.

Avec la connaissance que je crois avoir du caractère arabe, dont l'orgueil forme le fond; avec la conviction intime qu'ils ont et qu'ils avouent de notre supériorité comme peuple, sinon toujours comme individus, il m'est démontré que les Arabes ne seront réellement pacifiés, ne seront bien à nous que le jour où nous les aurons admis, en partage égal, au bénéfice de nos lois civiles, de notre administration, de notre justice, et où par conséquent nous les aurons affranchis de toute justice, de toute administration, de toute loi pesant sur eux et non sur nous; que le jour où nous aurons proclamé, pour nos sujets de l'Algérie indigène, cette égalité dont nous avons imposé le devoir au sultan pour tous les sujets de son empire, et dont nous lui avons fait la condition comminatoire du secours de nos armes; que le jour enfin où, administrés et gouvernés comme nous, au même titre que nous, les indigènes auront la satisfaction de croire et de dire qu'ils sont nos égaux comme peuple, de même qu'ils se disent que, comme hommes, ils nous valent bien.

Le jour où cette égalité devant la loi et la société françaises sera proclamée en Afrique, la colonisation sera fondée définitivement, la population franco-arabe ira à son avenir, de même que la nationalité gallo-romaine alla au sien du moment que César Auguste eut proclamé à Narbonne l'assimilation des Gaules et leur constitution en provinces romaines. L'histoire dit si ces *barbares Gaulois*, dont nous sommes les fils, ne devinrent pas, en moins d'un demi-siècle, les émules et les égaux des conquérants romains; à l'armée, au sénat, dans les curies, dans les jurandes, dans les arts, dans les sciences, dans les lettres, en vices comme en vertus, en grandes cités et en gigantesques monuments.

Or, je ne saurais trop le répéter, pour entrer dans les voies de l'assimilation française, les Arabes se trouvent aujourd'hui dans des conditions acquises de perfectibilité bien plus avancées que celles où étaient les Gaulois quand Auguste les poussa dans l'assimilation romaine.

Autant qu'il est permis à la raison de s'élever du connu à l'inconnu, par la logique des faits humains et sociaux, l'assimilation franchement exécutée me semble devoir amener trois résultats heureux :

Augmentation de population et de travail;

Accroissement de la fortune publique;

Organisation d'une force militaire qui dégrèvera le budget de la France, et nous laissera en Europe la libre disposition de notre armée.

Je vais examiner ces trois propositions. D'abord, augmentation de population et de travail.

Par delà les deux chaînes de l'Atlas, qui courent

parallèlement du Maroc à Tunis, s'étendent des plaines et de montagnes de sables mélangées d'oasis : c'est le Sahara algérien. Ce n'est pas encore le désert, c'en est la lisière. Les terres arables y sont en très-petite quantité : elles ne suffisent pas à nourrir la populalation, qui n'y vit guère que des dattes du palmier, dont elle fait sa culture principale, mais que, sous peine de maladies et de mort, elle doit mélanger d'autres aliments.

Cette portion de l'Afrique est habitée par des tribus sédentaires et par des tribus nomades. Celles-ci campent sous la tente; celles-là résident dans des villes et dans des bourgades fortifiées pour la plupart, c'està-dire enceintes de murs crénelés, en cailloux ou en pisé, à hauteur de cinq ou six mètres, pour les tenir à l'abri d'un coup de main. Les deux points extrêmes de ces oasis au milieu des sables sont Tougourth, qui touche au royaume de Tunis, et Insallah, qui confine au royaume de Maroc, avec Ouarglah pour point de partage de l'est et du sud.

Bien que nos postes n'arrivent qu'à Biskra, dans la province et au sud de Constantine, et à Bogars, au sud d'Alger, notre domination s'est avancée jusqu'à Élarouat, où nous mîmes un kalifat, et jusqu'à Tougourth même, dont le chef paya l'impôt au duc d'Aumale en échange du burnous d'investiture. La tribu nombreuse des Beni-Mzab a fait dans un temps des ouvertures de soumission; et Ouarglah, qui est la ville la plus rapprochée du désert ou grand Sahara, a envoyé un des chefs de sa djéma (assemblée nationale) pour prendre connaissance de l'Algérie française, et savoir quels avantages elle pourrait retirer de relations commerciales avec nous.

Dans les temps anciens, c'est-à-dire aux époques antérieures aux invasions arabes, maures et turques, le Sahara algérien n'était peuplé ou plutôt parcouru que par des tribus nomades. Mais ces invasions successives firent refluer vers cette portion de l'Afrique un grand nombre de tribus sédentaires des montagnes et de la plaine, du *Tell,* pour parler le langage topographique des historiens. Ces tribus se trouvèrent en face des tribus nomades, qui, propriétaires des oasis où elles dressaient leurs tentes l'hiver, et d'où elles s'éloignaient l'été pour aller au désert, les cédèrent ou plutôt les affermèrent aux nouveaux arrivés, à charge de culture et de redevance. Obéissant à leurs instincts sédentaires, les tribus refoulées construisirent des villes et des bourgs, dont le nombre est plus considérable aujourd'hui que sur le Tell algérien lui-même.

Les tribus nomades campent autour, comme autrefois les Francs des premiers jours de la conquête campaient autour des villes de la Gaule dont ils avaient fait leurs tributaires. Au Sahara aujourd'hui, comme dans la Gaule jadis, les nomades sont les seigneurs, les citadins sont les vassaux, les vilains! car l'Arabe nomade tient en profond mépris l'Arabe de la ville, qu'il traite d'Arabe dégénéré. L'habitant le plus pauvre de la tente en poil de chameau croirait déroger, comme autrefois le féodal, s'il donnait sa fille en mariage au plus riche habitant de la maison de pierre.

Voilà, à cette heure encore, l'état social dans le Sahara algérien. La vie n'y est donc pas tellement heureuse pour les anciennes tribus émigrées du Tell qu'elles ne voulussent point en changer, et qu'il fût impossible, si elles étaient sûres d'y retrouver ce que leurs pères ont perdu, de leur inspirer le désir de rentrer dans leur primitive patrie. Le regret de l'avoir perdue est entretenu par l'infériorité dans laquelle elles vivent, et accru, à périodes fixes, par les dévastations de tout genre dont elles sont les victimes solidaires, toutes les fois que les tribus nomades se livrent bataille; or, l'anarchie et la guerre sont l'état normal des Arabes nomades, vagabonds féodaux, pirates du désert.

Pour activer et faire aboutir, chez les tribus sédentaires et vassales du Sahara, cet esprit de retour dans le Tell, il n'y aurait, je pense, ni grands efforts, ni expéditions lointaines, ni puissants moyens diplomatiques à mettre en jeu. Sans quitter le Tell, sur place, aux heures des marchés en certaine saison, une administration intelligente et vraiment colonisatrice pourrait y suffire.

X.

Moyens de rappeler les tribus sahariennes dans le *Tell*. — Les Kabyles. — Opinion des Algériens sur leur compte. — Preuves. — Le caïd du Sebaou et l'impôt. — Commerce de 25 millions. — Ce que l'impôt aurait été sans la guerre. — Provocations d'Abd-el-Kader autrefois repoussées. — Comment se fait-il que celles d'un intrigant soient écoutées aujourd'hui. — Appel à la France. — Ne pas recommencer contre l'Algérie kabyle les fautes commises contre l'Algérie arabe. — Elles coûteraient plus cher. — Instincts secrets des peuples barbares. — Leur fécondation.

Manquant de céréales, de grains, des aliments divers, sans le mélange desquels les dattes sont une cause de maladies et de mort, le Sahara algérien doit s'en approvisionner quelque part. Le Tell est le seul marché qui lui soit facile : le Tell est véritablement le grenier du Sahara. Aussi est-il de proverbe chez les tribus sahariennes : « Qu'elles ne peuvent être ni mu-
» sulmanes, ni juives, ni chrétiennes; qu'elles sont
» les amies de leur ventre; que le Tell est leur mère,
» et que celui qui l'épouse est leur père. »

Or, nous avons *épousé* le Tell.

C'est, chaque année, après la moisson, que les tribus sahariennes accourent en foule sur les marchés du Tell pour faire leurs approvisionnements de grains, de denrées, de marchandises de toute sorte, apportant en échange les produits de leur sol et de leur industrie : dattes, burnous, laines, plumes d'autruche, et les objets qui leur viennent du Soudan par les caravanes : ivoire, poudre d'or, gommes, etc., etc. Ces approvisionnements et ces échanges sont soumis à un impôt *Lazma, Eussa*. Cet impôt passe par les mains des caïds présidents des marchés, qui le font arriver aux bureaux arabes, d'où il est versé au fisc.

Tant que les tribus sahariennes, depuis leur expatriation, ont retrouvé dans le Tell l'état de conquête et d'oppression devant lequel leurs pères s'étaient enfuis, il a été naturel que, les échanges et les approvisionnements une fois terminés, elles aient repris le chemin de leurs oasis, sans rien regretter de leur ancienne patrie, continuant à lui préférer la vie misérable qu'elles menaient dans la nouvelle; mais si la fusion franco-arabe, comme j'en ai la conviction, porte les fruits qui sont au fond du principe de l'égalité devant la loi française, est-ce qu'il y aurait folie à croire que l'exemple des Arabes du Tell relevés de toutes les déchéances de peuple conquis, affranchis des oppressions et des exactions seigneuriales des grands, agira puissamment sur les tribus sahariennes? Est-ce que, à celles, par exemple, qui ont conservé les traditions de leur origine chrétienne, dont les nomades leur font une insulte, il ne viendra pas le désir d'avoir, elles aussi, comme leurs sœurs du Tell, des concessions de terres? de remplacer, par une propriété productive, un fermage stérile? d'êtres libres sous une loi douce et protectrice pour tous, plutôt que de rester en état de vasselage, livrés à l'exploitation désordonnée des nomades? N'aimeront-elles pas mieux créer à leur tour, consommer et vendre sur place ces grains, ces denrées qu'elles viennent chercher de si loin, à travers tant de périls et de fatigues, et dont souvent pas une parcelle ne rentre dans leurs oasis, pillées qu'elles sont au retour par les tribus errantes qui les attaquent et en font carnage?

Je ne sais si elle m'abuse, mais ma raison me dit qu'avec une administration et une justice telles que je les conçois, telles qu'il faudra bien finir par en doter la colonie africaine, dégagées de lenteurs, de complications, de routine, et surtout des frais énormes qui ruinent les justiciables, il y a, pour un avenir non éloigné, dans le Sahara algérien, une pépinière féconde de bras pour le travail colonial.

Que, pour faire de ce système de migration un rêve d'utopiste, on ne lui oppose point l'état peu avancé de la société saharienne.

Comme dans presque toutes les contrées algériennes, il n'est au Sahara ni villes, ni bourgades qui n'aient des écoles, des marchands, des métiers dont les objets fabriqués ne sont pas tous sans mérite, et dont les juifs maures font une branche assez fructueuse de leurs nombreux trafics. Dans les centres de population, où l'eau manque à la surface du sol sablonneux, les habitants, — bien des siècles avant que les Parisiens soient allés admirer leur puits de Grenelle, — ont su en trouver pour eux et pour l'irrigation de leurs terres, au moyen de puits artésiens, de vrais puits artésiens, avec des troncs de palmiers creusés pour tubes, par où l'eau monte et jaillit à de grandes hauteurs. Enfin, les caravanes que les tribus envoient et celles qu'elles reçoivent les ont mises depuis longtemps en contact avec le commerce; et ce sont là de grands courants d'importation de sociabilité.

Les races sahariennes sont donc, à mes yeux, des populations suffisamment préparées pour incliner vers notre civilisation, si notre civilisation ne croit pas devoir aller à elles.

Il est d'autres tribus mieux préparées encore à accepter la loi de l'assimilation des intérêts, et sur lesquelles agira plus immédiatement, plus puissamment le spectacle civilisateur de la fusion franco-arabe.

Ce sont les tribus kabyles, enclavées dans nos possessions, échelonnées, entre la mer et le désert, sur les flancs de la formidable chaîne du Djurjura qui sépare la province d'Alger de la province de Constantine.

J'ai déjà dit qu'elles ne demandaient pas mieux que d'être conquises pacifiquement, par toutes les voies possibles de l'industrie et du commerce. J'en apporte aujourd'hui les preuves.

Touristes ou négociants, quelques Algériens de savoir et d'observation ont pris à cœur l'étude sur place de la Kabylie. Tous m'ont résumé en ces mots les résultats de leurs recherches : « La Kabylie est le jardin de l'Algérie. Sa population est la plus industrieuse, la plus brave et la plus généreuse de l'Afrique. »

En témoignage de ce dernier trait du caractère kabyle, un de ces Algériens, homme de mérite et de sincérité, m'écrivait qu'il avait eu occasion de traverser les tribus dites ennemies à l'époque où M. le général Pélissier, le vainqueur des grottes du Daara, expéditionnait dans la vallée de Sebaou, à Tizi-Ouzou, au Guechloula, et que loin d'avoir eu le moindre danger à courir, il se louait de l'accueil qu'il avait reçu. — « Oh ! je ne suis pas le seul, ajoutait il. Dans des circonstances analogues, si peu favorables, même chez les peuples civilisés, à l'expansion cordiale des sentiments de l'hospitalité, en pleine tribu des Flissas-el-Bahar, au moment où cette tribu se battait contre une colonne de l'armée expéditionnaire, j'ai rencontré M. Esparvié, négociant de Delhys, qui conduisait des vivres à nos troupes. Cet honorable commerçant me dit alors qu'il avait été partout le bienvenu, que, loin de lui être hostiles, les Kabyles lui fournissaient des renseignements sur la situation de nos colonnes, et parfois même des guides pour lui montrer la route. »

Un soir du mois de mars 1851, quelques Français avaient été retenus dans la vallée de Sebaou par une crue subite de la rivière de ce nom. Ils attendaient, sous la tente du caïd, la baisse des eaux pour rentrer à Delhys. La conversation tomba tout naturellement sur les menaces de châtiment dont la Kabylie était l'objet de la part du gouvernement militaire de l'Algérie. Le caïd leur dit :

— « Que voulez-vous de nous? D'abord un impôt; ensuite des garanties de sécurité pour les Français qui viendraient voyager, commercer, vivre dans nos montagnes.

» Nous ne demandons pas mieux que de vous donner satisfaction.

» Voyons : depuis que vous êtes en Afrique, vos marchands d'Alger, de Delhys, de Bougie, de Gigelly, de tous les points enfin du territoire que vous occupez, sont en rapports d'affaires avec nous. Il en est même, vous le savez, et vous en êtes un exemple, qui, pendant que la poudre parle dans nos vallées et sur nos cimes, ne craignent pas de venir sous nos tentes, dans nos villages, acheter nos huiles, nos graines, nos raisins, toutes nos denrées. Ont-ils eu à se plaindre de nous? Les avons-nous mal reçus, malmenés? Non, n'est-ce pas, puisqu'ils y reviennent, puisque vous y voilà vous-mêmes. Il est donc bien certain que nous ne faisons aucun mal à ceux qui se confient dans notre loyauté.

» Pour ce qui concerne l'impôt, il en est un tout naturel qui ne coûterait, ni à vous ni à nous, une goutte de sang, qui enrichirait votre trésor, sans opprimer notre population, et que nous payerions volontiers, car nous y trouverions notre intérêt. Établissez un fondouck dans toutes les villes et frappez sur toutes les charges de nos muletiers un droit, même, si vous voulez, de dix pour cent. »

En parlant ainsi, le caïd du Sebaou ne tenait pas un langage de probabilités et de futurs contingents : il faisait de l'actualité, de l'actualité de la veille, d'aujourd'hui, de demain.

Si les Kabyles, en effet, n'ont jamais voulu reconnaître la souveraineté des conquérants de l'Afrique, il ne faut pas en conclure que ce peuple se soit continuellement tenu à l'écart derrière ses invincibles montagnes, comme les Chinois derrière leur muraille.

Sous la domination des Turcs, comme depuis notre conquête, les Kabyles ont toujours fourni aux campagnes et aux villes du littoral et de la plaine des travailleurs fidèles et des approvisionnements de toute nature. Leurs huiles, leurs céréales, leurs fruits secs, ont toujours été un objet considérable de commerce et d'échanges. En 1851, ce commerce avec les Européens était estimé à près de vingt millions ; il a augmenté toutes les années, et je peux affirmer qu'aujourd'hui, sans la guerre qui a désolé le Djurjura, il aurait atteint sans peine le chiffre de vingt-cinq millions. Ainsi, à l'heure où j'écris, l'impôt proposé et consenti par le caïd du Sebaou, n'eût-il été que de cinq pour cent au lieu de dix, aurait fait tomber pour cette année (1854), dans le trésor de la France, un million deux cent cinquante mille francs.

Le sang de nos soldats nous a coûté plus cher et nous a rapporté moins.

Ce n'est pas d'aujourd'hui, sous la pression des menaces et de la terreur de nos armes, que les grands et les tribus de la Kabylie font entendre des paroles empreintes d'un véritable esprit de paix et de civilisation. Laborieux, prudents, forts de leur indépendance et des redoutes de leurs montagnes, les Kabyles n'ont jamais prêté l'oreille à la voix des prétendus prophètes qui prêchaient la guerre sainte contre nous.

« Si tu as à te plaindre des Français, répondirent-ils à Abd-el-Kader, qui les appelait aux armes, il n'en est pas de même de nous. Ils nous ont délivrés des vexations continuelles dont les Turcs nous rendaient victimes. Nous nous réjouissons donc de leur arrivée, et ils ne nous ont donné aucun motif de nous armer contre eux. Toi, venge-toi si tu as été offensé ; mais n'essaye pas de nous entraîner dans ta cause, tu n'y parviendrais pas. »

L'Émir ayant insisté, ils le menacèrent, suivant les expressions de M. Barbier, « de faire chanter » pour sa mort la poudre qu'il voulait faire parler » contre les Français. » Et cependant l'Émir était alors entouré de tout le prestige qui peut passionner le fanatisme musulman : il était l'envoyé de Dieu, le maître de l'heure, celui qui devait affranchir la terre des croyants et abreuver sa jument noire au baptistère des églises du Christ.

Comment se fait-il que ces tribus, qui ont repoussé

le puissant Abd-el-Kader, aient écouté la voix d'un Bou-Baghla, d'un agitateur obscur, sans prestige, sans piété, sans mérite, sans courage? Comment se fait-il que ces tribus, qui ont refusé de se révolter quand leur révolte se fût appuyée aux grandes insurrections des Arabes de la plaine, se révoltent lorsque tout le reste de l'Algérie est pacifié et que la France a ainsi contre elles la libre disposition de toutes ses forces? Quoi! l'esprit de révolte souffle, dit-on, sur la Kabylie, et pour se révolter la Kabylie a profité, non pas du moment où l'armée française presque tout entière opérait au sud vers les frontières du désert, mais du moment où nos troupes étaient rentrées dans leurs cantonnements; elle a poussé la délicatesse jusqu'à leur laisser prendre quelques jours de repos! Quoi! tant d'audace et si peu d'habileté! comment cela se fait-il?

L'histoire le dira un jour.

Moi j'adjure seulement mon pays de ne pas permettre que le jeu d'insurrections, si longtemps mené contre l'Algérie arabe, soit recommencé contre l'Algérie kabyle. Je le conjure de ne pas permettre que l'on élève et cultive dans la serre chaude des bulletins, des rapports et des journaux, quelque mauvaise contrefaçon du fils de Mahiddin, à l'usage des tribus de la montagne, comme jadis, pour se donner le mérite de le renverser, on se plut à façonner et à grandir un émir des tribus de la plaine. Nous savons trop ce que la conquête de la plaine nous a coûté de temps, de sang et d'or ; la conquête de la montagne nous en coûterait davantage.

La race kabyle est autrement vaillante et résolue que la race arabe. Les gorges et les cimes du Djurjura sont des retranchements autrement redoutables que des haies de cactus et des bois d'oliviers dans la plaine : chaque sentier, chaque gorge, chaque cime est un combat et un siége pour les soldats de la France comme en Circassie pour les soldats du czar. Après les avoir conquis, il faudra les garder, à moins de leur appliquer la paix de Tacite : *Ubi solitudinem faciunt*. Alors ce seront des forteresses à construire, des routes stratégiques à ouvrir, des villes bastionnées à élever, et, au milieu de tout cela, une garnison permanente de soixante mille hommes. En dehors de cette conquête à fond, de ce formidable déploiement de forces, il n'y aura en Kabylie, dans toute expédition de quelques milliers d'hommes, que des incendies, des dévastations, des razzias, des combats misérables, inutiles, indignes de notre puissance, toujours recommencés, jamais finis, éloignant de plus en plus le but final de notre venue en Afrique, et peut-être, en un jour néfaste, le retentissement dans la patrie en deuil de ce cri désolé de César Auguste : « Varus, rends-moi mes légions ! »

Oui, je conjure mon pays de ne pas laisser recommencer la faute des premiers jours de la conquête. Nous voulons dominer en Kabylie, tenons compte de l'élément kabyle. Le Kabyle est organisé pour la guerre et pour la paix; adressons-nous à toutes ses aptitudes pacifiques. Ne le poussons pas aux inimitiés, attirons-le aux alliances. Tout lui fait une nécessité de descendre dans nos plaines, ne lui faisons pas une loi de se retrancher dans ses montagnes; et puisqu'il veut vivre avec nous, ne le contraignons pas à nous faire mourir avec lui.

Tous les peuples déshérités, à quelque degré que ce soit, de bien-être et de lumières, ont des instincts secrets qui les poussent vers les nations et vers les terres où se trouve une plus grande masse de lumières et de bien-être. Races kabyles, races arabes, races sahariennes, subissent cette grande loi prouvée par les migrations des peuples barbares vers les foyers de la civilisation. C'est le développement de ces instincts secrets, c'est leur excitation, leur création même, que la France devrait donner pour but à son gouvernement en Algérie.

Dix années, non, pas dix années, ne se seraient point écoulées sans qu'elle en vît sortir d'immenses résultats, sans que l'Algérie eût à donner le titre de fondateur et de père au Washington africain qui les aurait obtenus.

XI.

Accroissement de la fortune publique. — L'impôt arabe. — Vices de son assiette et de sa perception. — Moyen d'y remédier. — Organisation d'une armée africaine. — Réduction de l'effectif français. — Économie dans la solde et dans l'équipement. — Action de la vie des camps sur la fusion des races. — Ce que Rome avait fait de l'Afrique.

J'ai dit qu'un accroissement de la fortune publique était, comme second résultat, au fond du système de l'assimilation.

A moins d'être, — et encore? — dans le secret de l'administration arabe, et je n'y étais pas; à moins d'avoir reçu les confidences des caïds, cheiks, agas, khalifas, traitants et sous-traitants du fisc, et je ne les ai point reçues, il est difficile en Algérie d'arriver à voir clair dans le mécanisme de l'impôt indigène. De partout ailleurs, on ne reçoit que des réponses contradictoires qui attestent seulement que l'impôt n'a pas une assiette unique, non plus qu'un mode unique de perception, et que perception et assiette varient non-seulement suivant la nature des cultures et des possessions, mais encore suivant le caprice ou l'intérêt des chefs auxquels le bureau arabe confie le soin d'en verser les deniers dans ses coffres, d'où ils passent ensuite aux caisses du fisc. Ce que l'on sait généralement, c'est que le contribuable indigène joue à qui de droit toute sorte de tours plus ou moins plaisants pour se faire en hectares, en pieds d'arbres, en têtes de bétail, plus pauvre qu'il ne l'est, sans que pour cela il en paye moins aux traitants et sous-traitants pour la quantité réelle qu'il possède.

C'est que si l'on peut trouver aux registres du trésor public le chiffre de l'encaissement, il est impossible de suivre à travers la filière compliquée de la perception le chiffre net du rendement. — « Vois-tu cette meule de beurre? me disait en riant un chef arabe; de l'haouch d'où elle part au fondouck où elle arrive, elle perd les deux tiers de son poids; elle en laisse une parcelle à chacune des mains qui la tourne, la retourne, la manie, la pétrit, et veut y goûter. Voilà pour ton pays l'image de l'impôt que nous lui payons. »

Le chef arabe disait vrai : le contribuable indigène paye, je crois, quinze millions, l'État n'en encaisse que cinq.

Cet état de choses est entretenu par l'agglomération des individus et des terres en tribus, par la continuation du régime seigneurial des grands auxquels est donnée, ou plutôt a été laissée, comme sous la domination turque, l'exploitation de l'impôt. Nous en sommes tout simplement revenus en Algérie au *gouvernement à forfait* des premiers temps de la conquête franque dans les Gaules. Les rois affermaient l'exploitation de l'impôt d'une province à des comtes qui la sous-affermaient à des juifs. Le contribuable ainsi payait toujours beaucoup, et Dieu sait avec quel accompagnement de vexations et de sévérités implacables! le fisc mérovingien recevait toujours très-peu.

Évidemment, la fusion franco-arabe arrêtera immédiatement, au grand avantage du contribuable et du trésor, cette mise en coupe sombre et déréglée de l'impôt indigène. Par l'immixtion des individus et des propriétaires arabes dans les populations et les circonscriptions européennes, par leur assimilation complète sous la protection et l'application de la loi française, par leur dispersion sous une administration unique, l'assiette de l'impôt sera régularisée, sa perception facilitée, en même temps que, par l'accroissement des concessions de terres faites aux bras qui n'en possèdent pas, la matière imposable aura été augmentée.

J'ai déjà fait justice de cette erreur intéressée du système de compression qui voit dans l'Arabe un réfractaire par tempérament à toute mise et perception d'impôt. Il est bon de le répéter, le payement de l'*achour*, impôt de la terre, est pour le musulman un acte religieux auquel il ne cherche à se soustraire que dans des temps de guerre et d'anarchie, alors qu'il ne sait trop à quel maître le payer, et qu'il peut avoir à craindre de le payer deux fois. L'impôt des *Lazma* et *Eussa* ne lui semble pas sans doute aussi religieusement obligatoire; mais chez l'indigène, quand la religion se tait, l'intérêt parle. Or, l'indigène a un grand faible pour les *douros*. Comme il ne peut les recueillir qu'en étalant et en vendant ses marchandises au marché, il ne regarde point trop à payer la place où il aura le libre droit de trafiquer.

Il faut donc bien le dire, parce que c'est dans le bon sens, dans la logique de toute créature humaine : si les indigènes se sont montrés de si facile composition, alors que de leurs impôts ils ne voyaient rien leur revenir en améliorations sociales, en protection, en sécurité, en institutions, en monuments, en voies de communication, en rien de ce qui accroît la fortune des peuples et des individus; je le demande, l'impôt, l'impôt dans le sens vrai et civilisateur du mot, c'est-à-dire servant à l'administration et à l'accroissement de la chose de tous, ne leur semblera-t-il pas une charge bien autrement légitime, nécessaire, quand ils le verront servir, pour la part qui leur revient, à la création d'écoles, de routes, de marchés, de fontaines, d'établissements d'utilité publique? Si on veut pénétrer au fond de la nature arabe, semblable à toute nature humaine dans ses sentiments d'égalité et sa haine du privilége, l'Arabe, en voyant l'impôt peser également sur les grands, qui s'en sont toujours déchargés sur les petits, ne le payera-t-il pas avec une sorte de satisfaction intérieure comme le prix du niveau mis enfin sur les hautes têtes qui courbaient la sienne?

Qu'aux Arabes actuellement répandus dans le Tell

et qui, par le morcellement des tribus et les concessions de terres, peuvent devenir immédiatement propriétaires, par conséquent imposables, on ajoute les Arabes, qui, par attractions successives, viendront des tribus sahariennes s'agréger à la nationalité nouvelle; que l'on se souvienne aussi de ce que j'ai dit du commerce de 25 millions de la Kabylie, et de l'impôt de 5 et même 10 0/0 dont parlait le caïd du Sebaou; que de l'impôt il soit fait, comme je le dirai plus loin, un moyen de ne plus laisser en friche un seul coin de terre où pourra pousser un épi de blé, un pied de coton, de tabac, de mûrier, d'olivier, et on aura facilement la conscience du rendement auquel l'impôt algérien doit arriver.

J'ai dit enfin que dans le système de l'assimilation il y avait pour troisième résultat l'organisation d'une *force militaire africaine.*

Ceci est le complément nécessaire du système de fusion franco-arabe, et l'un des plus sûrs moyens d'activer l'assimilation des races avec l'égalité de droits et de charges pour principe.

Durant la guerre, comme depuis la pacification, les indigènes ont fourni un certain contingent aux forces militaires de la métropole, employées à la conquête et à la garde de l'Algérie; mais, outre qu'il a toujours été fort minime, hors de proportion avec le chiffre de la race indigène, ce contingent n'a servi qu'à perpétuer la division des deux peuples, fatalement adoptée depuis le premier jour de l'occupation.

Il n'a pas fait beaucoup pour l'effet moral à produire sur les Arabes ; et il n'a rien produit pour la diminution de l'effectif de nos troupes nationales, et par conséquent pour le dégrèvement de notre budget militaire.

L'organisation d'une armée africaine devrait atteindre un triple résultat :

Maintenir l'ordre parmi les populations algériennes, au moyen d'une force armée tirée de leur sein ;

Diminuer considérablement l'effectif purement français ;

Ne laisser au budget de la France que la solde et l'équipement de cet effectif, et porter au budget colonial l'équipement et la solde des forces tirées des populations indigènes et européennes.

Cette organisation, comme nombre, solde et équipement, serait moins coûteuse que celle des troupes françaises, pour les raisons mêmes tirées de l'acclimatement et de la position géographique de l'Algérie.

N'étant point, comme la France, entourée de voisins puissants toujours armés en guerre, l'Algérie n'a point à se plier au régime ruineux de la permanence d'une grande armée. Ses forces militaires peuvent donc tenir à la fois de l'organisation de la landwehr en Prusse, des cipayes dans l'Inde anglaise, laissées par conséquent aux travaux de la colonie en temps de paix, moins le chiffre nécessaire à la garde des côtes, des ports, des postes avancés, au maintien de la tranquillité publique, et toujours prêtes à répondre à l'appel du drapeau en cas de guerre. La solde entière ne serait payée que du jour de l'entrée en campagne. Ce ne serait même, à vrai dire, que des milices mobilisables, comme aux États-Unis.

Y a-t-il bien nécessité de répondre à ce lieu commun des partisans de la permanence d'une armée française en Afrique, et qui consiste à dire que les Arabes une fois armés se retourneraient contre la France et seraient de mauvais exécuteurs de nos lois contre les résistances indigènes! Mais c'est là une véritable niaiserie.

Pour y persister, il faudrait oublier d'abord ce que les Arabes des corps armés, réguliers ou irréguliers, ont fait, à titre d'auxiliaires, contre les tribus rebelles et contre Abd-el-Kader lui-même; il faudrait ignorer aussi ce que les cipayes font dans l'Inde pour le compte de la domination anglaise.

Ensuite, il faudrait ne s'être jamais rendu compte de ce que l'esprit militaire met au cœur de tout homme devenu soldat. Le jour où il a l'uniforme sur le dos, où il est en ligne, le soldat, presque toujours, ne connaît plus ni voisins, ni amis, ni père, ni mère, ni parents. Il ne connaît que la discipline, n'écoute que la voix de ses chefs, et, au commandement, il fait feu sans miséricorde sur ces mêmes populations d'où il est sorti la veille, et où il ira vivre de nouveau le lendemain.

A l'heure qu'il est, en Algérie, les spahis ont l'œil

et la main sur les tribus, aussi vigilants, aussi rudes à la besogne de l'ordre public que s'ils agissaient contre des étrangers venus d'on ne sait où.

Comme première économie à obtenir dans le système militaire algérien, l'organisation de l'armée se ferait par bataillons et non plus par régiments. Ainsi disparaîtraient les emplois et les appointements de colonels, lieutenants-colonels, majors, capitaines-trésoriers, capitaines d'habillement, et tout ce personnel luxuriant d'états-majors qui, au jour de la bataille, ne sert plus à grand'chose, en Afrique du moins, où sur le terrain on a toujours compté par bataillons et non par régiments.

Il va sans dire qu'en Algérie le système du recrutement aura pour principe unique l'enrôlement volontaire. Comme dans ma pensée, le système de fusion implique l'égalité de droit à l'avancement, il y aura d'une part, dans les races européennes, un nombre toujours assez considérable d'esprits et de goûts militaires pour tenir au complet le contingent que ces races auront à fournir dans l'effectif de l'armée ; d'autre part, le Tell et le Sahara sont peuplés d'assez d'indigènes aimant l'éclat des uniformes, le bruit des fanfares, ne demandant au ciel qu'un cheval, un sabre et un fusil, pour croire que le jour où ils trouveront à faire, de leur goût pour les fantasias, un métier qui leur rapportera de l'honneur, de l'influence, surtout de l'argent, ils accourront en foule pour fournir le contingent indigène. J'ajoute que la portion arabe actuellement existante dans notre armée est très-digne de l'honneur qu'on lui a fait en l'expédiant à Constantinople. Si l'occasion s'en présente, nos alliés et nos ennemis apprendront, je n'en doute pas, que les services de corps armés et manœuvrant à l'africaine, doivent entrer désormais dans le plan et dans les chances du gain d'une bataille.

Si importante qu'elle soit à mes yeux, puisqu'elle atteindra plus de superfétations ruineuses qu'il ne me serait permis d'en signaler, la question d'économie n'est pas cependant celle qui me séduit le plus dans l'organisation d'une armée africaine prise dans l'Algérie même. J'y ai vu surtout le moyen de compléter, par la société militaire, l'œuvre de l'assimilation que j'ai cherchée d'abord dans l'organisation de la société civile.

Il y a dans les relations obligées du camp, de la caserne, du bivouac, sous un même drapeau, un mélange de mœurs, de langues, d'éducation qui, agissant et réagissant les unes sur les autres, contribuent non moins que les relations civiles à former ces fusions de nationalités et de races, en dehors desquelles je ne saurais voir jamais une Algérie vivant de sa propre vie et forte de ses propres forces. Nous ne devons pas ignorer que ce sont les croisades qui, en réunissant sous les tentes de la Palestine toutes les races diverses de notre vieille France, tous ces Provençaux, tous ces Normands, tous ces Bretons, tous ces peuples de la langue d'*Oc* et de la langue d'*Oïl*, qui ne se connaissaient guère que par le nom de leur province, ont jeté les premiers fondements de cette grande unité qui s'appelle aujourd'hui la nation française.

C'est seulement par la fusion des races et par leur assimilation sous la loi française, accommodée à toutes les pentes de leurs intérêts et de leur génie, que l'Algérie redeviendra ce qu'elle a été dans les temps de la civilisation antique, *le grenier du monde*, le point du globe alors connu le plus salubre, car il était de proverbe à Rome, que si l'on vivait en Italie, en Afrique on ne mourait que d'accident ou de vieillesse. En assimilant les indigènes, les Numides, les Mauritans par ses lois, sa langue, ses mœurs, ses municipes et leur incorporation à ses armées, Rome n'avait besoin que d'une légion pour garder l'Afrique. Avec eux, elle l'avait couverte de cités, de forêts, de moissons, jusqu'aux extrêmes limites du désert où se retrouvent encore les traces indestructibles de sa puissance. C'est dans les ruines de ses villes et de ses forteresses que le nomade s'abrite encore avec ses moutons et ses chameaux contre les tempêtes de sable que le simoun soulève.

Les historiens de la bourgeoisie française ont fait honneur à la France, sous le dernier règne, de ce qu'après tant d'essais, elle en était revenue au vieux type administratif, fondé par les Romains ; ce qui n'était que trop vrai. Que n'a-t-on su pousser la ressemblance jusqu'à rendre l'Afrique aux destinées dont Rome l'avait dotée, pour en recevoir à notre tour, comme elle, accroissement de force et de richesses?

XII.

Insuffisance de la colonisation par les Arabes. — Mon rêve de colonisation. — La petite propriété. — Objections et réponses. — L'*Ouest* américain. — L'*Ouest* africain. — La terre et le capital. — Prédestination démocratique de la terre en Algérie. — Ressources de la petite propriété. — D'un projet de colonisation par les conseils généraux. — Travailleurs qu'il faut à l'Algérie. — Mobiles de l'expatriation française.

Dans l'état actuel, et pour longtemps probable, de l'immigration française, je ne me dissimule pas que la colonisation par les bras arabes sera loin de suffire aux nécessités du développement algérien.

Aussi, dans ma pensée, le travail indigène n'est-il qu'une sorte de mesure conservatoire, une étape vers l'avenir.

C'est dans la création de cet avenir, point trop lointain, point trop difficile non plus, si l'on ne regarde qu'aux voies et moyens en eux-mêmes, que réside mon rêve de colonisation. Mais aussi, en regardant aux hommes et aux choses qui s'agitent autour des idées nouvelles pour les étouffer quand elles se montrent, pour les refouler quand elles marchent, comme cet avenir peut être lent à se développer! comme il me semble devoir se hérisser d'obstacles! et les plus grands venant peut-être des intérêts mêmes qui en pourraient être le plus servis.

Là où il y a tant de terre, que la plus grande partie du sol n'appartient à personne, la terre se donne; là où la terre se donne, chacun peut en avoir un morceau; là où chacun peut en avoir un morceau, la petite propriété se fonde; là où la petite propriété se fonde, il y a péril pour la grande, car la grande ne vit que par le fermage, et le fermage disparaît parce que la concurrence du petit cultivateur empêche la terre d'enrichir à la fois un propriétaire et un fermier.

— Et, voilà le malheur! me disaient alors des Algériens, qui, subissant la loi fatale du développement de toute phase sociale, étaient dominés par les principes économiques du bourgeoisisme qui réagit, pour se l'assimiler, contre le principe territorial de 89. En Afrique, l'agriculture mourra, comme elle meurt en France, du morcellement de la terre.

— Vous êtes des ingrats, leur répondais-je. C'est en arrachant les vastes possessions aux mains insuffisantes ou insoucieuses du clergé, de la noblesse et de la couronne, que le principe territorial de 89 a fait défricher, déboiser, dessécher ces landes, ces forêts, ces marais où florissent aujourd'hui tant de cultures, dont la terre, l'homme, la nation et l'État ont bénéficié. Votre terre d'Afrique, est-ce donc autre chose que des landes, des broussailles, des bois, des marais à défricher, à extirper, à dessécher? Les grands concessionnaires y ont-ils encore mis la main? Non! la grande propriété est, après vingt ans aux mains européennes, ce qu'aux premiers jours de la conquête vous l'avez faite aux mains indigènes. Qui défriche, extirpe, dessèche aujourd'hui? Qui achèvera, et qui seul peut achever ce travail de mise en rapport sur les six millions d'hectares qui vous restent à distribuer? Toujours le petit propriétaire, le laboureur, le paysan! celui dont M. Michelet a dit, avec autant de pittoresque que de vérité, qu'il avait fait la terre de France, qu'il l'avait épousée en légitime mariage. Eh bien! il faut que votre terre d'Afrique soit ainsi traitée pour qu'elle rapporte, qu'elle soit épousée, enfin, pour qu'elle soit aimée.

— Mais si nous n'avons ni capitaux, ni bras, que pouvons-nous faire?

— Des capitaux? vous n'en aurez besoin que le jour où vous voudrez cesser d'être des *propriétaires réels*. Des bras? vous en aurez; mais vous n'en aurez que par les attractions de la propriété, par les épousailles du travailleur et de la terre. Voici d'où ils vont vous venir.

Un conseiller d'État, professeur d'économie politique, écrivain de grand mérite, M. Michel Chevalier, s'est demandé, dans ses *Lettres sur l'Amérique*, pourquoi aux États-Unis la réduction des salaires provoquée, comme en France, par la concurrence entre les chefs de l'industrie, n'était pas aidée, comme en France, par la concurrence d'ouvrier à ouvrier, c'est-à-dire par l'offre surabondante de bras sans emploi.

M. Michel Chevalier répond : « *C'est que l'*Ouest *américain est là prêt à donner refuge aux bras inoccupés.*

Cela veut dire : L'Ouest est le pays où il y a de la terre pour tous ceux qui en veulent, à 5 francs l'acre, payable en plusieurs années ; l'Ouest est le pays qui empêche qu'en Amérique l'homme soit comme en Europe, exproprié par la machine, que le travail-intelligence soit dominé par le capital-matière, que le paysan, affranchi de la glèbe du château fort, retombe l'asservi du coffre-fort, et qu'enfin, par une détestable antiphrase, le travail, libre en apparence, ne soit en réalité que le travail esclave.

Eh bien, avec les six millions d'hectares de terre labourable, dont, sans faire tort à personne, la France a chez vous la disposition libre et entière, l'Algérie peut être notre Ouest contre la réduction continue des salaires, contre l'offre surabondante des bras inoccupés ! Là peut se rétablir la balance entre la denrée et le capital, entre l'offre et la demande, entre le travail et la propriété. Pour fonder l'*Ouest africain*, il ne faut pas plus de capitaux qu'il n'en faut pour l'*Ouest américain,* qu'il n'en a fallu pour fonder le *Nord.*

M. de Tocqueville l'a dit : « L'Union n'est libre,

n'existe que depuis un demi-siècle ; il n'y a pas de capitaux, et cependant que de merveilles elle a créées! » Certes, ce ne sont pas non plus des capitaux qu'apportent à l'Ouest américain ces longues files d'émigrants qui traversent nos cités : voyez cependant quelles merveilles ils enfantent!

C'est que l'agriculture, en effet, n'a pas absolument besoin de capitaux. Il ne lui faut, pour mise de fonds, que de la terre, des bras, de l'intelligence, de la résolution. Il le savait bien, le publiciste qui a écrit les lignes suivantes sur l'extinction du paupérisme : « La classe ouvrière ne possède rien ; il faut » la *rendre propriétaire*... Elle est comme un peuple » d'ilotes au milieu d'un peuple de sybarites. Il faut » attacher *ses intérêts à ceux du sol.* »

Si pour rendre la classe ouvrière propriétaire, si pour attacher ses intérêts à ceux du sol, il avait fallu des capitaux, ces lignes non-seulement n'auraient aucun sens pratique, mais elles provoqueraient une œuvre à rebours de celle que l'auteur se proposait alors. C'eût été maintenir la classe ouvrière sous la mainmise du capitaliste ; c'eût été lui donner un maître dans l'agriculture comme elle en avait un dans l'industrie ; c'eût été ne la soustraire à l'expropriation de la machine que pour la livrer à l'expropriation de l'hypothèque ; c'eût été perpétuer et étendre l'état de choses contre lequel ce publiciste écrivait, et qu'il a défini ainsi : « *C'est le maître qui opprime ou l'ouvrier qui se révolte.* »   (*Œuvres de Napoléon III.*)

Du reste, en Algérie comme en France, il faut que les adversaires de la constitution de la petite propriété en Afrique en prennent leur parti.

Rien de ce qui a été essayé contre cette pente naturelle des choses n'a pu tenir pied. Tout ce qui a été tenté, au contraire, dans l'étendue de terre qu'une famille de trois ou quatre personnes peut cultiver a réussi, et réussit mieux aujourd'hui ; car aujourd'hui le sol est mieux connu ; on s'y gaspille moins en essais ruineux de culture ; le climat est moins dangereux, parce qu'on sait et on pratique mieux les moyens d'en combattre et d'en neutraliser les effets. Aussi la terre algérienne me semble-t-elle être une terre essentiellement démocratique, éminemment propre à la réalisation cherchée du bien-être pour tous par le travail de tous, ouverte à la poursuite de ce niveau moyen d'aisance qui, par la généralisation de la propriété, doit rétrécir de plus en plus le cercle où s'agitent les déshérités du prolétariat.

Ce niveau lui-même y doit tendre à s'élever incessamment depuis que la culture du tabac, qui, tous frais payés, rend au planteur de 800 à 1,000 francs par hectare, a modifié l'économie de l'agriculture coloniale. Ce niveau, enfin, peut arriver jusqu'à une véritable richesse le jour où il sera bien démontré que la culture du coton, qui donne par hectare un bénéfice net de 1,500 à 1,800 francs, peut être acclimatée sur toute la surface de l'Algérie.

Si, dans cette terre africaine, il y a pour moi

comme une merveilleuse prédestination démocratique pour la constitution de la petite propriété, c'est encore parce qu'au moyen d'assolements bien réglés elle se prête également à la culture annuelle des produits alimentaires et des produits industriels.

Sur une propriété de 15 à 20 hectares, une famille de trois ou quatre personnes, avec les seules ressources de ses bras et de son matériel, peut cultiver les céréales, le tabac, le coton, les légumes, les fruits, l'olivier, le mûrier, sans qu'une de ces cultures ait à souffrir du soin donné à une autre. Pour la préparation des terres, pour les soins à donner, pour les récoltes à faire, chacune a sa saison, son mois, pour ainsi dire : c'est, durant toute l'année, comme un roulement continu de l'activité humaine, qui laisse à chaque travail son heure, à chaque récolte son temps.

Je ne suis donc pas étonné que de la fascination produite par ces éléments expérimentés d'une agriculture variée et féconde il soit sorti un projet nouveau d'émigration française. C'est celui dont les conseils généraux de départements feraient les frais et fourniraient le personnel, en important en Afrique des familles pauvres de *cultivateurs* qui ne possèdent point de terre, à qui manquent en France les instruments du *travail agricole*, et qui, pour une raison ou pour une autre, ne trouvent pas toujours le placement de leurs bras.

J'ai souligné ces mots *cultivateurs* et *travail agri-*

cole, moins pour indiquer ce qui se fera, que pour déclarer nettement ce qui doit se faire.

Si le personnel des émigrations à venir ne doit pas être dans son universalité essentiellement agricole, rompu aux labeurs et à la vie des champs, et j'ajoute doué des qualités et même des travers qui constituent le paysan, le laboureur; si ce personnel est pris parmi ces populations hermaphrodites qui ont un pied dans les champs et un pied dans les villages, gens dont on ne peut trop dire s'ils sont laboureurs ou artisans, mettant la main à la terre et au métier, mais ne pouvant vivre ni du métier ni de la terre, s'en prenant à celui-là comme à celle-ci, et les envoyant également promener trois ou quatre jours par semaine... Oh! il vaut mieux qu'il n'y ait pas d'émigration nouvelle, car c'est de cela que sont mortes les anciennes, ne laissant derrière elles que toutes les ruines du corps et de l'âme.

Ce qu'il faut à l'Algérie, en effet, ce sont des travailleurs sérieux, des bras résolus à accepter un duel à mort avec cette terre dévorante qui vous prend si vous ne lui donnez pas, mais aussi qui vous rend au centuple ce que vous lui avez donné. Je voudrais donc qu'en France on fût très-convaincu que, pour bien longtemps encore, il n'y a presque plus de place en Afrique pour l'émigration du commerçant de la boutique, de l'artisan de l'échoppe ou de la mansarde.

Le commerçant de la boutique est écrasé par le juif, aux économies intérieures duquel nul Français ne sait descendre pour soutenir la concurrence du bon marché. Aussi, en Algérie, voit-on chaque jour le commerce de détail passer de la boutique française, qui se ferme, à la boutique juive, qui s'agrandit et qui, se voyant maîtresse du terrain, se hausse déjà aux splendeurs de la montre et de l'étalage.

L'artisan de la mansarde et de l'échoppe, l'ouvrier à façon, pour tout dire, en ce qui touche surtout à la partie du vêtement, a devancé en Afrique le sort misérable que, par l'abaissement des salaires, les magasins de confection, à l'exemple de l'Angleterre, font subir aux ouvriers de France. Aussi, les maisons d'habillement, en Algérie, se réduisent-elles, l'une après l'autre, pour ne pas fermer, à recevoir au rabais toutes les confections de France, lesquelles elles-mêmes ne vivent que des rabais subis par la main-d'œuvre qui a besoin de manger. En France, dans ces conditions, si désolées qu'elles soient, la main-d'œuvre trouve encore du travail; en Algérie, même à des conditions plus réduites, si c'était possible, on répond de plus en plus à ses demandes de travail : « Il n'y en a pas. »

L'ouvrier de la terre et l'ouvrier des états et métiers qui tiennent à l'agriculture peuvent donc seuls désirer l'expatriation en Algérie.

Mais j'admets, et je le souhaite, que les éléments de la colonisation par conseils généraux seront rassemblés dans des conditions aussi parfaites et meilleures mêmes que celles des éléments de la colonisation par l'État. Que trouveront-ils en Algérie pour leur développement? Seront-ils poussés dans les villages militaires, que la misère, l'abandon et la mort ont vidés tant de fois? Devront-ils attendre que de nouveaux villages soient construits à la façon administrative? Se heurteront-ils à toutes ces lenteurs, à toutes ces attentes, à toutes ces pierres d'achoppement que j'ai signalées dans la première partie de ce travail? Mieux vaut encore qu'il n'y ait pas d'immigrations nouvelles. La colonisation par conseils généraux aurait fatalement le même sort que la colonisation par l'État; la différence de destinée ne peut pas tenir à la différence seule dans le choix des éléments de colonisation.

Je sais bien que l'on parle beaucoup des essais faits dans la province de Constantine, par la Compagnie genevoise. Mais d'abord c'est un peu bien tôt pour en pouvoir rien tirer de concluant et d'irréfragable; puis le caractère suisse est à peu près l'antipode du caractère français, et il faut bien en toutes choses, en sociabilité surtout, tenir compte du caractère des peuples comme du tempérament chez les individus. D'ailleurs, et c'est la grande question, les colons suisses n'ont affaire qu'à la compagnie qui les exporte, et qui, sachant leurs mœurs et leurs habitudes, s'arrange en conséquence. Or je soupçonne qu'elle les seconde dans leur pente au lieu de leur faire obstacle.

En France l'expatriation n'est ni un goût, ni un sentiment, ni un besoin en quelque sorte innés. Quand elle se produit, ce n'est guère que sous l'action fascinatrice d'un brillant mirage de fortune, ou sous la loi impérieuse d'une nécessité matérielle ou morale, l'une et l'autre le plus souvent. Ce ne sont donc pas les riches et les heureux en France qui s'expatrient. Or la nature humaine est ainsi faite que tout homme qui abandonne sa patrie, s'il ne garde pas un ressentiment amer du pays où il n'a pu trouver sa place, emporte au moins un désir féroce de ne pas retrouver dans le pays où il va les causes auxquelles, à tort ou à raison, il attribue la nécessité de son exil. S'il se retrouve en face des mêmes hommes, des mêmes choses, des mêmes institutions, des mêmes servitudes, et souvent sans le contre-poids qui existait dans la patrie quittée, il reconnaît que son but est manqué; la force pour recommencer une lutte où il a été vaincu déjà lui fait défaut; il se décourage et succombe.

XIII.

Pourquoi l'expatriation ne se tourne pas vers l'Afrique. — Pourquoi elle va dans les solitudes des nouveaux continents. — Ce que tout expatrié cherche dans l'expatriation. — La liberté humaine supérieure à la liberté politique. — Deux sortes d'États. — Le système algérien et le système américain en matière de concessions de terres. — Différence dans leurs résultats. — Moyen de ne plus laisser l'Algérie aux broussailles.

On a vu à quelle sorte de contrainte j'estime que les hommes, les Français surtout, obéissent en se lançant dans les aventures de l'expatriation, et à quelles causes il faut, dans ma conviction, attribuer généralement les défaillances auxquelles ils succombent.

Aussi, en Afrique, aux hommes de la colonie qui me disaient avec un accent désespéré : « Mais que promettre aux Français pour les déterminer à quitter la France et à venir en Algérie? Quelles perspectives de bien-être et de fortune faire luire à leurs yeux? » je répondais : « Rien de plus que l'Algérie elle-même, la fécondité de sa terre, qui se prête à toutes les cultures et qui, dans ses zones diverses, peut offrir aux planteurs les richesses de toutes les latitudes entre les deux tropiques. Ce qu'il faudrait leur promettre en surcroît, ce n'est pas vous qui pourriez le donner. »

Quand les hommes de l'administration, énumérant avec orgueil les soins infinis que, par leurs mains, l'État mettait à faire ou à aider toute chose, me disaient : — « Et pourtant ce pays ne marche pas, n'avance pas; il vit de nous ne savons quelle vie factice qui lui échappera le jour où l'État retirera sa main. Que lui manque-t-il donc? »

— Ce qui lui manque? leur répondais-je : le contraire de toutes ces belles choses que vous énumérez, le contraire de tous ces soins que vous prenez pour l'emmailloter, le contraire de cette main qui le conduit par les lisières. Il lui manque la chose en dehors de laquelle tant de promesses de bien-être et de fortune, tant de protections, tant d'initiatives ne pouvaient pas aboutir, ou n'ont que si imparfaitement abouti.

Il lui manque cette chose que les colonies qui ont voulu se sauver ont fini par adopter, dont, en dehors même de toute forme de gouvernement, les États-Unis sont la personnification triomphante, et qui répond le mieux à ces instincts, à ces besoins d'expatriation volontaire qui ont leur siége dans quelque recoin obscur du cœur de l'homme, où vit toujours un amour secret du désert.

Il lui manque enfin ce qu'à travers les solitudes de l'Ouest américain, ce que dans les terres nouvellement découvertes, au milieu d'océans nouveaux, vont chercher ces multitudes qui cheminent à la file et, traversant Paris, s'amassent sur les quais de nos ports, d'où, à chaque marée, les journaux nous annoncent leur départ.

— Pourquoi donc ne se dirigent-elles pas vers notre colonie de l'Afrique? Le voyage est à la fois plus sûr, moins lointain, moins hérissé aussi de chances de misère et de naufrages.

Les terres de l'Amérique ou de l'Océanie seraient-elles donc moins chères, plus fécondes, moins insalubres que celles de l'Afrique? Non. Là-bas on vend la terre, ici on la donne; là-bas il y a des marécages, des défrichements aussi dangereux, aussi pénibles, avec leurs fatigues, leurs maladies, et certainement aussi moins de ressources de tout genre. Là-bas, c'est l'expatriation sans espoir, et partant, sans esprit de retour; ici, la patrie, la mère patrie, est à trois jours au plus des désirs ardents de la revoir. Et pourtant on va là-bas, bien loin, dans les solitudes, seul, tout seul au désert; et l'Afrique n'attire personne.

Après quelles espérances, par exemple, couraient donc les fiers habitants de notre pays basque, pour qu'en un si petit nombre d'années ils aient déserté leurs chères montagnes et s'en soient allés, au nombre de près de vingt mille, sur les rives de la Plata? Puisqu'ils voulaient s'expatrier, pourquoi s'en sont-ils allés si loin? Ils avaient là, si proche, la terre algérienne... et c'était encore la patrie.

Et ces populations de l'Alsace, de la Lorraine, de l'Allemagne, que vont-elles, — en si grand nombre qu'on dirait une nouvelle fuite d'Égypte, — que vont-elles chercher par-delà les immensités de tous les océans? Une protection, un concours, des subsides, l'immixtion des pouvoirs sociaux dans toutes leurs affaires? Mais rien de tout cela ne leur eût manqué en Afrique.

Serait-ce aussi des chances plus nombreuses de travail et de fortune? Mais l'Algérie encore a été là depuis vingt ans, avec sa terre gratuite et d'une merveilleuse fécondité; et cependant, depuis vingt ans, ni Allemands, ni Alsaciens, ni Lorrains, ni Basques, n'ont pris et ne prennent encore le chemin de l'Algérie.

Aux États-Unis, à Montevideo, à Buenos-Ayres, en Australie, partout, dans les terres des nouveaux mondes, il y a donc quelque chose qu'ils savent ne plus posséder dans les continents de l'ancien, ne pas trouver dans notre colonie africaine; quelque chose qui les tente, qui les attire et qu'ils vont chercher?

Oui! et ce quelque chose, c'est ce qui manque à l'Afrique : — Le travail, la terre, également affranchis de tous les monopoles, de toutes les réglementations, de toutes les servitudes de l'administration ou de l'État; l'homme, tout l'homme laissé à son libre arbitre, à la pleine et entière expansion de ses forces, à ses seuls risques et périls : chance de misère ou chance de fortune.

Ce qu'ils vont chercher et ce qui leur manque en Afrique, ce que vous ne savez pas et ne pouvez pas ou ne voulez pas leur donner : c'est la liberté !

— La liberté !

Quel mot avais-je prononcé? C'était comme un coup de sabot dans une fourmilière !

— Vous voilà bien, avec votre liberté ! me criaient-ils tous en chœur; elle a fait de si belles choses, votre liberté ! vantez-vous-en !

— Oh! la liberté dont je parle n'a jamais rien fait en France. La France n'en a jamais joui, ne l'a jamais connue; et c'est pour cela que la liberté, dont vous voulez parler, est restée inféconde ou n'a porté que des fruits amers. Moi, je ne parle pas ici de la liberté politique.

— Vous la reniez donc?

— Je veux lui faire sa part, voilà tout. Pour moi,

la liberté politique n'est pas toute la liberté ; je mets au-dessus la liberté humaine. Celle-ci, pour exister, n'aurait pas besoin de celle-là. Elle en est si indépendante, que, si ne point avoir toutes les libertés ce n'était pas n'en avoir aucune, je dirais qu'elle peut fonctionner même sous le despotisme, et que le despotisme, s'il savait faire, s'en trouverait bien. En laissant agir l'homme, il aurait moins à compter avec le citoyen ; or, dans les colonies naissantes, ce n'est pas le citoyen qui fonctionne, c'est l'homme.

— C'est cela, votre cri à vous, plus d'État.

— L'État tel que vous le comprenez, oui ! tel que je le comprends, non !

Vous entendez par l'État une camisole de force, mise non-seulement à toute l'agrégation d'hommes qui s'appelle un peuple, mais à chacun des hommes qui en font partie. Il vous faut non-seulement la masse, mais l'individu, l'individu tout entier, dans sa pensée, dans ses actions, alors même que sa pensée et ses actions n'ont rien à démêler avec l'ensemble de collectivité que l'État représente.

L'État, pour moi, c'est la force collective et indivise dont il est le dépositaire, dont il forme le centre et autour de laquelle gravitent en toute liberté les forces individuelles dans leur infinie variété, accomplissant ainsi autour de l'État leur loi d'activité, comme les étoiles leur loi de rotation autour du soleil.

L'État, c'est le droit d'empêcher l'activité qui nuit

à la force collective et indivise ou aux éléments qui la composent; la liberté, c'est le droit de faire tout ce que l'État ainsi entendu n'a pas le droit d'empêcher, et surtout de faire ce qui, au lieu de nuire à la collectivité, peut la servir en servant l'individu lui-même.

L'État, pour moi, c'est ce qu'il est en Angleterre, et mieux encore aux États-Unis, c'est-à-dire : Sous l'œil de la force collective, l'individu allant où son génie le porte, s'associant à qui il veut, son maître absolu, n'ayant au-dessus de lui que Dieu, devant lui que la société où il est l'égal de tous, derrière lui que la loi qui règle également pour tous le point où l'homme finit, où le citoyen commence, et ce point est celui où l'individualité empiéterait sur la part d'action qui revient aux autres individualités.

C'est avec l'État ainsi entendu que la liberté individuelle a fait et fait journellement, en Angleterre, de si magnifiques choses qui attestent le progrès et la puissance du génie humain. C'est avec l'État ainsi entendu qu'en moins de trois quarts de siècle les solitudes de l'Amérique ont vu, — sans capitaux, entendez-vous, sans capitaux! — par la seule force de l'action libre de l'individualité humaine, surgir ce peuple puissant, qui, né d'hier dans le nouveau monde, pèsera demain sur l'ancien, et qui s'appelle les États-Unis.

Hélas! en Algérie, les hommes de la colonie ne me comprenaient pas plus que les hommes de l'administration. Les uns n'osaient pas, les autres ne voulaient pas, tous avaient un intérêt à ne pas comprendre : les premiers, parce qu'il leur aurait fallu se donner une audace d'initiative qu'ils n'avaient jamais eue; les seconds, parce que, dans un État ainsi entendu, il n'y aurait pas de place pour eux.

Ils ne me comprenaient pas davantage, et par les mêmes motifs, quand je leur disais :

— Votre sytème de concessions de terres à titre gratuit est un système vicieux; au lieu de donner l'impulsion, il arrête le mouvement; il provoque la convoitise de la spéculation, et n'ajoute rien à la bonne volonté du travail. Il vous a semblé constituer l'égalité dans le droit, et il a tout simplement établi l'inégalité dans le fait; ici, il donne la liberté de ne pas faire; là, il entrave la liberté de faire. Hommes de l'État, votre système néglige l'intérêt de l'État; hommes de la colonie, votre système nuit à la colonisation.

La terre algérienne, vous le savez bien, est une terre essentiellement démocratique, qui se refuse à toute féodalisation sous peine de retour aux broussailles : témoin le régime arabe; et vous avez aristocratisé une partie de la terre algérienne en donnant à de grands personnages des concessions d'hectares par centaines et par milliers. A ceux-là toute faveur; ils ont pris la terre où ils la voulaient, en la quantité et qualité qu'ils voulaient. Vous en avez été punis, leurs hectares sont en friche.

Là, vous avez donné la liberté de ne pas faire; vous avez servi l'individu, mais vous avez nui à la colonisation, et l'État ne retire aucun profit.

Quand vous êtes revenus à la démocratisation de la terre algérienne, vous avez resserré toute liberté. Vous ne donniez la terre qu'où vous vouliez, quand vous vouliez, de la contenance, nature et qualité que vous vouliez. Bon gré, mal gré, sous peine de n'avoir rien, il fallait en passer par vos plans, par vos projets, qu'ils fussent ou non contraires aux sentiments, aux facultés, aux dispositions, aux ressources du preneur.

Ici vous avez refusé la liberté de faire, et, toujours sans profit pour l'État, vous avez nui à la colonisation et à l'individu.

— La preuve, répondaient-ils, que notre système est bon, c'est que, depuis cinq ans, nous avons fondé trois villages dans la seule province d'Alger, l'Arba, Rovigo, le Fort-de-l'Eau. C'est que, pour chaque village que nous mettons en projet, pour cinquante ou soixante lots de dix hectares que nous avons à donner, nous avons deux et trois cents demandes.

— Eh bien, Potemkins de l'Afrique, là est précisément la condamnation de votre système.

Si, en gênant la liberté de faire, vous ne fondez dans une province que trois villages de cinquante à soixante feux par cinq années, ce qui suppose par village une population de deux cents personnes, il vous faudra donc un siècle pour y élever soixante-quinze villages et y établir vingt et un mille cultivateurs européens!... Vous appelez cela une colonisation en progrès !...

En Amérique, dans les possessions anglaises, avant même qu'elles devinssent les États-Unis, du jour où la métropole eut compris qu'elle devait les laisser à la liberté de faire, le chiffre de la population, qui n'avait été longtemps que de quelques milliers, s'éleva, en moins d'un demi-siècle, à des centaines de mille. Ainsi, pour n'en citer que deux exemples, la Pensylvanie et la Virginie, au moment de la guerre de l'indépendance, avaient à elles seules acquis, sous le travail incessant de l'émancipation administrative, l'une 350,000 habitants, l'autre 650,000.

Vous n'avez que trois cents demandes par distribution de soixante lots de dix hectares, et vous vous en vantez ! Ma foi, vous êtes faciles à satisfaire. Mais enfin, quand la distribution est terminée, que deviennent les deux cent quarante éliminés? Leur distribuez-vous ailleurs d'autres terres? Puisque vous n'avez pu les enfermer dans les villages, leur ouvrez-vous la solitude? Non; il faut qu'ils attendent la création d'un nouveau village, un an, deux ans, cinq ans. S'ils attendent, ils se ruinent; s'ils se fatiguent, ils meurent ou s'en retournent. Et ce qui prouve que vos concessions gratuites sont trop chères au prix de la liberté de faire, c'est que ceux qui ont un capital suffisant aiment mieux acheter la terre; il y a autant d'acquéreurs autour des enchères de votre Palais de justice, que de solliciteurs autour de vos cartons. Mais les acquéreurs n'agissent en rien sur le chiffre des propriétés ni sur le chiffre des populations; ils les maintiennent, ils ne les augmentent pas : Jean prend la place de Pierre, voilà tout.

Aux États-Unis, avec la liberté de faire, ce n'est point par trois cents demandes de concessions que procède l'émigration européenne, c'est par milliers. Ce n'est point à intervalles de deux ou cinq années, c'est tous les mois, tous les jours, et nulle demande ne demeure sans octroi. Aussi, depuis soixante ans, sous l'empire absolu de la liberté humaine, le chiffre de la population s'y est-il accru, octuplé par millions; à cette heure, le nord de l'Amérique ne suffit plus aux alluvions continues d'émigrants; les alluvions gagnent et s'avancent dans l'ouest.

Dans les États de l'Union américaine, cependant, la terre ne se donne pas, elle se vend; mais l'émigrant a le droit entier et libre de la prendre partout où il y en a, autant qu'il en veut. S'il jette les yeux sur la terre qui est à droite, on ne lui dit pas : « Nous voulons la colonisation par la terre qui est à gauche. » S'il se sent la force de cultiver cinquante hectares, on ne lui dit pas : « Non! nous ne voulons vous en vendre que dix. » Quand il a payé, quand il est maître, s'il veut élever une construction en boue ou en bois, on ne lui dit pas : « Vous ne l'élèverez qu'en pierres ou en briques. » Surtout nul employé d'aucune hiérarchie administrative ne vient l'inspecter, le contrôler, le harceler, lui fixer un temps à l'expiration duquel il sera dépossédé, s'il n'a pas fait telle chose et de telle manière. En achetant la terre, il a acheté la liberté, celle de sa personne, de sa maison, de sa culture; il en dispose suivant sa volonté, son intérêt ou son caprice; ni l'État, ni personne n'a le droit de lui en demander compte.

Et l'émigrant n'a besoin d'aucune des excitations dont le luxe en Afrique est poussé à l'excès. Comme toute créature intelligente, il obéit à la grande loi de l'intérêt bien entendu.

Ayant payé sa terre, il ne veut pas perdre le capital qu'elle lui coûte; il la cultive pour qu'elle lui rapporte.

Ne voulant être ni trempé par la pluie, ni glacé par le froid, ni brûlé par le soleil, ni empoisonné par les miasmes paludéens, il élève des constructions pour s'abriter, lui, sa famille, ses instruments de travail; il dessèche et cultive les marécages.

Dans les solitudes américaines, l'État ne s'inquiète pas non plus de savoir où se trouveront l'établissement d'un village, l'assiette d'une cité, ni même s'il s'élèvera des cités, des villages. Il sait bien que le jour où les émigrants établis dans un district seront en assez grand nombre pour éprouver le besoin d'un centre commun qui relie leurs intérêts et leurs affaires, ce centre commun s'élèvera, cité ou village; qu'il y viendra des gens de tout métier, de tout commerce; que si tous ces pionniers veulent une église, une école, une maison commune, des fontaines, des routes pour aller au centre de tous les points de la circonférence, ils sauront bien se les donner, sans que l'État y mette la main. C'est ainsi qu'aux États-Unis se sont bâties de grandes et de populeuses cités, en moins de temps souvent que vous n'en avez mis, vous autres, à fonder des villages de quelques feux pour cent ou deux cents âmes.

Voulez-vous que la colonisation algérienne marche au lieu de se traîner, qu'elle vive de sa vie propre au lieu de la vie galvanisée que vous lui faites? Traitez-la seulement comme l'Angleterre, un peu avant l'émancipation, s'était enfin résignée à traiter la colonisation américaine qui se mourait. De plus, vendez la terre, et avec la terre la liberté, et vous trouverez plus d'acquéreurs avec la liberté humaine, que vous n'avez de solliciteurs avec le monopole administratif.

Mais, ajoutai-je, c'est, je le vois bien, dépasser un peu, sinon la portée de votre esprit, au moins le cercle ordinaire de vos idées et de vos habitudes. Soit. Rentrons-y par une autre porte, par la porte qui vous va.

Voulez-vous que les concessions profitent à la fois aux individus, à la colonie et à l'État?

Voulez-vous que nulle part la terre concédée ne reste en friche?

Voulez-vous que la terre laissée aux broussailles par ses possesseurs profite au moins à l'État, si elle ne sert pas la colonisation?

Voulez-vous que, finalement, en Algérie, la terre n'appartienne qu'à celui qui la cultive?

Voulez-vous que nul n'ait l'envie de prendre ou de garder plus de terres qu'il n'en peut cultiver?

Voulez-vous faire de la mise en culture de toute la superficie algérienne, l'intérêt bien entendu de tous ses habitants?

Voulez-vous que la terre algérienne devienne le point d'appui des destinées promises à la démocratie moderne, dont le flot monte partout, pour un avenir et une civilisation sans précédents dans le monde?

Voulez-vous enfin, que l'impôt, cette force avec laquelle un État se donne toutes les autres, au lieu d'être un pressoir de la fortune privée, devienne en Algérie le levier de la fortune publique, de la civilisation?

Mettez un impôt sur la terre, un impôt sérieux. Que cet impôt pèse moins sur le travail que sur le chômage, et qu'ainsi il trouve son dégrèvement dans les produits mêmes du travail.

La prospérité de l'Algérie est au fond d'un décret en trois articles conçu en ces termes :

1. Toute propriété territoriale en Afrique est soumise à un impôt de... par hectare.

2. Toute propriété qui ne paye pas l'impôt appartient de droit à l'État.

3. Toute propriété appartenant à l'État sera concédée pour le prix de l'impôt qu'elle doit payer.

Mais, je le répète, chez les colons comme chez les

administrateurs de l'Algérie, je froissais trop d'intérêts de position et de fortune pour que je pusse être compris. En France, où ces intérêts n'existent pas, du moins à un degré égal, le serai-je davantage?

Je le voudrais, je ne l'espère pas; il est bien plus simple de dire : « Que nous veut ce journaliste d'autrefois? Que nous veut cet exilé d'hier?

Je n'en dois pas moins entrer dans la seconde partie de mon rêve, la plus difficile à traiter, sinon la plus impossible à accomplir.

XIV.

Mirages et philosophie de l'exil. — Expatriation et Algérie. — Cercle de révolutions et de réactions. — Inintelligence des moyens d'apaisement. — Expatriés des seizième et dix-septième siècles. — Liberté religieuse. — Peuple américain. — L'Afrique ouverte aux expatriés du dix-neuvième siècle. — Qu'importerait à l'Europe?

L'Afrique est la terre des mirages : j'y ai eu les miens.

C'était durant ces longues heures inoccupées où, loin de la patrie qu'on ne s'attend pas à revoir de longtemps, l'âme, si haut qu'on porte le front, se perd en projets et en rêves lointains : — tristes rêves qui passent comme des nuages sombres que frangent à peine quelques rayons dorés du soleil.

Que de fois, en parcourant les cimes ravinées de l'Atlas, et voyant à mes pieds s'étendre, presque déserte et sans cultures, cette plaine immense qui, du Fondouck au pied du Djurjura, s'allonge jusqu'à Blidah, la vieille cité maure des délices, pour contourner ensuite plus loin jusqu'aux montagnes des riches mines de la Mouzaïa, je me suis demandé si jamais ces terres coupées de marécages ne seraient assainies et fécondées par les intelligents travaux de l'homme, comme le sont les plaines inondées de la Lombardie! si jamais l'Algérie n'aurait dans la Mitidja la riante Limagne de notre Auvergne!

Après avoir redescendu les hauteurs de la Bouzzaréah, qui, d'un côté, avec son fort l'Empereur et ses carrières de granit, domine la ville d'Alger, et de l'autre les villas et les guinguettes de Saint-Eugène; le cœur tout ému de mes longues causeries avec l'ami, le compagnon d'infortune, le brave et loyal colonel, commandant de la Garde Mobile de 1848, que j'étais allé voir dans sa petite maison mauresque de la *Vallée des Consuls*, dont les étages verdoyants surplombent la mer; que de fois à mon retour sur la grève sablonneuse de Hussein-Dey, le front dans mes mains, appuyé à la galerie de bois de ma chambre, l'œil sur le ciel étoilé ou sur l'horizon de la mer dont les murmures et les phosphorescences berçaient mes pensées, je me suis demandé si les flots de cette Méditerranée, où se sont jouées et où allaient se jouer encore les destinées du monde, ne pousseraient jamais, vers les côtes de l'Algérie, d'autres navires que les navires de guerre et les paquebots de rares passagers ! si les millions engloutis dans cette superbe jetée qui oppose sa masse granitique aux masses bondissantes des vagues, ne serviraient toujours qu'à abriter une ou deux centaines de barques de pêcheurs, et quelques rares voiles marchandes, venues des ports méditerranéens de la France ?

Ramené, par la similitude de fortune, des destinées languissantes de l'Algérie au sort désolé que les événements m'avaient fait, à moi et à tant d'exilés ou d'expatriés volontaires, je me sentais comme malgré moi entraîné à confondre dans une même pensée d'origine, dans un même projet de salut et de civilisation, ces deux mots : *Expatriation et Algérie.*

Une fois sur cette pente, je m'y sentais glisser comme dans les molles attractions d'un charme indéfinissable. Mon esprit s'affranchissait de ces préjugés et de ces intérêts d'opinion ou de parti qu'en d'autres heures on sert avec amour jusqu'à en souffrir dans ce qu'il y a de plus précieux au monde. Algérien d'un jour, je faisais de la politique algérienne : exilé, je me prenais aux séductions de la philosophie de l'exil.

Voici donc ce que, sous l'obsession de ces deux termes : *Expatriation et Algérie,* je me disais pour faire de la seconde l'asile attractif de la première, et de celle-là la source féconde du peuplement et du développement continu de celle-ci.

En Irlande, en Russie, en Italie, en Espagne, en Autriche, partout en Europe, il y a des individualités, des classes qui souffrent plus que d'autres dans leur vie, dans leurs pensées, dans leurs affaires, dans leur dignité, des systèmes prépondérants de la politique, de la société, de la propriété elle-même.

C'est là ce qui s'agite, ce qui menace, ce qui ébranle, ce qui révolutionne.

C'est là aussi ce que compriment les pouvoirs établis. C'est là enfin ce qui forme ce cercle vivant de révolutions et de réactions, de progrès violents et de violents mouvements de temps d'arrêt ou de recul, dont sont tour à tour victimes ou agents les partis qui, proscrits la veille, deviennent les proscripteurs du lendemain, et font toujours payer au progrès humain et social les besoins de leur domination nouvelle ou les vengeances de leurs vieilles défaites.

Comment, en Europe, ne s'est-on pas encore inquiété d'en finir avec ces intermittences anticivilisatrices ? N'y a-t-il pas d'autres moyens d'apaisement que ceux de la compression sur place par les exécutions opérées sur les personnes, sur les fortunes, sur les besoins, sur les idées ? Est-ce qu'en fermant la bouche d'un volcan on croit pouvoir l'éteindre ? Ne continue-t-il pas de bouillonner sur lui-même ? L'heure ne sonne-t-elle pas, tôt ou tard, où ses feux et sa lave, à cause même de toute la puissance que leur a donnée la compression, font sauter la croûte dont on a muré son cratère, et couvrent au loin le pays de ses cendres?

Quant aux expatriations forcées auxquelles les gouvernements ont recours, ont-elles donc guère fait autre chose que déplacer et étendre le terrain du mécontentement et des luttes? Chassés de leur pays, — on l'a bien vu depuis plus de soixante ans, — les mécontents s'en vont porter à l'étranger l'esprit et le foyer de leurs principes et de leurs agitations permanentes. Eh! en pourrait-il être autrement? Dépouillés, sans fortune, réduits souvent, par impuissance de se créer une nouvelle position sociale, à subir l'aumône de subsides venant de leurs partis ou de l'étranger, ils ont presque toujours, comme la grande émigration française de 92, servi d'appoint aux passions, aux intérêts, aux mécontentements de gouvernements ou de partis, qui fermentent sur la terre où ils ont trouvé asile. Alors a lieu, entre gouvernements, cet échange déplorable de notes de police et de diplomatie, qui fait de chacun d'eux, par droit de réciprocité, l'espion et le gendarme des réfugiés, que tous ont à craindre et à surveiller.

Ainsi, au lieu de resserrer l'incendie en lui faisant sa part, on le laisse se répandre et se développer partout où, pour s'y soustraire, les gouvernements eux-mêmes en poussent un brandon.

Que nous autres, les révolutionnaires pour le compte de l'*Idée*, nous nous réjouissions de ce mode d'apaisement qui la généralise par les moyens mêmes employés pour l'arrêter, je le comprends; mais que la vieille Europe n'en ait eu jusqu'ici ni l'intelligence ni l'épouvante, pour aviser à mieux..., en vérité, ne serait-ce point la preuve qu'elle est condamnée au travail des ouvriers des Gobelins? Elle fait derrière la trame l'œuvre de Dieu sans la voir.

L'histoire de la civilisation européenne a offert pourtant, en des circonstances analogues, des exemples et des enseignements dont il eût été bon que le souvenir ne se fût point perdu. Si, pour les accommoder à notre temps, on savait et on voulait les consulter, l'Algérie française en pourrait recueillir les bénéfices, et l'Europe, quoique par des résultats différents, en tirerait également profit.

Aux seizième et dix-septième siècles, le vieux continent européen fut bouleversé par les questions religieuses, comme il l'a été depuis par les questions politiques; celles-ci se sont aggravées de nos jours des idées sociales qui sont toujours au fond des principes révolutionnaires de la démocratie, de même que dans les questions religieuses d'alors leur germe avait été déposé par les principes mêmes de la Réforme. La querelle politique, en effet, n'a été, après la querelle religieuse, qu'une forme nouvelle revêtue par l'*Idée* qui se cherche et se cherchera éternellement des voies de progrès et d'universalisation.

Les *novateurs* religieux du seizième et du dix-septième siècle étaient emportés par le même esprit de foi, d'agitation, d'audace et de prosélytisme qui a caractérisé les novateurs politiques d'aujourd'hui. Les *conservateurs* d'aujourd'hui ont montré le même esprit de résistance et d'aveuglement que les orthodoxes d'alors.

Ces luttes terribles, pour la conquête, dans l'humanité, de la liberté de conscience, auraient agité et ensanglanté la vieille Europe, bien par delà les deux siècles où se produisirent leur enfantement et leurs phases diverses ; mais, par un de ces mystères de la prédestination divine qui, après leur accomplissement, sont sur la route de l'avenir comme une nouvelle colonne de feu au désert, les fatigués de la lutte, les impatients du triomphe, les blessés de la défaite trouvèrent, dans la récente découverte du Nouveau-Monde, une issue par laquelle ils purent s'échapper en emportant leurs dieux, sinon toujours leur fortune.

Catholiques et protestants, luthériens et calvinistes, presbytériens et puritains, moraves et quakers, toutes ces religions, toutes ces sectes, toutes ces dissidences dans la manière de dire la messe, d'interpréter la Bible, d'administrer le baptême, de donner la communion, de constituer une église, de gouverner une société, se sentirent prises presque en même temps d'un besoin infini d'expatriation ; comme si, en quittant la terre où elles avaient combattu et souffert, elles y devaient laisser leurs préjugés, leurs haines, leur soif de dispute, leurs ardeurs de prosélytisme, et ne garder sur une terre nouvelle que leur foi épurée par l'esprit de fraternité en Christ, sans distinction de culte et de nationalité !

C'est ainsi, par des émigrations dont l'Allemagne, l'Espagne, la Suisse, la France, l'Irlande, l'Écosse et l'Angleterre, fournirent leurs alluvions simultanées ou successives, que se sont peuplées ces vastes contrées de l'Amérique du Nord, qui reçurent quelquefois le nom de leurs nouveaux possesseurs, ou, par souvenir de la patrie perdue, le nom aimé d'un coin de la terre natale : la Louisiane, la Pensylvanie, la Caroline, la Nouvelle-York, — agrégations de mœurs, de religions, de nations diverses, comme celles qui se greffèrent sur les ruines du monde romain, et qui ont fini comme elles, mais en bien moins de temps, par confondre toutes leurs origines pour la formation d'un seul et même grand peuple : *Le peuple américain.*

Je ne sais, — et peut-être cédais-je aveuglément aux lois si souvent trompeuses de l'analogie en sociabilité et en histoire ; — mais quand je faisais passer ainsi devant moi cette création graduelle d'un monde nouveau par tous les expatriés religieux de l'Europe, je me demandais si la conquête de l'Algérie, avec ses deux cents lieues de côtes pouvant s'allonger par Tunis et le Maroc, avec sa superficie de cent lieues en largeur confinant au désert, n'avait pas été, en 1830, au seuil même de nos grandes agitations sociales, un fait providentiel pour servir à l'apaisement continu des troubles politiques de l'Europe du dix-neuvième siècle ?

Si l'Afrique, elle aussi, dans les desseins de Dieu sur la marche des sociétés humaines, n'était pas réservée à la conservation de la liberté politique dans le vieux monde, comme l'Amérique le fut dans le nouveau, à la conservation de la liberté religieuse et par celle-ci de toutes les autres, car la liberté est une?

Si, après tant de combats et de désastres, les temps n'étaient pas arrivés où, au moyen des fatigués, des blessés, des impatients de la politique, il ne pourrait pas se fonder une société dans laquelle les questions et les agitations politiques ne tiendraient pas plus de place aujourd'hui que les questions et les agitations religieuses; où il n'y aurait ni plus de danger ni plus de ridicule à proclamer une opinion qu'il n'y en a dans la confession d'une foi; où foi religieuse et opinion politique seraient dominées, distancées par des questions d'économie sociale, et par le besoin intelligent de leur solution, dans la seule vue, aux seules fins de donner à tous et à chacun la liberté nécessaire au développement de la plus grande somme de bien-être matériel et moral auquel les individus et les sociétés peuvent atteindre?

Qu'importerait à la vieille Europe, me disais-je, qu'il se formât un *peuple africain,* de même qu'il s'est formé un *peuple américain?* qu'il y eût sur les côtes orientales de la Méditerranée, comme il y a sur les côtes occidentales de l'Atlantique, une société qui pût donner à tous les expatriés volontaires les biens, le travail, les terres qu'elle n'a pas; les droits, les libertés que, pour ne pas mourir, elle croit devoir refuser ?

Qu'importerait à ses rois ? Ils n'auraient plus, chaque matin au réveil, à trembler pour leur domination ; ils ne régneraient plus que sur des sujets volontaires, engagés les uns les autres dans la voie du stationnement continu par la routine des traditions, par la peur des bouleversements que les innovations enfantent, par le milieu même dans lequel ils sont nés, et par tous les intérêts de castes, de position, de fortune qui leur imposent la solidarité.

Qu'importerait à tous les gouvernements ? Les uns n'auraient plus de subsides à payer aux réfugiés ; les autres, plus de frais de police ou de surveillance par la voie diplomatique. Les expatriés, enfin, cesseraient d'être un objet d'inquiétude quelconque, s'ils trouvaient, large ouvert en Afrique, un refuge avec toute sécurité pour leurs personnes, toute tolérance pour leurs opinions, de la terre pour ceux qui en veulent, du travail pour ceux qui en cherchent, pour tous l'assiette de la fortune par l'emploi libre de leur activité, de leurs talents, de leur richesse acquise : grandes tentations qui arracheraient les expatriés politiques, comme autrefois les expatriés religieux, à la vie de désœuvrement et de rancunes que facilite et aigrit l'impossibilité où ils sont le plus souvent à l'étranger de se créer une existence nouvelle !

D'ailleurs, si quelques gouvernements, par impossible, étaient assez inintelligents de leur intérêt bien entendu pour s'effrayer, au point de l'entraver, du mouvement d'émigration que pourrait amener la fondation d'un peuple constitué en Afrique, comme en Amérique, dans la liberté, ils auraient à se souvenir de ce qu'il en coûta au roi Charles Ier d'Angleterre pour avoir retenu dans le port le navire qui emportait Cromwell et ses amis. Terrible leçon pour quiconque entrave la libre disposition de soi-même, que tout homme a reçue de Dieu!

XV.

Réalisation possible des idées de liberté en Algérie. — Pourquoi la France y ferait-elle obstacle? — Séparation de la puissance indivise et de la puissance individuelle. — Liberté de la presse. — Liberté communale et provinciale. — Assiette du budget algérien sur l'économie. — Les cultes. — L'enseignement. — Les milices. — La justice. — Simplification administrative. — Conséquences de la rénovation algérienne.

A vrai dire, ce n'est point des gouvernements absolutistes de l'Europe que me semblaient devoir venir les plus grands obstacles à l'accomplissement de mon rêve. Le jour où la France dirait : « C'est mon droit et ma volonté que l'Afrique devienne la terre des réalisations de toutes les libertés de l'homme et de la société, » ce jour-là, nul dans le monde n'aurait à y dire. La France est assez puissante pour faire respecter sa volonté et son droit.

Mais ce droit, la France voudrait-elle l'exercer? Cette volonté, n'y a-t-il rien en elle qui l'empêcherait de se la donner?

Je me posais résolûment ces questions suprêmes pour en faire la pierre de touche de mon idée. En m'y brisant ou en leur trouvant une solution, je devais savoir si je ne prenais point pour un retentissement possible de l'avenir le bruit qu'une utopie faisait dans mon cerveau.

Voyons.

La France perdrait-elle rien de sa puissance et de sa grandeur, parce que de l'autre côté de la Méditerranée, à deux ou trois jours de navigation par ses navires à vapeur, elle aurait une terre constituée comme l'île de Jersey, que l'Angleterre a dans les eaux de la Manche, en face et à une marée de nos côtes de Bretagne?

La France serait-elle compromise dans le repos qu'elle a préféré aux agitations de la liberté? Serait-elle poussée de nouveau sur la pente des révolutions, parce qu'elle aurait sous sa domination un pays où l'homme, le citoyen, la propriété, le travail, la société tout entière, seraient mis à l'abri de toutes les exploitations de l'homme par l'homme, du travail par le capital, des forces sociales par l'État : exploitations qui ont enfanté les révolutions appelées 89 contre l'aristocratie et le clergé, 1830 et 1848 contre le monopole bourgeois et la centralisation administrative?

Quels risques l'État, en France, aurait-il à courir,

parce qu'il laisserait faire en Algérie l'expérimentation de la séparation de la puissance collective d'avec la puissance individuelle? Serait-il moins, en France, le détenteur de tous les droits qu'on lui a remis, parce qu'il y aurait en Afrique un pouvoir social renfermé, comme aux États-Unis, comme en Angleterre, dans les limites où il serait non le maître, mais le serviteur des intérêts collectifs, sans nulle action compressive ou résistante sur les intérêts individuels?

Si le nouveau peuple africain se disait aussi que la séparation de la force immatérielle d'avec la force matérielle est, dans l'ordre moral, ce qu'a été, dans l'ordre politique, la séparation du pouvoir temporel et du pouvoir spirituel; s'il croyait que le droit de penser et de transmettre sa pensée est un droit aussi inhérent à la nature humaine que le droit de vivre et de transmettre la vie, et qu'en conséquence il proclamât chez lui la presse libre comme en Angleterre et aux États-Unis, est-ce que l'Afrique ferait plus courir de dangers à la France que les États-Unis, l'Angleterre, la Belgique même, qui est à ses portes, pays où la liberté de la presse est en pleine disposition d'elle-même? Si elle en croyait pouvoir courir quelque danger, la France n'aurait-elle point contre l'État algérien, pour s'en garantir, les moyens dont elle use contre tous les autres États?

La France se trouvera-t-elle moins ce qu'elle se trouve sous sa constitution actuelle, parce qu'il y aurait en Afrique un peuple tiré en partie de ses flancs, qui essayerait d'une vie de liberté à pleins poumons, par tous les pores, ayant une initiative et une action au droit desquelles se heurteraient incessamment l'initiative et l'action de la puissance indivise, au lieu de voir le droit individuel se heurter sans cesse aux prérogatives de cette même puissance?

La centralisation administrative perdrait-elle en France une seule des mailles innombrables de son inextricable réseau, parce que ce réseau ne s'étendrait plus sur l'Algérie? La vie et le mouvement des départements et des communes de France cesseraient-ils d'être dans les cartons du pouvoir ministériel, parce que l'Algérie se donnerait des franchises provinciales et communales, de vraies franchises impulsives et résistantes, comme aux États-Unis, comme la France elle-même en avait autrefois? Parce que les provinces et les communes de l'Algérie feraient rentrer dans leur liberté administrative, comme jadis les provinces et les municipes de Rome; la construction et l'entretien des routes et des édifices publics de la commune et de la province, avec le droit de les faire construire et entretenir par des ingénieurs, des conducteurs et des entrepreneurs n'ayant pas plus de patente et de brevet que les maçons et les architectes, est-ce que messieurs des Ponts-et-chaussées en continueraient moins à être les ingénieurs, les conducteurs, les entrepreneurs de toutes les routes classées et numérotées de France?

L'État, en France, n'aurait-il plus la libre disposition de son riche budget; les impôts de toute nature consacrés à l'entretien et à la rémunération de tous les services publics cesseraient-ils de l'alimenter, parce que l'Algérie, où l'État aujourd'hui donne au lieu de recevoir, assoirait sur l'économie la perception de ses impôts et la distribution de son budget? parce que l'État recevrait la vie de la nation au lieu de la lui donner? parce que les citoyens qui, habitués à tout demander à l'État, ne savent que faire de leur libre arbitre, apprendraient à ne compter que sur eux-mêmes, à ne demander qu'à leurs associations les forces qui leur manquent, et à demeurer en tout et pour tout les maîtres de leurs destinées, au lieu d'être toujours en quête d'un pouvoir aux mains de qui les abdiquer?

Si, en Algérie, l'église, le temple, la synagogue, la mosquée, étaient bâtis et leurs desservants salariés par leurs cultes respectifs, est-ce que les clergés de France, du haut en bas de leur hiérarchie, en auraient moins leur budget particulier porté au budget général de l'État?

Si, en Algérie, les provinces et les communes avaient la charge des colléges et des écoles, avec l'enseignement gratuit à tous les degrés, est-ce que l'Université de France en ressentirait quelque dommage dans son personnel, dans sa constitution?

L'Algérie se donnerait, je suppose, une armée de milices nationales organisée comme je l'ai dit dans un chapitre précédent; eh bien, est-ce que dans nos revues, dans nos parades, aussi bien que sur les champs de bataille, l'armée française en aurait moins ses brillants états-majors d'épaulettes et de broderies qui parcourent les rangs, suivent de l'œil les manœuvres, assistent au défilé des troupes et s'en vont à travers la mitraille porter les ordres de commandement? Le corps de l'intendance cesserait-il d'avoir une action et une autorité si prépondérantes qu'un général, grand écrivain militaire, a pu me dire en 1839 : « Si un intendant jetait dans les retranchements ennemis ses rôles et sa plume, en même temps qu'un maréchal de France son bâton de commandement, comme autrefois le grand Condé, je crois, Dieu me pardonne! que c'est le contrôle et la plume de l'intendant que les soldats seraient forcés d'aller chercher tout d'abord. »

Je suppose aussi que le peuple africain se fasse sur la nature et le devoir des pouvoirs sociaux et sur l'administration de la justice les idées suivantes :

« La société doit à ses membres la justice au même titre que l'administration; par conséquent, de même que le citoyen, après avoir payé l'impôt pour être administré, ne paye aucun des actes de l'administration, de même le justiciable, après avoir payé l'impôt pour avoir des juges, ne doit plus payer les actes de la justice.

» La fiscalité est une charge plus lourde que l'impôt, en même temps qu'elle est une occasion de murmures plus vifs, parce que l'impôt est une charge claire, précise, nettement définie, connue d'avance, qui se présente à heure dite, et en conséquence de laquelle on peut arranger sa vie et sa fortune, tandis que la fiscalité s'embusque dans tous les actes de la vie, dans tous les intérêts de la fortune et des affaires, pour les grever et, au moment le plus inattendu, prendre sa part dans le plus clair du travail et des ressources de la famille.

» En outre, plus la justice est mise à la portée des citoyens, plus le nombre des procès est considérable : les hommes, en effet, s'adressent aussi souvent à la justice pour satisfaire leurs passions que pour revendiquer leurs droits, et au fond de la généralité des procès, il y a, chez l'une des deux parties au moins, cette pensée mauvaise contre son adversaire : Je le ruinerai en frais. »

Eh bien, que sous la pression de ces idées le peuple africain multiplie les justices de paix et réduise le nombre des tribunaux et des degrés de juridiction; qu'il fasse des avoués, des huissiers, des notaires, de simples employés judiciaires à traitements fixes, comme les employés administratifs, ce qui est aisément praticable; je le demande, qu'est-ce que cela pourra faire à l'organisation de la justice, de la magistrature en France? En quoi les avoués, les notaires, les huissiers de la France cesseront-ils d'être les corporations puissantes qu'elles ont été avant et depuis ce mot célèbre d'un ministre de la justice à l'endroit de leur monopole : « *Il y a quelque chose à faire:* »

Enfin la carrière des places et des honneurs cesserait-elle d'être ouverte dans la mère patrie, parce que, dans la colonie algérienne, le gouvernement et l'administration, à tous leurs degrés, dans toutes leurs branches, seraient réduits au mécanisme le plus simple de rouages et de salaires ; parce qu'alors tous les hommes qui frappent à la porte des pouvoirs sociaux pour en recevoir la vie seraient forcés de se tourner, au grand profit de la colonisation, du côté du travail agricole, commercial, industriel, qui ne reçoit qu'en proportion de ce qu'il donne, qui met chacun à sa place et entretient ainsi parmi les hommes la seule égalité possible, en faisant de l'intelligence et de l'activité de chacun d'eux le véritable instrument de son élévation ou de sa médiocrité?

Je parcourais ainsi, dans mes rêves sur l'avenir possible de l'Afrique, le cercle des libertés qu'un peuple nouveau pourrait se donner, des réformes qu'il pourrait accomplir sans danger pour la colonisation, ni pour la France ni pour l'Europe. Je m'interrogeais très-sincèrement sur chacune de ces libertés et de ces réformes, je les mettais en regard des objections et des sophismes que l'intérêt, l'inintelligence, la peur, se plaisent à dresser contre toute idée qui sort un peu des habitudes d'être d'une société ou d'un temps, et elles ne me semblaient pas plus devoir perdre l'Algérie qu'elles n'ont perdu les pays où elles florissent, pas plus être un péril pour la France que ne le sont les libertés de l'Amérique et de l'Angleterre.

J'allais même jusqu'à me demander quelle forme pourrait être donnée au pouvoir dans l'Algérie régénérée; par quelles relations politiques serait maintenue la suzeraineté de la France; quelles garanties seraient offertes aux rois de l'Europe pour qu'ils ne prissent point ombrage de l'immigration en Algérie des expatriés de leur politique; comment, en faisant de l'Algérie un asile pour les libertés opprimées ou repoussées en Europe, on pourrait empêcher qu'elle devînt un réceptacle pour les ivrognes, les fainéants, les mauvais sujets, les coquins qui n'appartiennent à aucun parti et les déshonorent tous. Chacune de ces questions recevait dans ma pensée une réponse qui me semblait sauvegarder pleinement à la fois les véritables intérêts de la France, le repos des monarques de l'Europe et les principes de la liberté sociale.

Mais à quoi bon insister? N'en ai-je même pas déjà trop dit? Et en quoi avancerai-je en ce temps l'heure de la réalisation de mon rêve en disant qu'en dix années au plus, l'Algérie aurait, sans se grever, un budget de cinquante à soixante millions, dont son gouvernement et son administration ne lui prendraient pas la moitié? qu'en moins de deux ans, avec l'impôt sur les concessions et sur les terres, avec une assiette unique et un mode nouveau de perception pour l'impôt arabe, avec l'augmentation des droits d'ancrage et de tonnage, née de la liberté de la navigation et du commerce, l'Algérie, qui coûte à la France cent millions et ne lui en rapporte que seize ou dix-sept, aurait un budget de recette de trente millions de francs?

Ce serait bien quelque chose pourtant dans la balance des pouvoirs au plateau de la liberté! Une terre qui met un si bon prix aux institutions ne mérite-t-elle point qu'on ne les marchande pas trop?

XVI.

Réorganisation de l'Algérie (fragments inédits de lettres écrites en 1853).

§ I.

Constitution d'un nouveau pouvoir colonial.

Ce qu'il y aurait eu inopportunité et danger peut-être à dire en 1854, il me semble que le temps et la faculté de le dire sont venus en 1856. — Je vais donc reproduire ici, mais simplement à titre de notes à consulter et d'aspirations par delà des temps visibles peut-être, quelques fragments inédits de mes lettres à M. de Girardin, sur la réorganisation des pouvoirs publics en Afrique. C'était pour moi la pierre de l'angle sans laquelle rien de durable et d'utile ne pouvait être édifié; j'en faisais l'objet incessant de mes préoccupations, de mes excitations, le préliminaire obligé de tout système. — « Table rase! table rase d'hommes, de choses et d'institutions! ne cessais-je de crier. Tant qu'il restera debout ici un homme, une institution, une chose du passé, il restera une vieille bouture par où, sur cette terre d'humidité et de soleil, refleurira quelque bourgeon des abus qui bientôt couvriront encore ce pays de leurs branches luxuriantes; il y aura une pierre d'attente par où, dans ce pays de paupières qui se ferment devant l'éclat du jour, se relèvera sans être aperçu le vieil édifice du monopole! Souvenez-vous donc de ce qui est déjà arrivé! Durant la première période de l'occupation, c'est-à-dire jusqu'en 1839, les administrations obéissant à la pensée secrète du règne qui passait pour ne pas vouloir garder Alger, ne faisaient rien pour faciliter la colonisation; au contraire! Et dans la seconde période, après la fameuse phrase du discours du trône : « *L'Afrique est désormais une terre française,* » les bureaux étant restés les mêmes ou ayant gardé les traditions, n'ont pas su ou voulu se pénétrer des devoirs nouveaux que leur imposait cette situation nouvelle. A cette heure encore, les chefs de service eux-mêmes ont beau lutter contre certains de leurs subordonnés, ils succombent à des résistances d'inertie!... Que d'exemples je pourrais vous donner. . . . .

. . . .

« La première besogne à entreprendre, c'est la

constitution d'un pouvoir unique... La paralysie de l'Algérie vient de l'antagonisme de l'autorité militaire et de l'autorité civile, entre lesquelles s'est établi comme pouvoir mixte, envahissant sur l'un et sur l'autre, ce quelque chose d'indéfini, de mal limité, qui s'appelle le Bureau arabe...

» A laquelle des deux autorités, civile ou militaire, donner la suprématie?...

» Dans la condition où les populations, les terres et la production ont été refoulées aujourd'hui par la guerre, les razzias et les grandes exterminations de tribus, je n'hésite pas à le dire : l'occupation de notre conquête doit être régie par l'autorité civile. Le sabre peut préparer l'œuvre de la colonisation, il ne peut l'accomplir. Il y faut la serpe et la charrue. . . . . .

» Un pouvoir unique et ne relevant que du chef de l'État, l'autorité civile prépondérante, la réduction de l'armée dans son effectif, sa subordination dans son rôle, la simplification administrative dans le personnel et dans le rouage, un système de concession de terres sans entraves ni enchevêtrements de corps constitués, hostiles les uns aux autres, une réforme judiciaire et un remaniement de la magistrature assise et debout; une investigation ferme et courageuse sur les actes et la moralité des divers officiers ministériels; une guerre juste et sans merci à l'usure et à l'agiotage, une révision des statuts de la Banque de l'Algérie, ou mieux la suppression de ce monopole, qui étrangle tout ce qui essaye de vivre sans lui, d'aller plus loin, plus vite, de faire plus et mieux qu'il ne peut, ne veut ou ne sait entreprendre et oser... Telles sont les premières promesses qu'il faut faire; je dis plus, les premières réalisations qu'il faut accomplir pour dissiper le nuage de défiance qui éloigne le capital et le travail de notre colonie d'Afrique. »

. . . .
. . . .

« Toutes ces réorganisations d'un pouvoir social et colonisateur ne pourront, vous le comprenez de reste, être faites que sous une autorité unique, ayant la haute main sur l'armée.... sur la magistrature.... sur le clergé et sur l'administration dans toutes ses branches, domaines, forêts, ponts et chaussées, afin que tout cela soit un rouage unique aussi, aidant à marcher au lieu d'être autant de pierres de résistance et d'achoppement auxquelles la colonie trébuche et se disloque.

» Mais qui donc, à moins d'une révolution, osera aujourd'hui toucher à toutes ces choses? Qui osera dire à ces généraux africains que nous avons vus à l'œuvre quand ils ont passé au pouvoir : Vos épées, de fer contre l'étranger, sont de plomb à l'intérieur! Maîtres accomplis dans les choses de la guerre, vous n'avez pas l'intelligence des choses de la civilisation! car si les choses de la guerre se font par la réglementation et la discipline, les choses de la civilisation se font par l'initiative et par la liberté...

» Qui encore, à moins d'une révolution, osera toucher ici à la magistrature, à la basoche, à la bourse, à tous leurs agents et suppôts, fonds social et dominateur en Algérie plus qu'en France peut-être?

» Qui enfin, à moins d'une révolution, osera toucher à cette grande et puissante armée de la bureaucratie et du plumitif, qui tient plus l'Algérie dans ses cartons qu'à Paris elle n'y tient la France? . . . . . .
. . . .
. . . .

» Que de bonnes et hautes raisons cependant, écrivais-je, pour qu'il en soit ainsi, pour que le gouvernement comprenne et favorise cette efflorescence d'un *peuple africain!* . . . .
. . . .
. . . .

» Mais auparavant, laissez-moi, même avec vous, prendre mes réserves. Vous voulez bien honorer dans mes lettres mon indépendance d'esprit ; pour moi, mon ami, l'indépendance d'esprit consiste, à un moment donné, dans le complet affranchissement des préjugés et des intérêts même de l'esprit de parti, qui en d'autres moments ont droit à être respectés, sinon toujours servis, même pour notre propre dignité. Je vais donc faire abstraction de mes opinions politiques, et, ce qui semble plus difficile peut-être, de ma position d'exilé. Je ne veux voir, je ne vois que l'Algérie, ses intérêts présents et d'avenir, et la nécessité, sous peine de ruine pour elle, de les servir et de les développer dans les voies actuellement possibles, sans me préoccuper si d'autres intérêts personnels à telle cause, à telle individualité, en pourraient être servis par contre-coup. Voilà qui est entendu : pour le moment je ne suis qu'Algérien ; je vais donc parler comme si toute ma vie je n'avais été et je ne devais être qu'Algérien.

» Sans croire à l'indispensabilité d'un homme, si grand qu'il puisse être, pour le mouvement et la marche progressive des sociétés, parce que je place dans des régions plus hautes le gouvernement de leurs destinées, je reconnais cependant qu'un homme peut exercer sur elles une influence active à l'époque surtout de leur formation. Or c'est précisément de la formation d'une société qu'il s'agit en Algérie.

» Bien que j'aie mes raisons pour m'en tenir au *noli confidere filiis hominum* du malheureux Strafford, s'il existe un homme qui puisse sauver cette pauvre et délaissée Algérie, à laquelle, malgré les misères que j'y éprouve et peut-être même à cause de ces misères, je m'attache chaque jour davantage, que cet homme se montre. Il est si triste de voir dépérir sous ses yeux un corps plein de séve et de vigueur qui ne demande qu'à vivre, pour qui la nature a tout fait, mais que les hommes et les institutions semblent avoir pris à tâche de pousser à sa perte! . . .

. . . .

» Cet homme serait-il celui dont vous m'avez écrit : « Il a les meilleurs sentiments, et je les crois à l'é-

» preuve de tout ce qui sera essayé pour les faire
» changer?... »

» Qu'entrevoit-il dans la création d'une lieutenance d'empire qui le relèguerait en Algérie?..... Est-ce un homme à idées élevées et larges, voyant de haut et loin? Est-ce un homme d'initiative et d'audace dans la bonne acception de ce mot, qui veut dire chercheur de routes en dehors des ornières où tous les gouvernements ont versé?... S'il n'est pas cet homme, il n'a rien à faire ici.... S'il est cet homme, qu'il vienne; mais qu'il vienne dans des conditions telles qu'il ne soit pas aux prises avec des difficultés qu'on ne lui fournirait pas les moyens de surmonter; il s'userait inutilement à la tâche. Si au contraire il lui est fait des conditions légitimes et nécessaires d'indépendance et de suprématie, et si la vie et les révolutions lui en laissent le temps, il pourra se créer en Afrique les éléments d'une position ferme, d'une large popularité, et développer ceux de la force et de la grandeur qui s'attachent au nom des fondateurs de toute société libre.

. . . .
. . . .

» Quelle forme donner au pouvoir dans l'Algérie régénérée? Quelle serait son organisation administrative et judiciaire? Quelles relations politiques conserverait-elle avec la France? Quelles garanties offrir aux monarques de l'Europe, pour qu'ils ne prissent point ombrage de l'émigration en Afrique des mécontents de leurs États? Quelle constitution, à la fois politique et sociale, règlerait les droits et les devoirs des nouveaux Africains? Comment les terres y seraient-elles distribuées, la propriété constituée, le travail libre assuré? En faisant de l'Afrique un asile pour les libertés méconnues ou opprimées en Europe, par quelles mesures empêcher qu'elle ne devienne le réceptacle des ivrognes, des fainéants, des mauvais sujets qui n'appartiennent à aucun parti avouable et les déshonorent tous? Enfin comment pousser l'Algérie, avec tant de fractions de nationalités diverses, dans les voies fécondes et libres d'une grande unité, pour l'honneur et la force toujours progressive d'une civilisation aussi avancée que le permet l'état actuel de l'esprit humain?

. . . .

» Je vous l'ai dit dans ma sixième lettre, je crois : La grande loi des colonies, prouvée par l'histoire dans les temps modernes, est de tendre incessamment à se séparer de leurs métropoles, et à vivre de leur vie propre sous un gouvernement et dans une société à elles.

» C'est donc sur une suzeraineté temporaire, en vue d'une émancipation future, sans que rien soit tenté de part ni d'autre pour la retarder ou la précipiter, que doit reposer actuellement la constitution du pouvoir en Algérie. Abandonné ainsi à la pente naturelle des choses servie par les institutions, le pouvoir colonial, quelque nom qu'on lui donne ou qu'il prenne : vice-royauté, lieutenance d'empire, proconsulat, présidence, n'importe! ne saurait offusquer ni tenir en défiance la métropole et la colonie. A peu d'autres époques de notre histoire, grâce à la position respective des deux individualités qui représenteraient l'une et l'autre, il serait donné des circonstances plus favorables pour le constituer dans le cercle des droits et des devoirs tracés par l'idée que j'indique. Entrés dans cette voie, qui donnerait aux deux pouvoirs de la métropole et de la colonie une satisfaction égale, l'un ne voudrait pas imposer à l'autre des amoindrissements qui hâteraient la ruine coloniale, et l'autre ne pourrait pas vouloir créer à la suzeraineté de la France des résistances intempestives qui exposeraient l'émancipation algérienne à un avortement complet.

. . . .
. . . .

» La difficulté serait dans le cercle même de l'exercice de la suzeraineté, tant à l'égard des pouvoirs entre eux qu'à l'égard de la France et de la colonie. Le feudataire serait-il à titre viager ou à titre héréditaire, ou seulement révocable à la volonté du suzerain? La colonie serait-elle tellement sous la direction de la métropole que rien ne pût s'y faire sans le concours ou sans l'assentiment de celle-ci? La France imposerait-elle à l'Algérie ses lois de navigation et le monopole de son industrie et de son commerce, ou bien l'Algérie aurait-elle le droit de

ne consulter en cela que son intérêt, et d'ouvrir ses ports aux vaisseaux, à l'industrie et au commerce des étrangers? L'Algérie serait-elle tenue à graviter tellement comme un satellite, dans l'orbite de la France, qu'elle fût condamnée à toute solidarité, en cas de guerre?. . . . .
. . . . Ou bien aurait-elle le droit de s'assurer la neutralité, par sa position même de terre d'asile ouverte aux nationaux des divers États du continent européen? Je ne peux, vous le pensez bien, qu'indiquer quelques-unes des relations qui lient ensemble les colonies et les métropoles, les suzerains et les feudataires; car en parcourir le cercle complet serait entreprendre tout un traité de droit politique. Aussi, en répondant aux questions que je viens de poser, ne puis-je vouloir qu'établir des principes qui serviront à résoudre celles qu'on pourrait poser encore.

» Comme il est constant que dans les colonies, en Algérie surtout, les phases malheureuses de la colonisation ont tenu à la multiplicité des systèmes, et celle-ci à l'instabilité du personnel porté au pouvoir, il est nécessaire que ce pouvoir, s'il n'est pas héréditaire, peut-être même viager, ait un nombre d'années qui suffise à l'assiette des principes transitoires de la constitution algérienne. Dix ans, mais dix ans d'un pouvoir assuré, ne seraient point trop pour cela. Quant à ses droits et à ses devoirs, ils doivent se résumer en subordination à l'égard du chef de l'État en France, ou plutôt en entente politique avec lui, et en indépendance absolue en ce qui touche au gouvernement intérieur de la colonie. Ce serait donc quelque chose comme le pouvoir des anciens grands feudataires de la couronne, quelque chose comme la vice-royauté en Égypte. Les inconvénients de ce système, je les connais; mais il est peut-être le seul praticable pour une époque de transition. L'Algérie, la France elle-même, ne sont pas prêtes pour une séparation : l'âge de la majorité n'est pas encore venu pour la première, et l'abdication de la tutelle ne serait pour la seconde qu'un abandon déguisé:

» En prenant pour point de comparaison, dans la constitution du pouvoir algérien, la situation faite à la vice-royauté d'Égypte envers la couronne ottomane, j'ai indiqué par voie de conséquence l'attitude de la France vis-à-vis de l'Algérie. La France, en dehors des relations constitutives qui, à l'égard des autres puissances, relieraient la colonie à la métropole, n'aurait à s'immiscer en rien dans le gouvernement intérieur de la colonie, ni dans la reconnaissance et l'exercice des droits et des libertés sur lesquels ce gouvernement voudrait asseoir son organisation politique, administrative, judiciaire et surtout sociale, sous prétexte que ces droits et ces libertés seraient en désaccord avec telle ou telle constitution que la France pourrait se donner ou consentir. Qui voudrait la fin devrait vouloir les moyens; or il va de soi que dans une colonisation par les expatriés volontaires des idées déclassées en Europe, ces expatriés doivent trouver, dans la patrie nouvelle où on les attire, la satisfaction au degré réalisable de ces mêmes idées. Ce serait donc, de la part du pouvoir en France et du pouvoir en Algérie, une contradiction flagrante au but de la colonisation, en même temps qu'un empêchement insurmontable, que de refuser ou ne point donner à la constitution de la politique et de la société africaine les droits précisément dont la poursuite et l'obtention seraient la cause directe de l'expatriation et du refuge en Algérie.

. . . .

» La liberté de navigation et de commerce étant admise, et aussi la colonisation au moyen des expatriations étrangères, il va de soi que l'Algérie ne serait point tenue, et que la France suzeraine ne pourrait l'y contraindre, à se faire solidaire et auxiliaire par des contingents d'armes ou de finances de toutes les guerres que celle-ci pourrait avoir dans le monde. La guerre, pour l'Algérie, ce serait un suicide; car la guerre fermerait ses ports au commerce, et sans commerce elle ne pourrait vivre. La guerre aussi l'exposerait à voir ses habitants enrôlés dans l'armée française, pendus ou fusillés comme traîtres ou comme pirates, par les soldats et les marins de la nation d'où ils se seraient expatriés. Ce serait bien assez que l'Algérie eût à subir le malheur d'une guerre pour son propre compte et par des motifs pris dans le mode même de sa colonisation.

» L'Algérie donc, quoique vassale de la France, aurait le droit de se créer, par des traités particuliers avec les puissances européennes, une neutralité qui aurait pour défenseurs les intérêts mêmes de leur commerce, et très-probablement ceux des capitaux étrangers qui ne peuvent manquer de répondre à l'appel du travail sur une terre féconde et dans une société qui aura pour assises et pour levier la plus grande expansion possible des forces de l'individu et de l'association.

» Somme toute, l'action transitoire de la France et de son gouvernement sur l'Algérie devrait tenir moins d'une suzeraineté que d'une tutelle, ayant pour but non leur propre avantage, mais l'avantage de leur pupille, tendant à en accroître la fortune, non à l'exploiter dans des intérêts étroits de fiscalité qui en ont fait jusqu'à ce jour un fardeau plus lourd que productif, également nuisible aux uns et à l'autre.

» Des relations de l'Algérie avec la France durant l'époque transitoire de sa rénovation, passons à la constitution de son gouvernement et à son organisation administrative. »

§ II.

Gouvernement, administration, justice.

« Si je fais de l'assimilation des Arabes avec les Français et de l'expatriation des mécontents de la politique et de la société européenne l'élément de la formation d'un monde nouveau en Afrique, je ne veux pas cependant le livrer à l'expérimentation des systèmes nombreux de gouvernement et de sociabilité par lesquels les besoins ou les aspirations des temps modernes se sont fait jour. Je n'admets que ceux qui, par les bouleversements et les ruines nés des systèmes contraires, peuvent passer pour des faits acquis, pour des vérités démontrées.

» Or, il est évident aujourd'hui que tous les despotismes, toutes les exploitations, soit de l'homme par l'homme, soit de l'homme par l'argent, soit des individualités et des forces vives des peuples par l'abstraction qui s'appelle l'État, ont causé et causeront encore en Europe ces révolutions qui se sont appelées 89 contre l'aristocratie et le clergé, 1830 et 1848 contre la bourgeoisie et contre la centralisation. Il faut donc que la terre, l'individu, le travail, le peuple soient affranchis dans l'Afrique moderne, et que l'État, cette dernière forme au dix-neuvième siècle du despotisme exercé par quelques-uns au nom et avec les forces de tous sur tous, rentre dans les limites légitimes où il sera non le maître, mais le serviteur des intérêts généraux d'un peuple, d'un pays. Il faudra plus : comme le *salaire* est lui-même en notre temps une des dernières formes de l'exploitation de l'homme par l'homme ou par l'argent, l'Afrique devra recevoir des institutions telles que peu à peu elles rongent le dernier anneau de la chaîne des servitudes humaines. Je veux pour les créatures de Dieu toutes les libertés, toutes, excepté celle de les renoncer. C'est un suicide que je n'admets pas plus dans l'ordre moral que le suicide de la vie dans l'ordre physique.

» Votre raison, mon ami, est trop élevée pour descendre ici à des objections puériles; vous comprenez que je n'attaque pas le salaire dans son sens absolu, et que mes idées se rapportent uniquement à ce que, dans la langue sociale, on appelle le travail de la terre, du commerce et de l'industrie, c'est-à-dire tout ce qui, par une participation aux bénéfices et à la propriété, permet de faire disparaître le salaire. Il restera toujours assez de conditions sociales où le travail ne saurait avoir d'autre nom et d'autre forme pour sa rémunération.

» Il est constant aussi que toutes les révolutions ont été enfantées par la reconnaissance avaricieuse que les pouvoirs établis ont fait des libertés diverses dont se compose la liberté humaine; que ces libertés n'ont été arrachées une à une et par la force que parce que les gouvernements, les castes et les partis qui les soutenaient se servaient des richesses du pays pour corrompre et acheter des séides, partageant avec eux l'exploitation. Il faut donc que le gouvernement et l'administration de la nouvelle Afrique aient l'économie pour base; et comme il ne saurait y avoir économie là où il y a multiplicité de rouages, ce gouvernement et cette administration devraient fonctionner au moyen d'un mécanisme réduit à la plus simple expression de l'absolue nécessité. Le gouvernement ainsi n'ayant qu'une administration et des services publics restreints au nécessaire, n'aura plus assez d'argent pour tenir ouverte la carrière des places, par où trop souvent se précipitent les impuissances, les paresses, les ambitions illégitimes qui veulent dominer sans titre réel, et vivre largement sans rien ajouter à la richesse du pays. Cette carrière étant fermée, force sera à tous ceux qui grattent à sa porte de se tourner du côté du travail, qui ne reçoit qu'en proportion de ce qu'il donne, met chacun à sa place selon sa capacité, et entretient parmi les hommes la seule égalité possible, en faisant de chacun d'eux l'unique artisan de son élévation ou de sa médiocrité. Entendus et appliqués ainsi, le gouvernement et l'administration n'ayant plus à leurs ordres une armée parasite de bouches inutiles pour peser sur la fortune publique, serviront au lieu de dominer; et l'État, qui jusqu'à ce jour a été le distributeur avare de la vie des nations par l'absorption complète qu'il en faisait, tiendra l'existence du peuple lui-même au lieu de la lui donner. Les peuples et les individus, qui, sous le régime dominateur de l'État, habitués qu'ils étaient à tout lui demander, ne savaient que faire des libertés après les avoir conquises, apprendront enfin à ne compter que sur eux-mêmes, et à ne demander qu'à leurs associations mutuelles les forces individuelles qui leur manquent; ils demeureront maîtres de leurs destinées du jour qu'ils se seront condamnés eux-mêmes à ne plus avoir un pouvoir entre les mains de qui les abdiquer.

» Mais un tel gouvernement, une administration pareille ne peuvent être créés que dans un monde où la liberté formera en quelque sorte l'air respirable par tous les pores du corps politique et du corps social, des masses et des individus, et où, à l'inverse de ce qui se fait en Europe, ce seront l'initiative et l'action du pouvoir qui se heurteront au droit national et individuel au lieu de voir le peuple et l'individu se heurter à chaque mouvement contre la prérogative de l'État. Ainsi la politique intérieure et la société de l'Algérie régénérée doivent être assises sur la liberté la plus large que les hommes et les peuples, ces agrégations d'hommes, peuvent ambitionner; et par liberté, cela va sans dire, j'entends toutes les libertés dont les noms figurent dans la langue et dans l'existence des nations et de la race humaine. Je n'admets de restrictions que pour celles qui par leur exercice pourraient compromettre la société naissante auprès des gouvernements de l'Europe. Je veux que l'Afrique soit le refuge du travail et de la paix, par conséquent de toutes les libertés qui les peuvent féconder, mais non de la conspiration et de la guerre, et par conséquent des libertés dont la corruption et le funeste emploi en seraient l'instrument et la cause...

» Quel serait le personnel gouvernemental et administratif de l'Algérie, réorganisée sur les principes d'économie sans lesquels son gouvernement pourrait être une source de ruine?

» L'Algérie en l'état actuel ne rapporte au trésor que dix-sept millions environ ; mais, de l'aveu de tous, elle en pourrait rapporter à peu près trente sans être grevée d'un centime de plus. Il n'y aurait pour cela qu'à diminuer les frais de perception, et à faire rentrer aux mains du fisc les dix millions qui, sur les quinze que payent les Arabes, restent aux mains des caïds, des kalifats et autres que je vous ai déjà signalés. Mais à ces ressources actuelles, il faut ajouter celles qu'il est raisonnable d'attendre de la rénovation coloniale, par les droits de tonnage et d'ancrage nés de la liberté de navigation ; par le prix des terres concessibles qui seront livrées, moyennant des annuités, aux expatriés de France et d'Europe, et enfin par l'impôt mis sur ces terres, sans compter l'accroissement des impôts de consommation, qui augmenteront dans leur rendement en proportion du nombre des consommateurs — (en supposant, mon ami, qu'on n'eût ni l'intelligence ni le courage de l'*impôt unique*). Ce n'est pas trop présumer que d'espérer en Algérie, avant peu, un budget de recettes de cinquante à soixante millions. Toutefois, ne comptons qu'avec les trente qui peuvent être perçus demain sans plus attendre. Eh bien, ces trente millions doivent suffire et au delà pour organiser le gouvernement et l'administration tels que je les comprends.

» Le gouvernement proprement dit serait donc

composé d'un chef du pouvoir exécutif nommé par la France et payé par elle, comme marque de sa suzeraineté, avec le titre qu'elle jugera bon de lui donner ;
— d'un ministre dirigeant, sorte de contrôleur général des finances d'autrefois, ayant l'assiette, la perception et la distribution des impôts, tenant ainsi dans sa main le gouvernement et l'administration de l'Algérie, l'agriculture, le commerce, le travail, la paix, la guerre, la marine, puisqu'en effet les finances sont la clef de tout cela, et qu'en matière de gouvernement et d'administration, tout se résume en recettes et en dépenses. Ce ministre sera à la nomination du chef du pouvoir algérien, et son traitement figurera au budget de la colonie.

» Sous son action et sa responsabilité, présentés par lui et nommés par le chef du gouvernement colonial, fonctionneront comme chefs de services administratifs : un directeur général du commerce et de l'agriculture, ayant dans ses attributions le personnel et la perception de l'impôt agricole et commercial, et les concessions et ventes de terres disponibles ; — un directeur général de l'intérieur, chargé des communes, des routes, des canaux, des édifices publics, des postes, des télégraphes, des écoles ; — un général, ayant le commandement et le portefeuille de l'armée et de la marine, des camps, des ports et des fortifications ; — un procureur général de la justice, chargé de la promulgation et de l'exécution des lois et décrets, du personnel des tribunaux et de la *police judiciaire,* la seule police que j'accepte dans un pays libre, parce qu'elle se fait pour le compte de la société et non pour les passions des hommes qui la gouvernent.

» Ces quatre chefs de service formeront, sous la présidence du ministre dirigeant, un conseil de gouvernement et d'administration, où se discuteront les mesures et les projets qui, en France, rentrent dans les attributions du ministère et du conseil d'État. Ils toucheront sur le budget de l'Algérie un traitement de............ et voilà tout. Comme les ministres en Angleterre, ils n'auront qu'un cabinet dans le local de leurs bureaux. Autant que possible, les bureaux de ces quatre directions générales se trouveront réunis dans un même édifice, pour la plus grande facilité du travail et aussi pour la commodité des administrés, qui pourront passer de l'un à l'autre sans trop de courses et de perte de temps. Un chef et deux sous-chefs au plus, avec un nombre correspondant de commis, seront tout le personnel bureaucratique accordé à chacune de ces administrations. Cela suffit à l'expédition des affaires. Avec un travail assidu de huit heures par jour bien employées, sans courir d'un bureau à l'autre pour lire les journaux, faire des nouvelles à la main et se raconter les intrigues des coulisses ou des salons, on tiendra à jour les affaires de l'Algérie et on ne donnera plus le scandale de dossiers enfouis dans des cartons depuis trois ans, et de chefs de bureau qui avouent ne pouvoir les mettre en ordre, parce qu'il leur faudrait un travail continu de six semaines, et que, ma foi! il fait trop chaud.

» Ces directions générales auront sous leurs ordres, dans les deux provinces d'Oran et de Constantine, et résidant au chef-lieu, un sous-directeur, qui centralisera les affaires de l'agriculture, du commerce et de l'intérieur; un chef de milice administrant et commandant sous les ordres du lieutenant général; un procureur spécial dirigeant l'administration de la justice et de la police, sous les ordres du procureur général. Chacun de ces fonctionnaires n'aura sous lui qu'un chef et deux commis.

» Ainsi, dans l'administration civile, financière et militaire, je supprime :

» Les fonctions de préfet, de sous-préfet, de commissaires civils, plus inventées pour administrer des hommes que des intérêts, contre-sens par conséquent en Algérie, où il faut administrer pour les intérêts et non pour les hommes ; . . . .

» Je supprime les douanes, dont le personnel est ici d'un chiffre scandaleux, qui prélèvent aujourd'hui 25 pour 100 sur la recette, et qui ont coûté plus cher qu'elles ne rapportaient. En 1835, trois douaniers installés au petit port d'*Arzew* ont versé au trésor *quinze francs! Quinze francs*, et eux lui coûtaient au moins mille écus! Avec la liberté de navigation et de commerce, les douanes sont inutiles : quelques jaugeurs et mesureurs employés dans les bureaux du port suffiront au travail de la perception des droits de tonnage et d'ancrage. . . . .

» Je supprime les divisions et subdivisions militaires, luxe d'états-majors et d'autorité qui seraient fort ridicules avec une armée réduite et organisée comme je l'ai dit. . . . .

. . . .

» Je supprime tout le personnel comme le système de ce qu'en Europe on appelle la *police* proprement dite, c'est-à-dire l'action d'un pouvoir qui n'est pas la justice; je n'admets que la *police par magistrats*, c'est la justice. La *police par commissaires*, c'est trop souvent l'arbitraire.

» Supprimant la police politique, j'en supprime l'armée, c'est-à-dire la gendarmerie, que je remplace par une augmentation d'attributions des gardes champêtres dans les campagnes, pour la police rurale, et par des constables dans les bourgs et cités, pour la police urbaine : ces agents placés sous la main des maires, qui eux-mêmes auront affaire au procureur spécial des provinces dirigées par le procureur général de la justice. Dans les cas de réquisitions de force armée, c'est la milice active qui marchera. A quoi donc servirait-elle, sinon au maintien de l'ordre public?

» Je supprime aussi, comme agent du pouvoir administratif, le corps des ponts et chaussées, qui coûte beaucoup et qui ne rapporte rien. Je ne vois pas pourquoi le génie civil, comme l'architecture, ne serait pas une profession libre, à la portée de tous, et par conséquent, dispensée de diplôme ou d'investiture administrative. Le pays y gagnerait certainement : car il est de notoriété proverbiale que les travaux donnés par l'État aux entreprises privées sont mieux et plus vite faits que les travaux menés par les ingénieurs, conducteurs et piqueurs à brevet. Au surplus les ponts et chaussées doivent être supprimés par cela seul qu'ils font partie des éléments du monopole de l'État, et l'État, dans la rénovation africaine, doit disparaître le plus possible devant l'action des individus isolés ou associés, acceptés ou désignés par la fraction de la communauté qui a besoin de leurs services.

» Pour en finir avec le chapitre des suppressions administratives, je supprime dans la marine les commissariats, qui pourront très-bien être exercés par les capitaines des ports, comme vous savez que dans l'organisation de l'armée je fais disparaître l'intendance et la meute des comptables qu'elle traîne à sa suite.............................

» C'est surtout dans l'administration de la justice qu'il faut apporter des réformes : et d'abord plus de droit et de tribunaux administratifs..........

» Rien n'est plus lourd que la fiscalité, qui épuise plus les peuples que l'impôt lui-même, en même temps qu'elle est une cause de murmures plus vifs. Depuis bien des siècles les générations se lèguent des colères et des plaintes contre l'énormité ruineuse des frais de justice, où le fisc puise à pleines mains, par lui-même ou par les offices qui en dépendent. Aussi, même sous la dernière monarchie, qui s'appuyait aux intérêts à outrance de la bourgeoisie, fut-il reconnu que sur ce point il y avait quelque *chose à faire*. La république de 1848, tombée bientôt aux mains des publicains de toutes les vieilles royautés, n'eut ni le courage ni le temps de relever ce mot d'un ministre de la justice pour lui donner satisfaction, et les frais de justice ont continué d'enrichir, aux dépens des citoyens, le fisc et les officiers ministériels. La justice est toujours hors de prix en France; le scandale est plus grand encore en Algérie. Il ne saurait donc y avoir de rénovation coloniale sans porter vigoureusement la main sur cette partie de la fiscalité.

» Le but à poursuivre est double à mes yeux : faire que la fable de *l'Huître et les Plaideurs* ne soit plus une vérité, et tuer la patrocine en lui enlevant pour jamais cet axiome inique et immoral où le droit se noie : *La forme emporte le fonds*. Ces résultats seront acquis le jour où, sans regarder aux professions qui en pourront souffrir, et ne s'inspirant que de l'intérêt des masses, le pouvoir, bien pénétré de sa mission dans le monde, se dira que la société doit la justice à chacun des membres qui la composent au même titre qu'elle lui doit l'administration; que de même qu'après avoir payé l'impôt pour être administré, le citoyen ne paye plus pour aucun des actes de l'administration, de même après avoir payé l'impôt pour avoir des juges, le justiciable ne doit plus payer pour aucun des actes de la justice. Les jugements et les arrêts doivent être rendus comme le sont les ordonnances, les arrêts, les décrets, *sans frais!* C'est donc la *gratuité de la justice* qu'il faut donner à l'Afrique.

» Le nombre des procès n'en sera point augmenté; au contraire! On n'ira devant la justice que le jour où il ne sera pas possible de faire autrement. J'ai trop vu les choses de près, pour ne pas savoir que les arrangements seront plus faciles, quand les plaideurs sauront qu'il n'y a plus personne à ruiner.

» Mais comme il ne serait ni raisonnable ni juste de mettre à la charge du trésor public les actes multiples et complexes d'une patrocine écrivassière dont je veux affranchir les justiciables, je demande, non le remaniement, mais la refonte générale et la réduction en une centaine d'articles du Code de procédure civile, qui a fait du droit une escrime à l'usage des spadassins judiciaires, et qui souvent met le plus honnête, le plus brave des hommes à la merci du plus habile des coquins, lequel lui enlève sa dernière chemise pendant que les privilégiés des frais de justice lui retiennent ses bottes, ses chaussettes, et jusqu'à cette indispensable partie de l'habillement que la pruderie anglaise a nommée les *inexpressibles*.

» Comme je n'ai pas là sous les yeux un Code de procédure civile, — dont il me souvient que dans ma jeunesse l'étude me soulevait de colère et de dégoût à ce point que pour n'avoir pas à en garrotter mes clients et leurs adversaires (car j'ai eu des clients), je jetai aux orties ma robe d'avocat, — je ne peux faire les indications de toutes les suppressions qu'il faut lui faire subir. Mais tenez pour certain qu'après avoir pourvu aux assignations, à l'expédition, à la signification et à l'exécution des jugements, et aussi à quelques formalités indispensables pour que l'expropriation immobilière ne soit ni un guet-apens ni un coupe-gorge, la procédure ne servira plus à édifier des études d'huissier et d'avoué qui se vendent à des prix scandaleux, et si du coup ces professions ne sont pas abolies, elles seront réduites au moins à des profits, à un rôle qui ne seront une tentation que pour les gens incapables de faire autre chose. C'est vous dire que je les transforme, et que les huissiers et les avoués ne seront plus que des agents de l'administration de la justice, payés par elle pour préparer et signifier les jugements, comme les greffiers le sont pour les expédier. Tous les actes de la procédure civile devraient être affranchis des droits si lourds du timbre et de l'enregistrement, comme le sont les actes de la procédure criminelle. Le timbre est une fiscalité qui n'ajoute rien à la valeur des actes; et l'enregistrement qui leur donne une date certaine peut être remplacé par la date du timbre de la poste, en même temps que la poste, au moyen du signe de la recommandation ou du chargement, constatera la remise à personne et à domicile. En un mot, il faut faire disparaître toutes les entraves que notre fiscalité apporte aux transactions de l'agriculture, du commerce et de l'industrie. Il est honteux et vexatoire surtout que les droits de transmission de la propriété soient tels que la propriété, en moins d'un siècle, ait payé souvent deux fois sa valeur à l'État ; et que l'État soit ainsi un maître avare qui tient en mains la terre de tous pour la vendre, la prendre, la revendre et la reprendre encore.

» Il est difficile de toucher aux huissiers et aux avoués sans porter la main sur les offices du notariat ; je ne verrais pour ma part aucun inconvénient à ce que le *notaire* fût réduit à ce qu'était jadis le *tabellion*, et qu'il n'existât plus à son tour que comme agent de l'administration judiciaire, chargé, moyennant rétribution du gouvernement, de recevoir tous les actes auxquels les citoyens voudraient donner le caractère d'actes publics. En somme, l'organisation de la société nouvelle devant tendre à faire une seule classe de citoyens par la disparition de la classe bourgeoise, il faut le plus possible en finir avec les professions qui en ont été jusqu'à ce jour la forme la plus élevée et la plus influente, avec autorisation et privilége pour peser sur toutes les voies du travail et prélever la dîme sur toutes ses affaires.

» Une longue expérience a prouvé que plus la justice est mise à la portée des hommes, plus les hommes sont disposés à la chicane ; que plus il y a de degrés de juridiction, plus les notions du véritable droit deviennent incertaines. Il n'est pas jusqu'à la cour régulatrice, qui trop souvent ne régularise rien du tout : trop souvent, en effet, elle fait par arrêt une erreur aujourd'hui de ce que, hier par arrêt, elle avait déclaré être une vérité.

» Je pense donc qu'il faut en Algérie réduire à la fois le nombre des tribunaux et les degrés de la juridiction.

» Ainsi un juge de paix pour deux cantons, avec des attributions plus étendues et une compétence égale à celle des tribunaux de première instance en matière civile et en matière correctionnelle, et jugeant toujours comme on juge ce qu'au palais on nomme les affaires sommaires, me semblerait devoir être plus que suffisant. Au-dessus de ce juge, il n'y aurait dans chaque province qu'un tribunal composé de cinq membres, où seraient apportés tous les appels des tribunaux de paix et de commerce, et jugeant toutes les questions réservées aux conseils administratifs, source intarissable de conflits où se noie souvent la propriété elle-même des citoyens. En Algérie, ç'a été un scandale !. . . . .

» Comme l'inamovibilité n'est pas plus une garantie de l'indépendance du juge que la multiplicité des juridictions n'est une garantie de la certitude du droit, les juges de paix et d'appel seraient amovibles en principe et en fait ; ils ne pourraient être nommés que pour cinq ans, comme les juges consulaires ; car il est d'expérience aussi que le *métier de jugeur* finit par oblitérer la rectitude de l'esprit, et souvent même le sens moral. Pour ne point exposer une société, où les hommes, étant nouveaux, ne se connaissent pas entre eux, à tomber dans des erreurs funestes de personnes, je ne demande point que le choix des juges soit laissé à l'élection. Je crois d'ailleurs, pour être conséquent avec le principe même de la *justice gratuite par l'État*, que le personnel de la justice doit être aux mains de celui qui la doit, comme le personnel de l'administration elle-même. Plus tard, quand elle s'émancipera, la colonie avisera à une autre forme de constitution judiciaire plus en harmonie avec le progrès de ses mœurs. . . . .

» Sauf quelques omissions, qui ont leur cause dans l'impossibilité où je suis de tout dire, j'en ai fini avec l'organisation de ce que l'on appelle le *pouvoir central*, qui a sa rétribution au trésor public. Il me reste à vous dire ce que devrait être, à mon sens, la part du pays lui-même dans son administration, pour atteindre d'un bond à cette forme excellente de gouvernement, qui s'appelle le gouvernement du pays par le pays. »

§ III.

Séparation de la cité et de l'État.

« Si peu qu'on ait mis l'œil dans les causes d'alanguissement, de ruine et de séparation des colonies d'avec leur métropole, dans les temps modernes, on trouve en première ligne le *monopole administratif*. Ainsi, à ne regarder que dans l'Amérique du Nord, on voit le Canada, l'Acadie, la Louisiane, les Florides, le Massachussets, la Virginie, la Caroline, New-York, New-Jersey, Hampshire, etc., etc., se traîner durant plus d'un siècle avec quelques habitants, sans culture, sans commerce, coûtant des sommes énormes à leurs métropoles de France, d'Espagne et d'Angleterre; puis, abandonnées à elles-mêmes, reprenant la vie, l'activité, se repeuplant en quelques années par centaine de mille émigrants, du jour que les métropoles cessent de peser sur elles par l'administration.

. . . .

» Ce n'est donc plus seulement à titre de conséquence logique de nos principes touchant la liberté dans le monde, ni comme éléments de mon rêve de colonisation future, que je demande pour l'Afrique l'émancipation administrative, la décentralisation; je la demande, et il la faut en tout état de cause, même avec l'ordre de choses actuel, à titre de salut colonial.

» Ç'a été en effet jusqu'à ce jour, pour l'Afrique, un obstacle à toute expansion générale ou individuelle, que l'administration de ce pays aux mains de gens qui arrivent de France sans le connaître, sans y avoir aucun intérêt, et qui agissent eux-mêmes sous la direction des bureaux de Paris. A part ce qu'il y a de nuisible, n'est-ce pas un excès de monopole administratif que le conseil du gouvernement, par exemple, où vont aboutir toutes les questions d'intérêt local, ne soit composé que de fonctionnaires qui à peine arrivés intriguent pour s'en retourner, et que pas un colon, pas un seul, à titre même de voix consultative, n'y puisse avoir accès? Ainsi voilà depuis plus de vingt ans cette pauvre Algérie, où l'on taille, où l'on rogne, où l'on renverse, où l'on essaye, où l'on défait le lendemain ce qu'on avait commencé la veille, placée à un degré au-dessous du monopole pratiqué dans nos colonies des Antilles ou dans nos départements de la France. Dans les premières du moins, il y a un conseil général composé de colons; dans les seconds, il y a un conseil colonial composé d'habitants des cantons : l'Algérie est cependant une colonie comme les Antilles, l'Algérie est cependant divisée en départements comme la France! Cela seul, mon ami, suffirait à démontrer bien clairement que les gouvernements de notre pays n'avaient jamais voulu faire de l'Algérie qu'une ferme pour l'exploitation à outrance de leurs favoris et protégés. Qu'on s'étonne donc que cette pauvre Algérie ait agonisé sous les ciseaux qui n'ont cessé de la tondre, et pour ses inintelligents et cupides possesseurs, renouvelé la fable de *la Poule aux œufs d'or*.

» Si la France veut garder l'Algérie, à quelque titre que ce soit, sous quelque forme de gouvernement que ce puisse être, fût-ce même dans les conditions de monopole, comme l'Angleterre gardait l'Amérique la veille du jour de l'émancipation, il lui faut, comme l'Angleterre, accorder à sa colonie une bonne part de décentralisation; sinon les colons la fuiront, de même que les premiers colons, au dix-septième siècle, désertaient le Hampshire, le Connecticut et les autres États de l'Union.

» A plus forte raison, mon ami, pour la réalisation de mon rêve de colonisation, fais-je de la liberté administrative la plus large possible, la pierre angulaire de la rénovation algérienne. Tout ce qui n'est point l'intérêt général, l'intérêt commun à tous dans la société, doit être laissé à la libre initiative, à la libre gestion des fractions de cette société, groupées à leur tour pour un intérêt fractionné. Quoi qu'en ait pu prétendre l'école révolutionnaire, notre vieille France avait magnifiquement compris cela par son organisation communale et provinciale. Je n'oserais peut-être l'imprimer, parce que le temps n'en est pas venu, mais à vous je dis que si la révolution avait eu pour but la liberté plus que l'égalité, elle n'aurait certainement pas rompu cette vieille organisation de *franchises résistantes*, pour y substituer cet immense réseau de centralisation, qui met la France tout entière aux mains d'un commis du télégraphe. La centralisation ne sert plus, c'est jugé aujourd'hui, que des trahisons de 1814, des gouvernements provisoires de 1830, de 1848, etc.

» Donc, je demande pour l'Algérie de mon rêve la liberté communale, la liberté provinciale, assemblée de la commune, assemblée de la province, et au-dessus d'elles, auprès du pouvoir central, une assemblée coloniale; — toutes ces assemblées, produit de l'élection de tous; — l'assemblée communale, discutant et décidant, sans appel à qui que ce soit, toutes les questions d'intérêt communal qui ne se rattachent ni à la province, ni à la colonie, ni au pouvoir central; — l'assemblée provinciale, discutant et décidant sans *visa* quelconque, toutes les questions de la province qui ne se rattachent ni à la colonie, ni au gouvernement; — enfin, l'assemblée coloniale, ayant la main dans toutes les questions que son nom indique.

» A ces libertés seront jointes la liberté des cultes et la liberté d'enseignement. Mais pour que ces libertés cessent d'être un vain mot, leurs desservants, le prêtre et l'instituteur, n'auront pas leur place au budget. Chaque religion payera son prêtre et son culte; la commune qui voudra avoir son église la bâtira, que cette église, suivant la religion, s'appelle synagogue, temple ou mosquée; la province qui aura envie d'un évêque en fera les frais si elle le veut et si les communes qui en font partie y consentent par leurs députés au conseil provincial. Il n'en peut être autrement. Dans mon système de colonisation, il y aura forcément une trop grande concurrence de cultes dissidents pour qu'il puisse y avoir une religion de *l'État*. Or si chaque religionnaire avait le droit (et si un l'avait, tous l'auraient) de demander au budget un salaire pour son prêtre, le budget colonial serait absorbé par les desservants des cultes.

» Ce que j'ai dit de l'église et du prêtre, je le dis de l'instituteur et de l'école; car je ne comprends pas plus une *éducation d'État* qu'une *religion d'État*. L'État en effet ne doit pas la religion et l'enseignement comme il doit la justice; et la raison en est simple. La justice est la même pour tous, sans cela ce ne serait plus la justice; mais la religion et l'enseignement varient suivant les consciences et les intérêts, sans cesser pour cela d'être l'enseignement, d'être la religion. C'est même à ces conditions seules que la religion et l'enseignement peuvent être et sont des libertés. Si l'État les donnait, elles cesseraient de l'être, puisque l'État les donnerait à sa taille et à sa mesure, et non à la taille et à la mesure des consciences et des convenances qui les reçoivent.

—» Mais alors que devient le principe de la gratuité? Il n'y est touché en rien : que le prêtre et l'instituteur soient payés par l'État ou par la religion et la commune, l'église et l'école peuvent être également desservies *gratis,* et le fidèle et l'écolier catéchisés et enseignés *gratis* aussi. Seulement le système de liberté a l'avantage de réaliser enfin ce rêve séculaire de la séparation du spirituel et du temporel; en ne faisant plus des desservants du culte des instruments et des fonctionnaires du pouvoir; et l'avantage aussi, en brisant les mailles du réseau universitaire, d'ouvrir enfin la porte aux éducations professionnelles, qui cesseront de faire de nos enfants, jusqu'à l'âge de vingt à vingt-cinq ans, des membres inutiles de la famille et de la société. . . . .

» Sous la vieille administration romaine, dont les historiens de la bourgeoisie nous vantent d'avoir ressuscité le type, et dont, laissant dépérir les libertés, nous n'avons ravivé que les portions despotiques, les routes et les édifices publics rentraient dans la liberté administrative des municipes et des provinces. L'histoire a conservé le souvenir des grandes choses qui furent faites par ce système de la séparation de la cité et de l'État. Il en a été de même en France sous l'ancien régime communal et provincial. C'est à cette époque en effet que remontent les plus beaux édifices de nos grandes villes. Je demande donc que dans l'Algérie renouvelée il y ait, pour la construction des routes et des monuments, la part de la commune et de la province et la part de la colonie. Les grandes voies de communication, dites routes nationales, seront votées par l'assemblée coloniale et exécutées par la colonie, ainsi que les édifices publics servant à l'administration centrale, ou, par leur destination, consacrés à un intérêt général quelconque. Les routes de commune à commune, de province à province, votées par les conseils communaux et les conseils provinciaux, ainsi que les mairies, les écoles, les hôpitaux, demeureront, comme construction et entretien, à la charge des communes et des provinces, qui auront ainsi leur budget après avoir pourvu au budget colonial, borné au prélèvement des sommes nécessaires pour faire fonctionner la machine centrale, réduite à la plus simple nécessité.

» Après avoir sauvegardé la liberté de religion et d'enseignement et les franchises administratives, il me semble inutile, si ce n'est pour mémoire, de parler de la liberté individuelle et de la liberté de penser et de transmettre la pensée. C'est par elles que j'aurais commencé en effet, comme étant la clef de voûte de l'édifice, si j'avais pensé un moment qu'elles dussent être en question. Je les veux complètes, absolues, environnées de garanties telles, que quiconque, sous prétexte d'intérêt public, y portera la main, soit immédiatement frappé dans sa position, si cette position est officielle. De la sorte, ni police ni justice ne pourront donner le scandale de ces arrestations préventives après lesquelles l'incarcérateur en est quitte pour dire : Pardon! nous nous sommes trompés. — Trompés, soit! Mais, de même que pour les malheurs arrivés par imprudence, il faut qu'en matière d'incarcération illégitime, la responsabilité aille quelque part. Quand ils se sentiront réellement responsables, les agents de l'autorité y regarderont à deux fois.

» Quant à la liberté de la presse, elle sera entière jusqu'au moment où elle se résoudra en un *fait matériel*. Alors elle subira les conséquences de la complicité, non comme liberté de la presse, mais comme liberté d'action ayant dégénéré en un fait réputé crime ou délit. Il va sans dire que par liberté de la presse j'entends aussi l'affranchissement de toutes les mesures fiscales qui en gênent ou en alourdissent l'expansion. Alors même que dégénérée en un fait coupable, la liberté de la presse sera passible d'un châtiment, je ne veux pour le journal, le livre ou l'écrivain, aucune amende : la suppression pour le journal, la confiscation pour le livre, et pour l'auteur, les peines portées contre les auteurs ou complices du fait devenu délit ou crime. Cette définition de la liberté de la presse me dispense, je crois, de parler des garanties à donner aux souverains contre l'expatriation des mécontents de leurs États. Tant qu'en Algérie ceux-ci ne feront qu'écrire, c'est aux souverains, par leurs douanes, à se défendre contre l'introduction des brandons imprimés. Du jour où les mécontents feraient des dépôts d'armes, des enrôlements, des levées de boucliers, des conspirations, dès ce jour ils commettent un délit prévu par la loi, et ils seront punis pour compromission de la colonie auprès d'un souverain avec qui la colonie est en paix.

» J'ai posé aussi, dans ma dixième lettre, je crois, la question des empêchements à apporter aux immigrations des paresseux, des vagabonds et surtout des repris de justice. Je ne me le dissimule pas, la difficulté est grande : rien ne ressemble plus à un coquin qu'un honnête homme qui n'a pas de quoi vivre et à qui le travail fait défaut; comme aussi rien ne ressemble plus à cet homme qu'un coquin. Cependant, à l'heure du débarquement sur les dalles des ports africains, on peut arriver à quelques résultats heureux, sans même user de mesures vexatoires. L'Algérie a le droit de crier *qui vive!* à quiconque vient lui demander la vie. Nul n'y sera admis à la circulation et au travail s'il n'est pourvu de papiers établissant sa moralité et son identité. Si ces papiers lui manquent, il sera admis sur répondants ; s'il manque de répondants officieux, on se renseignera auprès des agents officiels de sa nation s'il est étranger, auprès des autorités du lieu de sa dernière résidence s'il est français. Jusque-là, eh bien, mon Dieu! on fera revivre pour les suspects de peste morale les quarantaines imposées autrefois aux navires venus des pays suspectés de peste ou de fièvre jaune. On les tiendra en lazaret. Pendant cette quarantaine, le directeur de l'intérieur, renseigné par les sous-directeurs des provinces, qui tiendront un registre *ad hoc*, saura quelle branche du travail ou de l'industrie, quelle ferme, quel métier, quelle maison, ont besoin de bras, de commis, de domestiques ; et s'il est dans des conditions d'admissibilité, l'émigrant, à la fin de sa quarantaine, sera dirigé sur le point où il pourra être assuré de trouver de l'emploi. Du reste, ce *registre du travail*, auquel j'attache une grande importance de sociabilité à venir, sera exactement tenu par les maires, dans chaque commune, qui auront, une fois au moins par semaine, à en aviser les juges de paix de canton, et ceux-ci les sous-directeurs de province, de telle sorte qu'il n'y ait, autant que possible, ni chômage de bras dans une partie de la colonie, ni encombrement dans une autre.

» Sans aucun doute, je m'éloigne en ceci du *principe absolu* de la liberté individuelle; mais outre qu'en ce pauvre monde de faits et d'idées contradictoires il n'est rien de radicalement absolu, je m'excuse moi-même en songeant que je fais obstacle à la liberté individuelle, au moment seul où elle compromettrait la *liberté de tous*, c'est-à-dire le droit que tous ont d'être sauvegardés contre les périls et les besoins forcés de quelques-uns. Qui est en *danger* de mourir de faim, en effet, a *besoin* de manger, et ce danger et ce besoin ont pour résultat le vol, l'escroquerie, etc., etc. C'est contre cela que la société est en droit, et a même le devoir de se faire protéger par le pouvoir qu'elle paye; et si ce droit et ce devoir existent contre les compatriotes, à plus forte raison ne saurait-on les refuser contre des étrangers. Au demeurant, le jour où l'Algérie aura fait passer dans la notoriété publique l'existence de sa *quarantaine morale*, bien peu d'*infestés* s'exposeront à venir courir les chances d'un ostracisme pour cause de salubrité générale. Enfin, la *quarantaine morale* viendrait-elle à être éludée, qu'une bonne et intelligente loi contre le vagabondage, et aussi contre l'*ivrognerie publique* qui se roule dans les fossés des routes et dans les ruisseaux des rues, armerait les communes des moyens nécessaires pour purger le pays de toutes ces pustules humaines, contre lesquelles si les vieilles sociétés, qui ne font rien pour assurer le travail, n'ont pas le droit de sévir, les nouvelles, qui veulent donner à tous les moyens de gagner le pain, ont le droit de s'armer......................

» J'arrive aux moyens de faire rendre à la terre d'Afrique tout ce que les bras et l'intelligence auront pu lui donner. Comment la *propriété* algérienne sera-t-elle distribuée, constituée et garantie pour assurer le travail libre? Les terres seront-elles concédées à titre gratuit? Dans quelles proportions les concessions auront-elles lieu? Ces questions et d'autres qui s'y peuvent rattacher ont, ce me semble, leurs solutions dans les propositions suivantes, non!... dans des faits expérimentés hier et aujourd'hui en Algérie, comme dans les colonies des deux Amériques.

....

» Aussi n'ai-je pas eu beaucoup d'efforts d'imagination à faire, après avoir vu travailler et vivre l'Européen et l'Arabe, pour trouver et proposer la *colonisation par les indigènes*. Tout comme aussi, en voyant que la grande propriété était ruineuse, que la culture par procureur et par salarié n'était pas féconde, que la terre d'Afrique se refusait au colon en bottes vernies et en gants jaunes, qu'elle n'avait des sourires que pour celui qui lui fouillait le sein de ses mains, la foulait de ses pieds, l'engraissait de ses sueurs et la couvrait de ses fumiers, je me suis dit que cette terre était essentiellement démocratique, que si une féodalité européenne s'y voulait constituer par les grands propriétaires de France et autres lieux, elle resterait ou retomberait aux broussailles où la féodalité arabe et maure l'avait mise, ce qui arrive déjà, puisqu'il n'y a pas une seule des grandes concessions qui soit mise en culture. Dans cet ordre d'idées encore, je n'ai pas eu non plus grands efforts à faire, l'exemple de l'Amérique aidant, pour trouver ce système de colonisation d'une *terre démocratique* par les *expatriés démocratiques* de l'Europe.

» Après avoir ainsi posé l'aptitude providentielle du sol africain aux essais de la démocratisation territoriale, je me crois dispensé d'aborder la question de la constitution de la propriété et des garanties pour le travail libre. Je me rappelle cependant qu'au sujet du décret impérial qui concédait à une compagnie genevoise vingt mille hectares de terre, pour en opérer la distribution en fermes et en villages, je vous promis de vous envoyer par des exemples la preuve que la colonisation par compagnies était aussi contraire aux intérêts de la société humaine qu'aux intérêts d'une colonisation croissante... (J'ai tenu ma promesse. Voir au chapitre Ier de la seconde partie.)

» Enfin, notre Algérie elle-même vient confirmer aujourd'hui à ses dépens et aux dépens de la métropole les nombreuses expériences du siècle passé sur le sol américain. Comme l'Amérique, l'Algérie a eu ses émigrants attirés par les spéculateurs, et mourant par dix et douze mille en six mois, faute de logement, de régime et de pain. Elle a aussi, à l'heure qu'il est, ses grands concessionnaires de terre, qui se gardent bien de la cultiver, et qui attendent l'heure d'une émigration sur une grande échelle pour revendre fort cher les terres qu'ils ont eues pour rien ; à moins, ce que je conseille, qu'après un délai fixé à court terme, le gouvernement ne les exproprie sans pitié, les uns qui laissent croupir leurs terres en marécages pour cause de *salubrité publique*, et les autres qui livrent le sol aux envahissements continus de la broussaille et du palmier nain pour cause de *culture publique*.

» Vous voyez, mon ami, que je n'avais point trop présumé de mes idées sur l'avenir possible de l'Afrique, en vous annonçant que cette terre pourrait, aux mains d'un homme de foi et de génie, devenir le berceau d'un monde nouveau, le refuge de tout ce qui se sent assez de courage pour aller chercher la vie hors de notre vieille Europe qui s'en va où s'en est allé le vieux monde romain, sans même que les *Barbares du Nord* lui fassent défaut. Les voilà qui s'en viennent camper, comme leurs pères les Huns, dans les herbages du Danube, d'où ils s'élanceront comme eux sur la moderne Byzance. . . . .

» En vous disant que je termine aujourd'hui mon travail, je n'ai pas la prétention de vous dire qu'il est complet. Je sens frissonner dans mon esprit, et demandant à voir le jour, une foule de questions qui se lient à celles que j'ai traitées. C'est ainsi que je n'ai rien dit des modifications à apporter à la justice criminelle, ni sur l'abolition de la peine de mort (une des luttes de ma vie!) ni sur l'inintelligent envoi aux îles Sainte-Marguerite ou aux bagnes de Toulon des indigènes condamnés, qui seraient plus moralement et plus utilement employés ici aux grands et dangereux travaux de desséchement, de canalisation, d'assainissement, de viabilité dont la colonie a tant de besoin. C'est ainsi encore que je n'ai pas donné les raisons qui doivent faire adopter le principe de la *non-gratuité* en matière de concessions de terre! Oui, j'ai omis bien des choses; mais outre qu'il en est un bon nombre auxquelles, par voie même de conséquence logique, votre bon esprit aura suppléé, je ne me sens nullement en goût de cesser de vivre, pas plus que de cesser de vous écrire; donc, soit que vous me le demandiez, soit que j'en prenne l'initiative, l'occasion se présentera certainement de combler les vides que j'ai laissés dans mon travail. Du reste, mon ami, laissez-moi vous le répéter, je n'ai eu dans tout ceci d'autre prétention, et vous le voyez de reste au sans façon et au déshabillé de mes idées et de mon style, que d'être votre pourvoyeur de notes et de faits sur une question qui intéresse l'avenir de notre France autant que l'avenir de la société européenne, tels qu'ils me semblent devoir se dégager de l'application graduelle des idées de la démocratie moderne. »

XVII.

Monopole financier. — Du crédit. — Lenteur de sa marche en Afrique. — La monnaie d'or et d'argent. — Discrédit du billet de banque. — La banque de l'Algérie. — Exercice 1854-1855. — Oubli de l'intérêt algérien. — Entrepreneurs d'escompte. — Caisse du commerce algérien. — Ses services et sa popularité. — Ses essais de *banque rationnelle*. — Résistances et colères de la banque du privilége. — La monnaie de papier et le papier-monnaie. — Billets de banque refusés et protestés. — Énormité des abus du privilége de la banque. — Leur influence fatale sur l'avenir du crédit africain. — Liberté en toute chose.

Tous les monopoles se tiennent; ne pas les renverser tous quand on met la main à la rénovation d'un pays, c'est vouloir que cette rénovation trébuche au monopole même laissé debout et autour duquel gravitera ce qui reste des autres.

Le crédit est la grande force motrice des peuples modernes; mais il ne peut être puissant dans ses effets qu'autant qu'il sera ingénieux dans ses moyens et varié comme ses besoins. Si cela est vrai pour les sociétés anciennes, comme en Europe; pour les sociétés nouvelles, mais déjà fortes et qui aspirent à le devenir davantage, comme les États-Unis d'Amérique; combien plus cela doit-il être vrai pour une société qui sort à peine de ses langes, comme notre colonie de l'Afrique septentrionale. Mais pour que le crédit puisse être le levier avec lequel on soulève des mondes, on ne doit conserver aucune des fourches caudines et unitaires du privilége sous lesquelles, à un moment donné, il pourrait être contraint de se courber et de passer. Il faut que le crédit soit libre ; et la liberté du crédit, c'est l'association des intérêts similaires, comme aux États-Unis, la porte ouverte aux seuls associés, et le crédit de chacun proportionnel à son apport, c'est-à-dire à la garantie qu'il offre. Si donc notre colonie cesse d'être un fief militaire et un fief administratif, qu'elle cesse d'être aussi le fief financier en lequel elle a été constituée en faveur de la Banque d'escompte et de circulation dite *Banque de l'Algérie.*

Les progrès en matière de crédit ont été longtemps, dans notre colonie, d'une timidité et d'une lenteur à faire désespérer de son avenir. Pendant vingt années il n'y a eu d'autres moyens d'échange en usage dans le commerce que le *Bon du Trésor*, d'une solidité irréprochable sans aucun doute, mais, en revanche, dans ses applications, d'un gênant et d'un difficile à ne pouvoir être contestés. En dehors du bon du Tréor, il n'existait que la pièce de cinq francs, le fameux *douro*, si recherché par les Arabes, et préféré par eux à toute autre monnaie. Quant à la pièce d'or, le plus ancien Algérien du jour de la conquête ne pourrait se souvenir de l'avoir vue en circulation ; en Algérie, le fameux refrain *l'or est une chimère* était passé à l'état d'axiome économique.

Il n'y avait qu'une monnaie plus en discrédit encore que la monnaie d'or, si c'est possible; c'était le billet de banque. L'or s'est relevé, mais le billet de banque est encore tenu en défiance, et peu s'en faut qu'il ne soit déclaré bon seulement à être mis sous verre avec les assignats encadrés.

La révolution de 1848 donna naissance au Comptoir d'escompte; mais ce premier degré de l'échelle du crédit, dans un pays où le crédit était dans les vœux et les besoins de tous, ne tarda pas à être encombré et débordé par la surexcitation d'affaires que le fait seul de son installation avait provoquée. N'émettant point de monnaie de papier, il ne pouvait suppléer à l'absence presque absolue de numéraire, qui était le mal même dont la colonie souffrait, et qu'il n'avait fait qu'accroître par les efforts mêmes tentés pour le guérir.

Le Comptoir d'escompte, jugé insuffisant, fut remplacé par la *Banque de l'Algérie.*

Mais, soit impuissance réelle, soit défiance de ses forces, soit inintelligence des ressources progressives du pays, soit âpreté du monopole, qui voudrait ne rien laisser vivre au delà de ce qu'il peut exploiter, soit pour toutes ces causes réunies, auxquelles viendraient s'ajouter des questions de personnalité, cet établissement officiel et privilégié du crédit est bien loin d'avoir tenu ce qu'on en avait espéré. Il n'y a même, comme on va voir, aucune témérité à dire que loin de faire avancer le crédit, il l'entrave, qu'il nuit au progrès algérien plus qu'il ne le sert, et que, fondé pour servir l'agriculture et le commerce, il ne fait rien pour l'agriculture et favorise plus le commerce de la métropole que celui de la colonie : une succursale de la Banque de France y mettrait souvent plus de retenue.

Ainsi, par exemple, dans le compte rendu de son exercice 1854-1855, on trouve cet écart significatif entre les services rendus au commerce français et au commerce algérien : 3,518 effets du premier admis à l'escompte pour une somme de 7,434,494 francs, et 8,582 effets du second refusés et s'élevant à la somme de 4,472,862 francs. Serait-ce que le papier algérien proprement dit serait moins solide que le papier algérien-français? Non ; car la Banque se félicite de n'avoir pas eu *un seul effet resté en souffrance. Tout est rentré avec une parfaite régularité,* dit-elle, *et le nombre des protêts a sensiblement diminué.*

D'ailleurs voici un fait non moins éloquent que cet aveu. Ces effets refusés par la Banque sont entrés dans le chiffre des affaires des autres maisons d'escompte qui gravitent autour de la banque officielle. Si le payement n'en avait pas été effectué à l'échéance, le total des quatre millions de francs qu'ils forment aurait produit une de ces crises dans lesquelles les plus solides maisons de banque disparaissent. Or, loin d'avoir disparu, ces maisons ont progressé de toutes les affaires repoussées par les timidités de la caisse du monopole.

Mais ce n'est point par inintelligence et timidité que la Banque de l'Algérie a refusé l'escompte de huit mille cinq cent quatre-vingt-deux effets du commerce intérieur. La véritable raison, la voici : les effets du commerce d'Alger sur l'Algérie sont admis à l'escompte de 6 pour 100 ; le papier sur France, en violation des statuts, paye en sus 1/2 pour 100 de commission. C'est donc 9 pour 100 que la Banque lève sur le papier algérien-français, lorsque la valeur n'atteint que soixante jours d'échéance; donc il y a un avantage de 3 pour 100 pour la banque du privilége à refuser 4 millions au papier payable en Algérie, et à donner 7 millions au papier payable en France.

C'est donc bien à la Banque de l'Algérie que revient le grand reproche adressé depuis quelque temps par les économistes aux banques en général. Elle fait plus que d'oublier qu'elle est un établissement d'utilité publique, pour se souvenir seulement qu'elle a des actionnaires et aller à la chasse de gros dividendes ; elle oublie davantage qu'elle est un établissement algérien, d'utilité algérienne, fondé surtout pour développer en Algérie non-seulement le trafic, mais encore toutes les industries, et notamment l'industrie agricole. Sous ce dernier rapport surtout, elle fait complétement défaut à la mission qui lui est attribuée dans le *Tableau des établissements français en Algérie*, publié par le ministère de la guerre.

— « Ce n'est pas chez elle, m'écrivait-on il y a peu de jours, que M*** du *Fort-de-l'Eau*, ou R*** de l'Oued-Kerma (deux riches cultivateurs) trouveront les 500 francs dont ils peuvent avoir besoin pour finir leur récolte de tabac ou de grains. Avant que la *Caisse du commerce algérien* existât, ils n'auraient trouvé cela que chez quelque gros usurier qui a pied à la banque. »

Car il faut le dire, parce que ceci n'est pas une des moindres énormités du monopole financier qui pèse sur notre malheureuse colonie. Avant l'établissement de cette *Caisse du commerce*, aux services de laquelle le gouvernement rend toute justice et dont il va être parlé plus au long, il existait à Alger une petite industrie d'entreprise d'escompte dont le péage faisait vivre les neuf dixièmes des négociants, qui ne sont guère que des commissionnaires chargés de vendre pour le compte des maisons de France. Comme les statuts de la Banque privilégiée exigent que le bénéficiaire d'un compte courant réside à Alger même, et que celui-là seul a le droit de présenter son papier; comme, d'autre part, la direction de la Banque, qui, dès l'origine, a composé à elle seule son conseil d'administration et d'escompte a eu ses raisons, que tout le monde connaît à Alger, pour fixer arbitrairement le crédit de chacun; comme ensuite ces élus du privilége dont elle tenait en main le présent, le passé et l'avenir commercial, sont entrés dans ses conseils, voici comment les choses se passaient :

Quand le commerçant d'Alger qui n'était pas crédité à la Banque; quand ceux de Blidah, de Milianah, qui, par les statuts, ne pouvaient pas l'être, se présentaient à l'escompte, ils étaient éconduits avec indication officieuse de messieurs tels ou tels, auxquels véritablement, pour certaines raisons de notoriété financière, ils n'auraient pas songé : mais ces messieurs tels ou tels étaient membres du comité d'administration ou d'escompte, et en cette qualité avaient un crédit ouvert. On comprend le résultat : approvisionnement forcé du détaillant chez le négociant crédité; commission payée à l'endosseur, qui faisait toujours sonner haut le service; difficulté de faire ses affaires en temps opportun, puisque l'argent n'arrivait qu'après réescompte à la banque; et trop souvent, hélas! nécessité d'entrer dans la confidence d'opérations avec des gens que, pendant mon séjour en Afrique, j'ai vu souvent donner le scandale de les faire échouer afin de les garder pour eux.

C'est par cette entreprise d'escompte et par ce péage usuraire placé en dehors de la porte de ses guichets, que la Banque a tenu longtemps sous la clef de ses coffres le crédit de tous et de chacun en Algérie.

Heureusement que des excès mêmes d'un pareil monopole, il devait sortir un établissement fondé par les capitaux de tous les exclus du crédit de la banque, de tous les pressurés des favoris de son escompte. C'est à ce caractère de son origine que la *Caisse du commerce algérien* doit d'avoir dépassé en trente mois toutes les proportions de succès connues jusqu'ici dans ces sortes d'établissements. Aussi, le gouvernement, qui, j'imagine, s'inquiétait de voir tourner en dommage pour le crédit l'institution privilégiée qu'il lui avait donnée pour sa plus grande expansion, s'est-il empressé, dans son *Tableau des établissements de l'Afrique*, année 1854, p. 574, de payer à la *Caisse du commerce* le tribut suivant de sympathies méritées :

« Fondée au mois d'août 1853, sous la raison so-
» ciale Robert, Saint-Lager et Cie, cette caisse a répondu
» à un besoin réel en venant faciliter et multiplier les
» transactions commerciales. En effet, la Caisse du
» commerce algérien, qui avait débuté avec un capi-
» tal réalisé de 48,350 francs, porté quelques mois
» après à 119,850 francs seulement, était parvenue,
» moyennant ces faibles ressources, à élever le chiffre
» de ses opérations, pendant le premier semestre, à
» *huit millions trois cent soixante-dix-huit mille cinq*
» *cents francs*. — Les opérations du deuxième se-
» mestre de l'année 1853-1854 ont pris plus de déve-
» loppement encore ; ainsi, du 1er février au 31 juillet
» 1854, le mouvement de ses affaires a été de TREIZE
» MILLIONS 552,591 francs. »

Le rédacteur du tableau officiel ajoutait avec raison que ces chiffres indiquent l'extrême utilité de la *Caisse du commerce algérien*, qui, dit-il, « *est appelée à rendre les plus signalés services à tout le petit commerce de la colonie, c'est-à-dire* AU PLUS GRAND NOMBRE, *et à résoudre par cela même un des plus intéressants problèmes du crédit financier algérien.* »

L'exercice 1854-1855 de cette maison a présenté des opérations plus considérables encore ; il s'est élevé au chiffre total de 30 millions.

L'exercice 1855-1856, clos le 31 janvier dernier, est le signe non-seulement de la puissance actuelle de cette Caisse, mais encore du développement que prend la colonie. Avec un fonds social porté à 300,000 francs, il s'est élevé à 60 millions; et à l'heure où j'écris ces lignes, une lettre d'Alger m'annonce que le dividende distribué aux actionnaires est de 16 pour 100, dont 2 1/2 pour la réserve. Aujourd'hui cependant, tout cela devient de plus en plus insuffisant! Tout cela reste au-dessous des besoins de plus en plus croissants du numéraire ou des signes et des valeurs qui en tiennent lieu. — Besoins des indigènes, à qui le commerce achète et n'achète guère qu'au comptant toutes sortes de céréales et de denrées alimentaires; — besoins des propriétaires des villes, forcés d'élever des constructions nouvelles, d'agrandir et de réparer les anciennes; — besoins des colons agricoles pour leurs édifices ruraux, leurs dessèchements, leurs défrichements, leurs bestiaux, leurs mise en valeur et amélioration des terres; — besoins du commerce, qui achète au dedans pour l'exportation, au dehors pour l'importation, le chiffre de celle-ci dépassant le chiffre de celle-là; besoins enfin du gouvernement lui-même, forcé d'alimenter sans cesse les caisses du trésor.

Frappés des exigences de plus en plus impérieuses de ce mouvement toujours croissant de capitaux, auquel leur maison, il faut le dire, a donné l'impulsion et prend plus de part qu'aucune autre, les gérants de la Caisse du commerce algérien se sont proposé de mettre en œuvre la combinaison indiquée par M. Émile de Girardin dans son projet rénovateur de *Banque rationnelle*. Il leur a semblé qu'il existait peu de contrées où elle pût être d'une utilité plus incontestable et d'une réalisation plus immédiate et plus facile.

Dans la ville d'Alger, en effet, non moins que dans les différentes provinces et localités de l'Algérie, on a fréquemment de l'argent à toucher, soit en France, soit à l'étranger, soit dans l'intérieur de la colonie même, à Oran, à Bone, à Constantine, etc. Toutefois, la Banque ou les maisons de banque ne prennent ces effets qu'avec la formule ordinaire, c'est-à-dire payables après encaissement. Mais durant tout le temps qui s'écoule entre l'aller et le retour, temps assez long toujours, le mandat ou le billet dort à l'état de capital improductif, pour le banquier qui l'a pris et pour le tireur qui l'a remis. C'est à cette improductivité d'un capital que les gérants de la Caisse du commerce algérien ont voulu pourvoir. Pour cela, en échange de la valeur morte qui leur est remise, ou plutôt négociée, ils donnent tout de suite une contre-valeur active, c'est-à-dire un billet de leur *Caisse du commerce*, qui, pour plus de commodité, est divisé en coupons de cent francs, et qui est payable à une échéance calculée sur l'encaissement même du mandat qui leur a été négocié. Il s'ensuit que c'est l'acquit encaissé du mandat qui paye le billet de caisse donné en échange; de la sorte il n'y a, pour le banquier et pour le tireur, ni perte de temps ni capital mort.

Mais ce n'est pas tout ; et ici se trouve précisément cette solution du problème que le document officiel du ministère de la guerre appelle de tous ses vœux. Comme cette facilité donnée à la *Caisse* d'émettre ses propres billets ne soumet plus en Afrique l'extension des opérations commerciales à l'augmentation proportionnelle et corrélative de la masse du numéraire, la Caisse peut baisser le taux de son escompte pour les effets ainsi échangés contre ses billets, et réduire par exemple l'intérêt à 1 centime par 100 francs et par jour, soit 3 1/2, ou, pour parler plus exactement, 3,65 0/0 par an. Enfin, et par les mêmes motifs, la commission en usage peut être réduite et a déjà commencé à l'être.

En ce qui concerne les opérations d'escompte même, c'est-à-dire qui portent sur des valeurs à échéances plus éloignées, et dont le prix cependant doit être remis sur-le-champ à leur propriétaire sans attendre l'encaissement, il est aisé de voir combien ces opérations seront facilitées et développées par la combinaison empruntée à la *Banque rationnelle,* ou plutôt à la *Banque Girardin,* ainsi que les Algériens l'appellent déjà : car, livrés à eux-mêmes, les hommes mettent toujours la main sur l'endroit où ils souffrent, et avec l'instinct de l'efficacité du remède ils ont la reconnaissance, qui lui donne le nom même de l'inventeur.

Alors le privilége qui résiste a commencé contre

la liberté qui veut marcher une série de tribulations, qui, si elles pouvaient durer, éloigneraient pour jamais toutes les entreprises financières dont on avait eu tant de peine à remonter le bon vouloir et le courage, et que, pour cela, il est bon de signaler à qui a le droit d'aviser.

La résolution prise par la *Caisse du commerce* a été regardée par la banque officielle comme une tentative de se soustraire à son influence, à son action, à son escompte, à ses capitaux; comme une atteinte à son privilége d'émission de billets; comme une levée de boucliers contre son monopole. Ç'a été la dernière goutte qui a fait déborder le vase de sa colère, rempli déjà par les irritations qu'avaient soulevées, à l'origine, les échecs portés aux bénéfices des péagers de son escompte privilégié.

Le monopole financier a feint d'ignorer qu'il n'est plus permis aujourd'hui de confondre la *monnaie de papier*, « *monnaie effective*, qui a pour limites infran-
» chissables les limites des transactions consommées,
» qui est le certificat de la valeur, la valeur elle-
» même en circulation, le warrant universalisé,
» avec le *papier-monnaie*, monnaie fictive qui, pre-
» nant naissance dans l'arbitraire, aboutit toujours
» au cours forcé; et que la *monnaie de papier* est au
» *papier-monnaie* ce que la réalité est à la fiction, la
» vérité à l'erreur. »

Il a feint d'en être encore à savoir que la monnaie est dans sa condition véritable lorsqu'elle est à l'état de papier, et qu'un papier de crédit est dans le gouvernement d'un État, dans le commerce et dans la civilisation, ce que les cabestans sont dans les carrières : la force qui enlève les fardeaux que les hommes n'auraient pu remuer à bras.

Il a feint de fermer les yeux à cette grande vérité, dont cependant il a fait lui-même l'épreuve, à savoir que la France emploie dans ses transactions, sans jouir de facilités plus grandes, un capital qui n'est pas estimé à moins de 3 milliards 500,000 francs; c'est-à-dire que, pour obtenir le même service que l'Angleterre, ou plutôt un service moindre, la France emploie un capital quatre fois plus grand, puisque la masse du numéraire employé par l'Angleterre n'excède pas la somme de 750 millions.

Enfin le monopole financier en Afrique a poussé ses semblants d'ignorance en matière de crédit jusqu'à oublier qu'il n'est permis qu'à l'imagination de certains esprits routiniers de faire jouer un rôle prépondérant à l'or et à l'argent, et qu'aujourd'hui la substitution complète du papier à la monnaie est, comme l'a dit M. Pereyre, une des plus grandes illustrations financières de ce temps, la mesure qui doit marcher parallèlement avec le progrès.

Voilà donc que, par tous leurs tenants et aboutissants, les péagers et hommes-liges du privilége de l'escompte s'en sont allés répétant partout, avec toutes sortes de doléances et de précautions hypocrites, une infinie variété de lieux communs sur les dangers du *papier-monnaie*, sur la réserve qui doit présider à son émission, etc., etc.

Si la Banque de l'Algérie s'en tenait à ces vieilleries, elle ne causerait aucun étonnement. On y retrouverait son esprit de trouble et d'épouvante à l'apparition sur l'horizon du moindre petit grain noir qui menace de se convertir en nuage et de crever sur son monopole. Cela est parfaitement dans la nature et les habitudes de ce privilége, qui, toujours casematé dans sa défense, fait deux choses passablement énormes, l'une tournée contre la Banque de France, l'autre contre lui-même. A aucun prix de son escompte il n'admet en payement ou à son change le billet de la Banque de France; et à certains moments, en certains lieux, à Médéah, par exemple, il ne veut pas recevoir davantage ses propres billets, sous prétexte qu'ils ne sont payables qu'à Alger. Comme l'oiseau qui souille lui-même son nid, il discrédite ainsi lui-même son papier, et exige que les effets reçus à l'escompte dans ses bureaux ou à l'encaissement, contre tout usage des banques privilégiées, soient payés en espèces *métalliques, sonnantes et de cours*.

N'est-ce pas, en faveur du monopole de la Banque de l'Algérie, cette énormité draconienne du trop fameux édit de 1704 : « *Les billets de la Monnaie ont* » *cours dans le commerce, mais ne sont pas reçus dans* » *les caisses du roi; il faut que tout ce qu'on y porte* » *soit en argent comptant?* »

Mais, pour son malheur et pour le bon enseignement que le gouvernement doit en tirer à l'endroit du privilége qu'il a concédé, la Banque de l'Algérie ne s'en est point tenue à discréditer par tous les moyens et à frapper d'un refus d'admission les *bons de caisse* de la maison du commerce algérien... Jusque-là elle aurait peut-être usé de son droit; c'eût été inintelligent sans doute, mais enfin c'eût été son droit, et il faut le subir. Mais ce que le gouvernement, qui a octroyé le monopole, ne doit ni permettre ni souffrir, c'est que l'exercice du privilége dégénère en injustice, et qu'il tourne arbitrairement en principe de mort contre quelques-uns ce qui ne lui a été concédé que pour être un principe de vie à répartir également sur tous.

Dans la première moitié du mois de février dernier, la Caisse du commerce algérien fait porter 80,000 fr. écus à la Banque, et lui demande en retour des traites de pareille somme, payables sur France. La Banque, qui accorde au premier venu des traites à présentation, à trois et quatre jours de vue, refuse à la *Caisse du commerce* de lui délivrer à moins de huit jours de vue des traites que, le lendemain, pour pareille somme et pour l'échéance demandée, elle accorde à d'autres..... Pourquoi ce refus, qui a un caractère flagrant de personnalité? Ce refus est-il bien dans le droit d'un établissement privilégié banque d'escompte et de circulation? Si le gouverneur de la Banque de France, et en vérité je demande bien pardon à M. d'Argout de ce rapprochement, était homme à se permettre ou à tolérer dans ce genre ce que M. Lichlin, le directeur de la Banque de l'Algérie, s'est permis de son autorité privée, que diraient le ministre des finances, et le gouvernement, et les régents de la Banque de France, et tout le monde financier et commercial de Paris? Il serait dit avec raison que la Banque de France est la banque de France et non la banque de M. le comte d'Argout, et que M. le comte d'Argout n'a pas le droit de la mettre au service de ses terreurs, de ses caprices, de ses mésintelligences ou de ses rancunes.

Mais il y a bien autre chose, et la direction de la Banque de l'Algérie s'est permis un abus bien autrement audacieux du privilége.

Tout le monde savait, à Alger, le 27 février dernier, qu'à l'assemblée générale de ses actionnaires, le 3 mars, la Caisse du commerce algérien devait démontrer l'existence reconnue et paraphée par son conseil de surveillance, d'un dividende de 14 pour 100, plus 2 1/2 pour 100 de réserve.

Eh bien, voici ce qui est arrivé :

Ce jour-là même, la *Caisse du commerce algérien* fait présenter à la Banque un bordereau de 70,000 fr.; la Banque refuse net le bordereau. Pourquoi encore ce refus? Pour le savoir, il faut le rapprocher du premier et de ce fait que la fin février est, en Algérie, l'échéance la plus chargée de l'année. Tout naturellement, la *Caisse du commerce algérien* avait aussi des échéances; refusé le 27, après un découvert connu de 80,000 francs sur France, le bordereau devait donc lui creuser un nouveau déficit de 70,000 francs; or un pareil déficit à jour fixe, ce peut être la chute ou tout au moins l'ébranlement du crédit d'une maison. Le coup a manqué; mais s'il eût réussi, ce n'est plus seulement la *Caisse du commerce* qui aurait croulé, c'eût été aussi tout le crédit algérien, auquel, grâce à l'honorabilité et aux efforts intelligents des gérants de cette maison, les plus fortes maisons de Paris et de Marseille ont fini par avoir confiance.

Je répète ma question : si le gouverneur de la Banque de France était assez peu, ce qu'il n'est pas, Dieu merci! pour agir de la sorte envers une maison de Paris placée dans les conditions d'honorabilité, de solidité, de sympathies gouvernementales pareilles à celles de la Caisse du commerce, que dirait-on? que ferait-on? Serait-il répondu dans les bureaux du ministère des finances : C'est son droit? Mais si un pareil droit existait autrement qu'à l'état de *summum jus, summa injuria,* c'est-à-dire d'iniquité, il faudrait se hâter de le dénier et de le reprendre!

Or ceci, pour l'Algérie, a une gravité plus grande encore peut-être que, le cas échéant, pour la France. Avec la tolérance et la perpétuité d'un droit pareil, qu'on le sache bien, il n'y a plus de longtemps, et peut-être à jamais, de crédit possible en Algérie. Le gouvernement de la métropole, comme le gouvernement de la colonie, n'auront plus le droit de se plaindre que les capitaux et les institutions financières ne quittent point la France pour aller féconder l'Afrique. Quand on garde chez soi un pareil tourniquet, qui, d'un seul coup de manivelle, peut se promettre d'étrangler en toute tranquillité, avec privilége et laissez-faire, une maison assise sur des bases honorables et solides, et dont on reconnaît que les services s'adressent *au plus grand nombre, et par cela même résolvent un des plus intéressants problèmes du crédit financier*, ma foi! si on manque d'institutions de crédit, on n'a que ce qu'on mérite!

Et vraiment les capitaux n'auraient donc plus rien à faire en France, leur terre toujours libre et féconde, et où tous se prêtent un mutuel appui, qu'il leur fallût s'en aller dans ce pays algérien, où le monopole financier peut tuer à son aise tout ce qui n'est pas lui, tout ce qui ne s'agenouille pas devant lui, tout ce qui fait effort pour vivre hors de lui et sans lui.

Un gouverneur de l'Algérie a eu beau dire : « On ne saura en France que ce que je voudrai y laisser pénétrer, » on sait en France comment les choses se passent pour l'Algérie. Une maison en commandite, qui a eu des succès inespérés, et qui tend à prendre des développements que suivrait le développement algérien tout entier, veut-elle obtenir l'autorisation de se convertir en société anonyme? ou bien une institution de crédit, celle, par exemple, du crédit foncier, veut-elle obtenir de fonctionner en Algérie?

ou bien encore le développement de l'industrie algérienne nécessite-t-il la création d'un parquet à la Bourse d'Alger? On sait par quelle interminable série de va-et-vient, d'aller et de retour dans les différents comités consultatifs, ces projets sont condamnés à passer, pour finir tous par s'en aller tomber officieusement ou officiellement dans le cabinet de la Banque de l'Algérie, dont le directeur, officiellement ou officieusement, est prié de donner son avis, — absolument comme si cet avis ne devait pas être connu d'avance! comme si dans chaque projet, dans chaque demande, dans chaque institution qui touche aux questions de crédit, le groupe financier qui tient en mains la Banque de l'Algérie ne voyait pas une rivalité et partant un danger qu'il faut éloigner à tout prix, à tout prix, entendez bien! Aussi, voilà plus d'un an que ces projets, ces demandes, ces institutions, et d'autres encore, que j'ignore, se traînent d'Alger à Paris, de Paris à Alger, miroitent quelques jours en grande fantasia devant l'espérance publique, et finalement rentrent enterrés dans des cartons inconnus, pour l'éternité.

Tout cela est triste à dire; mais après avoir, dans ce livre, combattu à outrance le fief militaire et le fief administratif, j'aurais failli à mon devoir et à mon droit si j'avais reculé devant le monopole financier, qui, bien autrement et plus vite que les deux autres, conduira l'Algérie à l'épuisement.

Je reproduis donc, en finissant, les lignes par lesquelles je terminais naguère, dans la *Presse*, un article sur le crédit en Algérie :

« La direction de la Banque privilégiée, dans notre colonie, aura servi à démontrer une fois de plus la vérité de ces paroles devenues célèbres : « Non-seu-
» lement la routine conserve comme un dépôt sacré
» les vieilles erreurs, elle s'oppose encore de toutes
» ses forces aux améliorations les plus légitimes et
» les plus évidentes, et il est bien triste que, sous ce
» rapport, la France ait donné les plus remarquables
» preuves de cette antipathie du progrès. » (*OEuvres de Louis-Napoléon Bonaparte*).

» Mais en voyant ainsi la routine creuser toujours son ornière au-devant du progrès, pour le faire reculer, on ne peut s'empêcher d'en signaler les manœuvres et d'attirer l'attention de la France et du gouvernement sur les tristes conséquences du privilége. En Algérie, le privilége financier ne peut servir qu'à perpétuer l'usure et à étrangler le crédit pour dominer le commerce, l'agriculture et l'industrie, Or, nous l'avons souvent dit, nous ne cesserons de le répéter, c'est la liberté, la liberté en toutes choses, qu'il faut à la colonie algérienne. En voyant ce que l'Algérie a fait, ce qu'elle fait chaque jour sous les étreintes mêmes du monopole, dont, bon gré, mal gré, elle fait craquer les mailles, la France et le gouvernement peuvent prévoir tout ce qu'elle deviendrait le jour où on lui dirait : — Tu es libre! »

XVIII.

Conclusion : La paix, le travail, la liberté. — Preuves : Les vieilles sociétés européennes. Le passé de l'Algérie. La Société américaine. — Obstacles transitoires. — Merveilles de la liberté. — Séparation. — Quelles causes agissent en Afrique. — Fédération. — De la *cité de Dieu* dans ce monde. — L'Afrique et le prolétariat.

J'achève.

Pour assurer dans le présent le salut de la colonisation algérienne, et sa marche ascendante dans l'avenir, j'ai conclu à la paix, au travail et à la liberté. — A la paix qui féconde le travail, seule source légitime du bien-être; au travail, cette grande loi imposée à l'homme en ce monde; à la liberté, qui est le but définitif vers lequel tendent les sociétés humaines! — A la paix, au travail et à la liberté, qui sont les puissants leviers de l'assimilation des intérêts et de la fusion des races, par lesquelles doit se constituer un jour le triomphe final de cette admirable unité qui s'appelle la civilisation.

Dans cette conclusion, j'ai pour moi l'impuissance démontrée des anciens éléments de la vieille société européenne.

Née de la guerre et de la servitude, cette société n'a été qu'une sorte d'organisation perpétuelle de la conquête. Aussi, de nos jours, la paix, le travail et la liberté, éléments des sociétés modernes, tournent-ils en vain, depuis plus d'un demi-siècle, dans un cercle intermittent de victoires et de défaites, pour se dégager et marcher d'un pas ferme aux destinées promises.

J'ai pour moi le passé de l'Algérie elle-même.

Comme les sociétés dont elle est fille, et dont elle a subi jusqu'ici les éléments traditionnels, l'Algérie n'a été aussi qu'une organisation par la guerre et par la conquête. Elle ne marche pas, elle ne vit pas; elle languit, elle se traîne.

J'ai pour moi la société américaine.

Fondée sur la paix, sur la liberté et sur leurs dérivés naturels, la science, le commerce, l'industrie, le travail, la société américaine a réalisé et dépassé en soixante années tous les progrès humains et sociaux dont la société européenne, d'origine violente et barbare, a mis douze siècles à trouver et à proclamer les principes. Elle marche, elle grandit; et, dans la puissance de ses aspirations, elle attire à elle du vieux monde tous ceux qui veulent trouver la vie dans le travail, le succès dans la lutte, le progrès dans la marche.

J'ai pour moi les hommes mêmes qui, dans notre temps, ont intérêt à faire le plus obstacle au grand mouvement d'idées qui, depuis la révolution de 89 et sous les rebondissements de 1830 et de 1848, emporte les peuples les plus contenus vers les choses démocratiques, ayant pour dernier mot la paix, le travail et la liberté.

Ces hommes n'en sont plus qu'à contester l'heure et la quotité des réalisations. Ils proclament que les moyens dont ils usent pour les retarder ont un caractère purement transitoire : que c'est uniquement pour les aider à se répandre, à s'asseoir, à mûrir; pour donner aux hommes et aux intérêts en retard le temps de rejoindre, afin qu'il n'y ait plus ni révolutions ni réactions, et que la société tout entière marche du même pas dans sa force et dans son unité.

J'ai pour moi un hymne magnifique, sorte de cantique de Siméon, qui vient d'être consacré à la liberté par le chef actuel de l'école fouriériste, dont les réalisations n'avaient guère eu jusqu'ici la liberté pour point de départ et pour principe de leurs développements.

M. Victor Considérant a été poussé par l'exil de son choix vers le continent américain, tandis que moi j'étais jeté violemment sur les côtes d'Afrique. Il étudiait les grandeurs de la société de l'Union, en même temps, que moi je cherchais à débrouiller le chaos des causes de l'avortement algérien. Et lui et moi nous sommes arrivés à la même conclusion : la liberté ! lui, par les splendeurs que les libertés enfantent, moi, par les misères qui naissent des servitudes. La vue de l'Algérie m'a confirmé dans ma foi; la vue de l'Amérique a été pour lui comme la révélation de saint Paul sur le chemin de Damas : il s'est tourné vers la liberté, et il s'est écrié : « Qu'elle est belle! qu'elle est féconde! »

« Depuis cinq mois — écrit-il dans son livre sur le *Texas* dont j'ai déjà parlé — j'étais sous l'impression d'un sentiment profond, irrésistible; je vivais sur une terre libre. Je respirais la liberté par tous les pores, une liberté pleine, entière, aussi complète qu'on la peut rêver pour la civilisation.... J'avais salué cette liberté; j'en jouissais avec des retours tristes et amers, que vous ne devez que trop bien comprendre. J'en jouissais profondément. Je jouissais du bien qu'elle fait à l'âme, de la dignité qu'elle verse sur un peuple, des immenses issues qu'elle ouvre à l'activité humaine, des créations fécondes qu'elle suscite et prodigue. Je la voyais à l'œuvre sous toutes les formes : à l'œuvre pour la conquête de la nature ; à l'œuvre dans les productions spontanées d'une industrie gigantesque ; à l'œuvre pour un mouvement commercial prodigieux ; à l'œuvre pour les entreprises théoriques ou pratiques des idées, des doctrines, des inventions ou des sectes. Tout était libre, l'air, la forêt, le champ, le mouvement, la parole, la pensée, la presse, les associations, la personnalité individuelle ou collective, tout est libre et ouvert !

» Et cette liberté n'est pas seulement un fait général dans le pays, elle est encore la doctrine du pays. La liberté est la vie, l'âme, l'honneur, la conquête et même la raison d'être et la condition d'existence du peuple américain. Ce peuple sent qu'il représente aujourd'hui la liberté dans le monde, et qu'il en a charge pour l'avenir collectif de l'humanité.

» Et l'autorité qui résulte de cette liberté n'est pas seulement un droit, elle est de plus un honneur. L'Américain est naturellement bienveillant à tout ce que l'activité novatrice engendre. Là, loin que les choses nouvelles, si elles sont instructives, soient entravées parce qu'elles sont nouvelles, on les accueille, on les encourage, et, symptôme bien remarquable, des échecs, des chutes même, ne font pas préjugé contre elles. En Amérique, une chute prouve que l'on a marché, voilà tout et l'on y aime qui marche. *Go head!* c'est la devise : rien de ce qui tombe honorablement n'est écrasé.

» .....L'Amérique est actuellement dans le monde la patrie

des réalisations. Elle est essentiellement titrée en esprit de diversité, de mouvement, d'entreprises, en amour des inventions et des expériences, voire des aventures; c'est absolument l'inverse de notre vieille Europe, timorée, routinière même dans ses aspects progressifs, despotique même dans ses partis de liberté. Oh! mes amis, quelle belle et grande et puissante chose que la liberté! Que son air est fortifiant, et quelle saine jouissance seulement que de s'en nourrir! »

Enfin, dans mon rêve de faire de l'Afrique une autre patrie des réalisations de la liberté dans le monde, de créer un peuple africain par la liberté, comme par la liberté il s'est créé un peuple américain, j'ai pour moi les conditions mêmes dans lesquelles se trouve notre conquête.

En Algérie, en effet, il n'y a ni monde ancien, ni monde nouveau, ni institutions, ni société, par conséquent rien à combattre, rien à refouler, rien à jeter bas, rien à déblayer : ni castes, ni principes, ni traditions, ni coutumes, ni mœurs, ni intérêts, ni droits. Les descendants des expatriés religieux du seizième et du dix-septième siècle ne trouvèrent pas les possessions anglaises dans un état plus complet de table rase le jour où ils proclamèrent l'indépendance de l'Union américaine, et où, en 1789, ils la constituèrent dans cette admirable liberté où elle grandit et triomphe aujourd'hui.

Un dernier mot :

Je voudrais qu'il me fût permis de ne rien dissimuler des conséquences auxquelles m'ont conduit mes recherches et mes rêves sur le passé et sur l'avenir de l'Algérie française.

Que l'Algérie continue de se traîner dans l'attente d'un peuplement par l'élément français et européen, avec le monopole administratif et financier qui l'étreint aujourd'hui; qu'elle retrouve un peu plus de mouvement et de vie par la fusion franco-arabe au moyen de l'assimilation des races et des intérêts; que par le miroitement de toutes les libertés de l'homme et du citoyen, que le mot générique de liberté embrasse, elle attire sur ses terres fécondes les flots de l'expatriation européenne qui s'en va chercher tous les dons de Dieu à travers les grandes solitudes de l'Ouest américain, il n'importe! J'ai toujours vu, du milieu de la mer, se dresser devant moi comme un fantôme. Il étendait ses deux bras, l'un vers l'Afrique, l'autre vers la France, et portait écrit en caractères flamboyants sur son front ce mot fatidique : SÉPARATION!

Je l'ai déjà dit; ce mot forme fatalement, avec celui de banqueroute, les deux termes en lesquels se solde le compte de tout monopole métropolitain. Il semblerait donc logique de conclure que là où le monopole n'a pas existé ou cesse d'exister, il n'y a plus de cause de séparation d'avec la mère patrie. En donnant à l'Algérie toutes les libertés nécessaires à son développement comme colonie et comme société, la France semblerait donc être en droit d'espérer qu'elle échappera à cette loi fatale que l'Espagne, le Portugal, l'Angleterre, ont subie pour le Mexique, le Brésil, le Pérou, le Chili, l'Amérique du Nord; loi qui naguère a été imminente pour le Canada, et qui gronde déjà souterrainement pour la Havane.

Dans les idées que je me suis faites sur le châtiment providentiel attaché aux conquêtes, et sur les altérations que subissent, sous l'action des climats, les mœurs, les races, les intérêts du peuple conquérant, je ne crois pas que la France, plus que le Portugal, plus que l'Espagne, plus que l'Angleterre, échappe à cette grande loi des colonies prouvée par l'histoire dans tous les temps. Mais il dépendra d'elle certainement d'en retarder ou d'en précipiter l'heure, de la rendre violente ou pacifique.

Si la France, dans la prescience de cet événement, voulait s'en venger d'avance, et, à l'imitation des autres métropoles, faire de sa colonie la réalisation de la *Poule aux œufs d'or* de la fable, l'Algérie, j'en ai la certitude, ne lui échapperait que plus vite. Les causes qui ont agi pour l'émancipation des peuples devenus américains, se compliquent aujourd'hui en Afrique de ces perturbations politiques qui ont si souvent changé en France les formes du gouvernement, et qui affectent souvent jusqu'aux principes mêmes de tout progrès humain. Et je crois pouvoir dire en ce moment, qu'à la révolution de 1848 MM. d'Aumale et de Joinville, populaires comme l'avaient été les jeunes princes de la famille d'Orléans, auraient pu faire de l'Algérie une terre de résistance. Je crois aussi qu'on sait que la terre d'Afrique a été, en certaines circonstances, une terre d'énergique protestation. Une conflagration de partis, une injustice, une compression, un gouvernement qui blesserait les sentiments ou les intérêts nationaux, le désespoir de l'agonie, une ambition, un hasard, un événement quelconque... suffiraient pour faire éclater des idées de séparation... Peut-être même, qui sait? s'accomplirait-elle avec le concours et pour le compte de quelque nation étrangère.

La sagesse de la France doit donc consister, en prévision de cet événement, à se mettre résolûment en cherche de moyens, non pour l'empêcher, mais pour le rendre pacifique; ces moyens seront en même temps les plus propres à le retarder. Après l'émancipation, si elle avait été violente, la France n'aurait dans l'Afrique qu'une ennemie; si elle avait été pacifique, la France aurait une sœur. Le mot séparation perdrait quelque chose de son sens trop absolu, et serait remplacé par le mot de fédération.

Ainsi entendue, préparée et accomplie, l'émancipation africaine aurait, pour la métropole et la colonie, sans être passée par la guerre et par la banqueroute, tous les avantages que l'Angleterre, résignée trop tard, retire aujourd'hui de l'affranchissement de ses anciennes colonies de l'Amérique. Or, qu'on demande à cette grande et intelligente nation si ses intérêts commerciaux et industriels ne sont pas mieux servis, bien autrement garantis par l'Amérique émancipée qu'ils ne l'étaient aux jours où elle l'écrasait sous le poids de son monstrueux monopole. Les peuples, en effet, accroissent les sources de leurs richesses en augmentant le nombre, non de leurs sujets, mais de leurs frères.

Quelles que soient les destinées de mes recherches sur le passé et sur l'avenir de l'Algérie française, je n'ai eu d'autre prétention que d'être pour mon pays une sorte de pourvoyeur de notes et de faits à consulter pour l'aider à résoudre une question qui intéresse l'avenir de la société, telle qu'elle me semble devoir sortir des principes de la démocratie moderne dans le monde.

Je sais bien qu'en disant : *Il y aura toujours des pauvres parmi vous*, le Christ a résumé la loi des sociétés et des races humaines; mais je sais aussi qu'il a fait du travail le moyen providentiel de la corriger et de s'y soustraire. Je suis donc de ceux qui ne font pas de la misère une condamnation éternelle prononcée sur l'homme; je crois donc que la *Cité de Dieu* peut exister même ici-bas, et qu'on peut marcher à sa construction définitive par tout ce qui sera accompli pour la diminution graduelle du prolétariat, sinon dans l'univers entier, du moins dans les parties du monde où pourront se développer les conditions nécessaires à ce divin résultat. Or, la terre d'Afrique, terre vierge en quelque sorte de toute société inhérente au sol, me semble prédestinée à être le point d'appui et le levier de cet enfantement d'un monde d'égalité, par la paix, par la liberté et par le travail...... Autre rêve, peut-être!

Mais on conviendra du moins que si ce rêve passait à l'état de réalité, l'Algérie, avant peu, ne manquerait ni d'émigrants pour peupler ses solitudes et y fonder des villes, ni de colons pour défricher ses broussailles, ni de capitaux et de bras pour dessécher ses marais et canaliser ses rivières, ni au besoin de courage pour la défendre, comme des hommes libres savent défendre une terre libre.

Ainsi, après avoir été durant des siècles, par la guerre, par la fainéantise et par le despotisme, l'arrière-garde de la barbarie, la terre d'Afrique deviendrait dans l'avenir, par la paix, par le travail et par la liberté, l'avant-garde de la civilisation!

FIN.

TABLE ANALYTIQUE

DES MATIÈRES.

Habent sua fata libelli I

PREMIÈRE PARTIE.

I.

Objet et esprit de ce livre. — De l'écart et du contre-poids des populations. — Les Romains, les Normands, les Francs, les Anglais. — Loi fatale des colonisations. — Qu'est devenu le million d'Européens passés en Afrique?. 1

II.

Influence de notre caractère national. — Comment nous perdons nos colonies. — Nos procédés en matière de conquête. — Un trait nouveau de notre caractère national. — Effets de l'égalité en démocratie. — L'individualisme. — Son influence sur la constitution d'un nouveau pouvoir social. — Idée du droit et du devoir de l'État d'intervenir en tout et partout. 11

III.

Idée des Algériens sur le concours de l'État. — Leurs plaintes et leurs exigences. — Nationaux et étrangers. — Périls pour la colonisation. — De l'abandon du système de protectorat. — Réponse à ces deux questions : Pourquoi un si petit nombre de Français ont-ils persisté à résider en Algérie? Que leur promettre, que leur donner pour les y attirer? 22

IV.

La colonisation traînée à la remorque de la conquête. — Conséquences de la suprématie du pouvoir militaire. — *Les capitaineries.* — Enseignements qui en doivent sortir. — Action des grandes armées sur les mœurs. — Habitudes développées par la vie militaire. — Les cabarets. — *Les absinthistes.* — Sophistication des boissons. — Ce qu'eût fait un gouvernement civil. — Premières industries d'une colonie. 31

V.

Tableau de la société algérienne aux premiers temps de la conquête. — Effets du gouvernement militaire sur la colonisation et sur le budget de la France. — Une légion suffisait aux Romains pour garder l'Afrique. — Fatalité attachée au gouvernement militaire. — Obstacles à son acclimatement. 41

VI.

Faute des premiers chefs de la conquête. — L'élément arabe méconnu et opprimé. — Pourquoi? — Les brocanteurs et leurs spoliations. — Aspect du Sahel algérien. — Abus de la conquête. — Causes de la guerre à outrance. — Dénigrements et démentis. — Les deux côtés de la nature arabe. — Tout contre l'un, rien pour l'autre. — Système d'extermination et de refoulement. — Son impuissance colonisatrice. — On voudrait l'étendre à la Kabylie. — Moyen pacifique de la conquérir. — La loi de l'intérêt. 51

VII.

Au système d'intimidation succède le système de compression. — Territoire civil et territoire militaire. — Institution du bureau arabe. — A quoi elle servit. — Elle maintint un danger pour la France. — Elle ne poussa point les indigènes dans la voie coloniale. — Elle négligea les intérêts de leur civilisation. — Bilan administratif du bureau arabe. — Du caractère belliqueux attribué aux Arabes. — Ce qu'il fut, ce qu'il est. — *L'Arabe et son coursier.* — L'administration civile aurait suffi avec la loi commune. — *L'Arabe et les douros.* 69

VIII.

Répartition de responsabilité. — Les hommes et les choses. — Administration civile et colons. — Extension en Algérie du système de protection absolue. — Son impuissance. — Du climat de l'Algérie. — Causes transitoires de son insalubrité. — Moyens de les faire disparaître. — D'un projet d'assainissement. — Pourquoi il a échoué. — Désolation de la plaine. 87

IX.

Les routes et les chemins. — Les colons bloqués dans la plaine. — Organisation d'un service médical dans les campagnes. — Ses vices et son insuffisance. — Plus de prêtres que de médecins. — Beaucoup d'églises, point d'hôpitaux. 100

X.

Imprévoyance des ordonnateurs de la conquête. — Incertitudes du domaine. — Leurs conséquences. — La propriété arabe. — Tribulations du colon européen : domaine, bureau arabe, génie militaire, ponts-et-chaussées, résistances des indigènes. — Allottissements, maisons et villages. — Le géomètre colonial. — Mauvais système de concessions. 110

XI.

Suite du précédent. — Conséquences logiques du principe de protection. — Impuissance administrative. — Désolations. — Inexpérience des premiers cultivateurs. — Émigrations de 1846 et de 1848. — Ce qu'elles sont devenues. 121

XII.

Du système de l'assimilation de l'Algérie avec la France. — Assimilation administrative. — Assimilation douanière. — Du monopole métropolitain. — Ses effets dans les possessions anglaises d'Amérique. — Séparation et banqueroute. — Impuissance du système de la colonisation par l'État. — Ses causes. — Métropole et colonie. — Le citoyen et l'homme. — Aspirations de l'Algérie aux environs de 1848. — Silence sur l'Algérie d'aujourd'hui. — Hier et demain. 130

SECONDE PARTIE.

I.

Rénovation algérienne. — Les trois intérêts coloniaux. — Suprématie de l'intérêt territorial. — La concurrence agricole. — Du système de colonisation par compagnies. — Ses effets dans les colonies de l'Amérique...................... 144

II.

Projets de colonisation par compagnies en Afrique. — Métayage. — Monopole du coton. — Engagés asiatiques. — Destinées plus hautes de l'Algérie. — Système du protectorat : clientèle et esclavage; recommandation et servage. — Affranchissement de l'élément humain. — Exploitation des découvertes de la science. — Drainage. — Machine-Barrat. — Arsenaux de la colonisation. — Le salut de l'Algérie est dans les aspirations vers l'avenir.... 155

III.

Des travaux publics dans les pays de conquête. — Utilité politique et utilité sociale. — Projet administratif et militaire de 300 millions. — Ressources de l'impôt et de l'emprunt. — Fortifications, casernes. — Ports et phares. — Rade d'Alger. — Édifices publics. — Colonisation à l'entreprise. — Idées informes d'un chemin de fer. — Les capitalistes et l'Algérie............. 165

IV.

Projet Saint-Lager, Émile Robert et Cie. — Son empreinte algérienne. — Pierres de l'angle et pierres d'attente de la prospérité coloniale. — De la viabilité en Algérie. — Entreprise de 1,380 kilomètres de routes. — Service de roulage et de messagerie. — Amélioration des ports d'Arzew et de Bône. — Docks, entrepôts, caravansérails, etc. — Aménagement des eaux dans la vallée du Chélif. — Moulins et usines à meunerie. — Marché aux grains et aux farines de l'Occident. — Ensemble des réalisations algériennes... 182

V.

Châtiment des conquêtes. — Puissance d'absorption des peuples conquis. — Exemples anciens et modernes. — Les métropoles doivent gouverner pour les intérêts de leurs colonies. — Oubli de cet axiome en Algérie. — Indispensabilité de l'élément arabe. — Possibilité de son assimilation. — Préjugés contre les Arabes. 203

VI.

Examen des préjugés contre les Arabes. — Cruauté. — Pillage. — Fourberie et cupidité. 211

VII.

Suite de l'examen des préjugés contre les Arabes. — Fanatisme. — Paresse. — Esprit de révolte. — Antipathie contre la civilisation. — Prédisposition et goût des indigènes pour nos objets d'art, de luxe et de comfort. — Intérêt de la France à relever les Arabes de toutes leurs déchéances. 221

VIII.

Système de fusion. — Population franco-arabe. — Morcellement des tribus et des terres. — Leur immixtion par individualités dans les circonscriptions européennes. — Aptitudes indigènes pour cette immixtion. — Influences de l'état social et du Coran. — Écoles musulmanes. — Influence probable du médecin colonial. — La femme indigène. — Son avenir. 232

IX.

Agent immédiat de la fusion franco-arabe. — Imposition de la loi civile et sociale du peuple vainqueur. — Exemple tiré de la conquête romaine. — Aspirations des indigènes vers la loi française. — Conséquences de leur admission à l'égalité devant la loi. — Augmentation de population et de travail. — Les tribus sahariennes. — Leur état social. 247

X.

Moyens de rappeler les tribus sahariennes dans le *Tell*. — Les Kabyles. — Opinion des Algériens sur leur compte. — Preuves. — Le caïd du Sebaou et l'impôt. — Commerce de 25 millions. — Ce que l'impôt aurait été sans la guerre. — Provocations d'Abd-el-Kader autrefois repoussées. — Comment se fait-il que celles d'un intrigant soient écoutées aujourd'hui? — Appel à la France. — Ne pas recommencer contre l'Algérie kabyle les fautes commises contre l'Algérie arabe. — Elles coûteraient plus cher. — Instincts secrets des peuples barbares. — Leur fécondation. 257

XI.

Accroissement de la fortune publique. — L'impôt arabe. — Vices de son assiette et de sa perception. — Moyen d'y remédier. — Organisation d'une armée africaine. — Réduction de l'effectif français. — Économie dans la solde et dans l'équipement. — Action de la vie des camps sur la fusion des races. — Ce que Rome avait fait de l'Afrique. 268

XII.

Insuffisance de la colonisation par les Arabes. — Mon rêve de colonisation. — La petite propriété. — Objections et réponses. — L'*Ouest* américain. — L'*Ouest* africain. — La terre et le capital. — Prédestination démocratique de la terre en Algérie. — Ressources de la petite propriété. — D'un projet de colonisation par les conseils généraux. — Travailleurs qu'il faut à l'Algérie. — Mobiles de l'expatriation française. 278

XIII.

Pourquoi l'expatriation ne se tourne pas vers l'Afrique. — Pourquoi elle va dans les solitudes des nouveaux continents. — Ce que tout expatrié cherche dans l'expatriation. — La liberté humaine supérieure à la liberté politique. — Deux sortes d'États. — Le système algérien et le système américain en matière de concessions de terres. — Différence dans leurs résultats. — Moyen de ne plus laisser l'Algérie aux broussailles. 288

XIV.

Mirages et philosophie de l'exil. — Expatriation et Algérie. — Cercle de révolutions et de réactions. — Inintelligence des moyens d'apaisement. — Expatriés des seizième et dix-septième siècles. — Liberté religieuse. — Peuple américain. — L'Afrique ouverte aux expatriés du dix-neuvième siècle. — Qu'importerait à l'Europe? . . . 302

XV.

Réalisation possible des idées de liberté en Algérie. — Pourquoi la France y ferait-elle obstacle? — Séparation de la puissance indivise et de la puissance individuelle. — Liberté de la presse. — Liberté communale et provinciale. — Assiette du budget algérien sur l'économie. — Les cultes. — L'enseignement. — Les milices. — La justice. — Simplification administrative. — Conséquences de la rénovation algérienne. 312

XVI.

Réorganisation de l'Algérie (fragments inédits de lettres écrites en 1853). 321

§ I.

Constitution d'un nouveau pouvoir colonial. 321

§ II.

Gouvernement, administration, justice. 333

§ III.

Séparation de la cité et de l'État. 349

XVII.

Monopole financier. — Du crédit. — Lenteur de sa marche en Afrique. — La monnaie d'or et d'argent. — Discrédit du billet de banque. — La banque de l'Algérie. — Exercice 1854-1855. — Oubli de l'intérêt algérien. — Entrepreneurs d'escompte. — Caisse du commerce algérien. — Ses services et sa popularité. — Ses essais de *banque rationnelle.* — Résistances et colères de la banque du privilége. — La monnaie de papier et le papier-monnaie. — Billets de banque refusés et protestés. — Énormité des abus du privilége de la banque. — Leur influence fatale sur l'avenir du crédit africain. — Liberté en toute chose. 364

XVIII.

Conclusion : La paix, le travail, la liberté. — Preuves : Les vieilles sociétés européennes. Le passé de l'Algérie. La Société américaine. — Obstacles transitoires. — Merveilles de la liberté. — Séparation. — Quelles causes agissent en Afrique. — Fédération. — De la *Cité de Dieu* dans ce monde. — L'Afrique et le prolétariat. . . 384

FIN DE LA TABLE.

www.ingramcontent.com/pod-product-compliance
Lightning Source LLC
Chambersburg PA
CBHW071106230426
43666CB00009B/1845